LES CLASSIQUES
DE L'HISTOIRE AU MOYEN ÂGE

continuation

des Classiques

de l'Histoire de France au Moyen Âge

FONDÉS PAR LOUIS HALPHEN
PUBLIÉS SOUS LA DIRECTION DE PHILIPPE DEPREUX
SOUS LE PATRONAGE DE L'ASSOCIATION GUILLAUME BUDÉ

48e volume

LES CLASSIQUES DE L'HISTOIRE AU MOYEN ÂGE

fondés par Louis Halphen
et publiés sous la direction de Philippe Depreux
sous le patronage de l'Association Guillaume Budé

VIE D'ISARN

Abbé de Saint-Victor de Marseille (XIe siècle)

Présentation, édition, traduction et notes
par
Cécile Caby, Jean-François Cottier, Rosa Maria Dessì,
Michel Lauwers, Jean-Pierre Weiss †, Monique Zerner
(Centre d'Études Préhistoire, Antiquité, Moyen Âge [CEPAM],
UMR 6130, Université de Nice-Sophia Antipolis / CNRS)

PARIS

LES BELLES LETTRES

2010

Conformément aux statuts de l'Association Guillaume Budé,
ce volume a été soumis à l'approbation de la commission
technique, qui a chargé Mme Monique Goullet d'en faire
la révision et d'en surveiller la correction en collaboration
avec M. Michel Lauwers.

© 2010. Société d'édition Les Belles Lettres
95, bd Raspail, 75006 Paris
www.lesbelleslettres.com

ISBN : 978-2-251-34059-3

AVANT-PROPOS

Un séminaire dont l'objet était la traduction de la *Vie* latine d'Isarn, abbé de Saint-Victor de Marseille, projeté dès l'année 1994-1995, puis animé entre 1998 et 2001 par Michel Lauwers et Monique Zerner, dans le cadre du CEM, puis du CEPAM (UMR 6130, Université de Nice-Sophia Antipolis / CNRS), est à l'origine de cet ouvrage. Cécile Caby, Jean-François Cottier, Rosa Maria Dessì, Philippe Jansen et Jean-Pierre Weiss avaient alors participé à des séances très régulières de traduction et d'analyse de ce texte hagiographique.

En mars 2002, Monique Goullet accepta de relire et de critiquer une première version de notre traduction, à l'occasion d'une Table ronde au cours de laquelle intervinrent Pascal Boulhol, Michel Lauwers, Florian Mazel, Donatella Nebbiai, Benoît-Michel Tock, Jean-Pierre Weiss et Monique Zerner. Une partie des travaux réalisés lors de cette Table ronde a été reprise pour le Colloque « Saint-Victor » organisé par Michel Fixot à Marseille, du 18 au 20 novembre 2004, dont les Actes viennent de sortir de presse.

À la suite de la publication de deux thèses importantes sur les rapports entre monachisme et aristocratie dans la Provence médiévale (celle d'Eliana Magnani en 1999 et celle de Florian Mazel en 2002), la publication des Actes du Colloque de Marseille, qui propose une synthèse sur Saint-Victor dans l'Antiquité et au Moyen Âge, d'un point de vue archéologique et historique, et celle d'un recueil dirigé par Thierry Pécout sur Marseille au Moyen Âge, dont un chapitre

est consacré à Saint-Victor, nous ont incités à remettre sur
le métier nos travaux sur la *Vie d'Isarn*. À la lumière des
recherches actuelles sur l'histoire de la Provence médiévale
et sur la place de l'*Ecclesia* dans la société seigneuriale, le
lecteur saisira, pensons-nous, l'intérêt historiographique de
cette œuvre.

L'édition du texte latin a été réalisée par C. Caby,
R. M. Dessì, J.-Fr. Cottier et M. Lauwers. La traduction
annotée est le fruit du séminaire évoqué plus haut.
L'introduction et les notes complémentaires, coordonnées
par M. Lauwers, ont été réalisées par C. Caby, R. M. Dessì
et M. Lauwers, avec la collaboration de J.-Fr. Cottier et de
M. Zerner, et en tirant grand profit de notes laissées par notre
collègue J.-P. Weiss, disparu au cours de l'été 2008.

Nous remercions, pour les informations qu'ils nous
ont aimablement communiquées, à un moment ou un autre
de notre travail, Germain Butaud, Yann Codou, Michel
Fixot, Bernard Joassart (Société des Bollandistes) et Jean-
Baptiste Renault (ERL 7229 de Médiévistique, Université
de Nancy 2 / CNRS).

Philippe Depreux a accepté d'accueillir notre *Vie
d'Isarn* dans la collection des « Classiques de l'Histoire au
Moyen Âge » qu'il dirige aux Belles Lettres, et dans cette
perspective, Monique Goullet a bien voulu relire et amender
(une nouvelle fois) notre travail collectif avec beaucoup de
science, d'acribie et une infinie patience : qu'ils en soient
très vivement remerciés.

INTRODUCTION*

La *Vie d'Isarn* met en scène un jeune aristocrate originaire du Languedoc, devenu moine à Saint-Victor vers l'an mil, alors que venait d'être restaurée cette abbaye présentée comme l'héritière de l'antique fondation de Jean Cassien aux portes de la cité de Marseille. Le récit évoque certes un religieux exemplaire, dont l'ascèse étonnait les contemporains, mais il campe aussi un grand seigneur monastique, préoccupé par la défense des droits, des terres et des prieurés de la maison marseillaise.

C'est du reste cette dernière dimension du texte hagiographique qui a retenu pendant bien longtemps l'attention des historiens. Les spécialistes de la Provence à l'âge seigneurial, notamment, ont extrait de la *Vie d'Isarn* quelques récits hauts en couleur narrant les chevauchées de l'abbé pour lutter contre les méfaits de potentats locaux qui s'en prenaient aux biens des religieux et aux paysans[1]. Dans ces passages, l'abbé et ses moines sont toujours présentés comme des protecteurs pour les « pauvres » et les garants de la paix sociale. Ce discours anti-seigneurial a souvent été pris à la lettre et interprété comme le signe des bouleversements qui auraient caractérisé la société

---

* Pour les abréviations, cf. *infra* p. LVII. Les ouvrages mentionnés sous la forme d'un titre abrégé figurent en bibliographie, *infra* p. LIX.

1. D'autant que ces récits ont été présentés, en traduction française, tout d'abord dans le volume d'É. BARATIER, *Documents de l'histoire de la Provence*, p. 101-104, puis dans celui de M. ZIMMERMANN, *Les sociétés méridionales autour de l'an mil*, p. 407-413.

provençale dans la première moitié du XIᵉ siècle, à la suite
de l'émergence des pouvoirs seigneuriaux. C'est ainsi que
dans sa thèse sur « la Provence et la société féodale »,
Jean-Pierre Poly résume trois des récits montrant Isarn
aux prises avec de mauvais laïcs pour conclure que « ces
histoires montrent à quel état d'insécurité on en était
arrivé en Provence dans la période 1020-1040 : les sires
tuent, volent ou taxent sans aucune espèce de contrôle,
sans aucun frein »[2]. Tel est encore le parti d'une synthèse
récente qui note que la *Vie d'Isarn* « dépeint sous un jour
terrifiant les exactions aristocratiques aux dépens des
paysans et des moines. Seule la loi du plus fort semble
triompher dans un monde que l'hagiographe décrit
sans complaisance »[3]. Si ces descriptions ont certes des
« arrière-pensées idéologiques », celles-ci sont « inspirées
du mouvement de la Paix de Dieu » qui s'épanouit dans
la Provence de la première moitié du XIᵉ siècle en réponse
aux exactions guerrières. Du reste, quels qu'aient été les
objectifs poursuivis par l'auteur de la *Vie d'Isarn*, « il
serait excessif de lui dénier toute valeur de témoignage
sur la brutalité qui règne dans les campagnes provençales
autour de 1030 »[4].

D'autres historiens ont toutefois réévalué le témoignage
de notre récit hagiographique, l'un des très rares textes
narratifs composés dans la Provence de cette époque, en
remarquant que cette œuvre renseigne sans doute moins
sur les tensions sociales des lendemains de l'an mil que
sur le climat idéologique de la *seconde* moitié du XIᵉ siècle,
l'époque de sa rédaction, qui est aussi celle où les mots
d'ordre liés à la « réforme grégorienne » trouvent à Saint-
Victor de Marseille un important relais pour leur diffusion

---

2. J.-P. POLY, *La Provence et la société féodale*, p. 180-181, dans
un chapitre qui porte un titre significatif : « Anarchie féodale ou paix de
l'Église ».

3. M. AURELL, J.-P. BOYER & N. COULET, *La Provence*, p. 36.

4. *Ibidem.*

dans le Midi provençal, sur fond d'une redistribution des pouvoirs au sein des groupes dominants[5]. La *Vie d'Isarn* se trouve ainsi au cœur d'un changement de paradigme historiographique[6]. Selon les travaux les plus récents, le texte racontant les démêlés de l'abbé de Saint-Victor avec des sires turbulents et parfois cruels ne rend pas vraiment compte de la violence qui régnait dans les campagnes de la première moitié du XIe siècle ; il reflète plutôt la manière dont se délitait, dans les années 1060 et 1070, l'« amitié », fondée sur un système d'échanges et de compromis, qui avait jusqu'alors structuré les relations entre l'aristocratie guerrière et les moines[7].

Le rôle en quelque sorte stratégique de la *Vie d'Isarn* dans les études historiques sur l'âge seigneurial justifiait d'en favoriser l'accès à un plus large public, en proposant une nouvelle édition, une traduction et une annotation précise, permettant d'apprécier ce texte dans son ensemble, tout à la fois pour lui-même et dans son contexte.

---

5. Voir les travaux de M. ZERNER, son article de 1993 sur le contexte « grégorien » de la confection du grand cartulaire de Saint-Victor de Marseille, développé et complété dans ses études suivantes, et dans un sens différent par E. MAGNANI, F. MAZEL (sur le basculement d'un système « théocratique », qui sert encore de cadre à la réforme monastique de la première moitié du XIe siècle, au nouvel ordre « grégorien », qui se met en place entre 1050 et 1130 environ) et M. LAUWERS (cf. la bibliographie).

6. Sur ce changement de paradigme : Michel LAUWERS & Laurent RIPART, « Pouvoirs, Église et société dans les royaumes de France, Germanie et Bourgogne (fin IXe-début XIIe siècle) : un parcours historiographique en guise d'introduction », dans Id., *Pouvoirs, Église et société dans les royaumes de France, de Bourgogne et de Germanie aux Xe et XIe siècles (888-vers 1110)*, Paris, 2009, p. 5-27, en particulier p. 15-18.

7. La notion d'« amitié » est empruntée à F. MAZEL, « Amitié et rupture de l'amitié ». Un certain nombre d'éléments présentés dans cette introduction ont été exposés par M. LAUWERS, « Cassien, le bienheureux Isarn et l'abbé Bernard ».

I. La structure narrative de la *Vie d'Isarn*

La *Vie d'Isarn* consiste en une *Vie* proprement dite, précédée d'un prologue (cf. fig. 1) qui explique que le texte porte à la fois sur la vie sainte d'Isarn et sur ses miracles, et en une *Passion*, introduite au chapitre xxx. Cette structure, comme celle qui fait suivre une *Vie* d'un recueil de miracles, est courante. Plus originale est la volonté de l'auteur de compléter la *Vie* d'un saint confesseur par une *Passion*, alors que le héros n'a pas été, au sens propre, martyrisé. Nous reviendrons sur la signification d'une telle entreprise.

À la suite du prologue, l'hagiographe commence la *Vie* selon les règles de la rhétorique antique, puis médiévale, rappelées par exemple au début de la *Vita Honorati* d'Hilaire d'Arles dans les termes suivants : « Et telle est la règle connue de tout orateur formé à l'éloquence ; entreprend-on de louer la vie d'un homme, on commence par mentionner son pays (*patria*) et ses origines (*originem*)[8]. » L'auteur évoque, en effet, rapidement, les origines d'Isarn, « né dans le pays de Toulouse » (chap. i)[9]. Il s'attarde ensuite sur son arrivée à Marseille dans les premières années du xie siècle (chap. iii).

Une première série de chapitres (iv à xiii) met alors en scène l'expérience cénobitique et les pratiques d'ascèse vécues par le saint, d'abord jeune moine, ensuite prieur et enfin abbé de Saint-Victor. L'hagiographe y fait une sorte de portrait « spirituel » d'Isarn, de l'adolescence à l'accession à

---

8. Hilaire d'Arles, *Vie de saint Honorat*, 4, 1, éd. et trad. Marie-Denise VALENTIN, Paris, 1977 (SC 235), p. 76.

9. Selon Jean-Louis BIGET, « L'épiscopat du Rouergue et de l'Albigeois (xe-xie siècle) », dans Xavier BARRAL I ALTET, Dominique IOGNA-PRAT, Anscari Manuel MUNDO, Josep Maria SALRACH & Michel ZIMMERMAN (dir.), *La Catalogne et la France méridionale autour de l'an mil*, Barcelone, 1991, p. 181-199, ici p. 195, Isarn appartenait, comme les abbés Bernard et Richard entre 1065 et 1106, aux lignages dominant l'Albigeois méridional et le sud du Rouergue. En ce qui concerne les origines familiales, l'auteur de la *Vie d'Isarn* a recours au *topos*, fréquent dans le discours hagiographique, de la noblesse des vertus l'emportant sur celle de la naissance.

l'abbatiat, illustrant ses vertus, mais ne livre guère de données
factuelles sur les vingt premières années passées par Isarn
au sein de la maison marseillaise. Quelques chartes, dont
certaines sont conservées sous forme originale, permettent
cependant de compléter ce tableau. Le nom d'Isarn figure
ainsi, parmi ceux d'autres moines, dans la liste des témoins

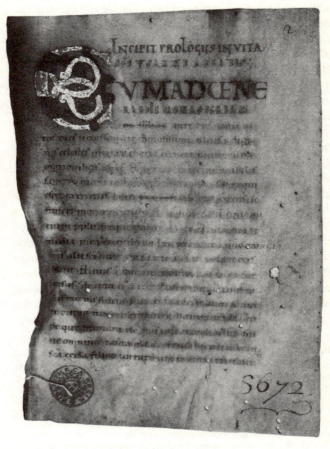

Fig. 1: Prologue de la *Vie d'Isarn* (Paris, BnF, ms. lat. 5672 fol. 2r)

de la notice rapportant l'élection de l'abbé Guifred en 1005[10]. Il apparaît par la suite comme scribe dans plusieurs actes. En 1015, par exemple, une charte de donation porte la mention autographe : *scriptoris calamo Isarni uocabulo, abbate suo iubente, satisfaciente*[11]. À la mort de Guifred, Isarn, dont la *Vie* précise qu'il était alors prieur, s'impose à la tête du monastère. La première charte donnée sous son abbatiat – *domino abbate Isarno mandante* – est datée de 1021[12].

Dans une deuxième série de chapitres (XIV à XXIX), l'auteur de la *Vie* rassemble tous les témoignages dont il dispose et met en scène les déplacements de l'abbé à travers la Provence, afin de contrôler les possessions et les prieurés, parfois assez éloignés, du monastère de Marseille. C'est au cours de ces déplacements qu'Isarn est, à de fréquentes reprises, confronté à la violence de potentats locaux qui s'en prennent aux biens monastiques et aux paysans. Si l'on a vu dans ces récits la trace des soubresauts liés à la mise en place de la « seigneurie banale », il faut surtout reconnaître, dans les préoccupations de l'abbé telles que les présente l'hagiographe, la volonté de développer un patrimoine foncier et d'organiser un réseau de lieux de culte, de production et de prélèvement placés sous la domination des religieux[13]. Tous les lieux où l'auteur de la *Vie* situe les interventions d'Isarn et de ses moines contre les mauvais seigneurs, Pandulf et sa bande, le viguier *Redemptus*, Adalard et bien d'autres, avaient, dans les décennies précédentes, fait l'objet de transactions, de litiges et d'arrangements que nous révèle par ailleurs une cinquantaine de chartes originales, contemporaines de l'abbatiat d'Isarn, ainsi que de nombreux actes qui ne sont connus que par leur transcription dans le

---

10. Arch. dép. Bouches-du-Rhône 1 H 7/21 = CSV 1054.
11. Arch. dép. Bouches-du-Rhône 1 H 8/30.
12. Arch. dép. Bouches-du-Rhône 1 H 10/38.
13. Sur les déplacements de l'abbé, la seigneurie monastique et le réseau victorin, voir la note complémentaire III, p. 116-125.

grand cartulaire de Saint-Victor, peu après la composition
de la *Vie*. La mise par écrit, la reprise et la réélaboration
des chartes anciennes participaient, tout comme la rédaction
d'un récit hagiographique, à la (re)construction de la
domination des moines, en donnant des possessions et des
droits de Saint-Victor l'image d'une seigneurie homogène
et puissante[14]. Dans les notes de notre traduction, nous
renvoyons systématiquement à ces documents, bien
conscients qu'il conviendrait d'entreprendre à leur propos
une recherche approfondie, fondée sur une solide étude
diplomatique[15].

Une dernière partie de la *Vie*, limitée aux chap. XXX et XXXI,
relate un ultime voyage qui n'est guère documenté par ailleurs :
celui qu'entreprit l'abbé malade en Espagne pour rechercher
et ramener en Provence plusieurs moines de l'abbaye de
Lérins enlevés par des Sarrasins – que l'hagiographe nomme
« païens ». Le récit très détaillé de cette expédition paraît
bien informé (en particulier sur les structures politiques de
la Catalogne et des taïfas) et fiable (concernant l'attaque de
l'abbaye de Lérins par des pirates musulmans en 1046 et
la captivité de moines dans les taïfas[16]). Le dernier chapitre
(XXXI), fort long par rapport à tous les autres, se termine sur

---

14. Voir à ce propos les remarques de J.-P. DEVROEY, *Puissants et misé-rables*, p. 467-473, qui portent notamment sur des possessions de Saint-Victor dans les Alpes de Haute-Provence, proches de certains lieux bien représentés dans la *Vie d'Isarn* (Castellane, Barrème, Demandolx, mont Cousson, Maireste). D'autres *Vies* d'abbés du XIe siècle consacrent d'amples développements à la (re)formation des patrimoines monastiques, consignant parfois de manière très précise dons, cessions ou restitutions réalisés au bénéfice des maisons religieuses. Voir, parmi d'autres, André de Fleury, *Vie de Gauzlin, abbé de Fleury*, texte édité, traduit et annoté par Robert-Henri BAUTIER & Gillette LABORY, Paris, 1969 (*Sources d'histoire médiévale publiées par l'Institut de Recherche et d'Histoire des textes*, 2), qui relate notamment tous les efforts déployés par l'abbé de Fleury, dans la première moitié du XIe siè-cle, pour récupérer les terres usurpées ou perdues sous ses prédécesseurs.

15. Concernant le grand cartulaire, il faut partir des travaux de M. ZERNER, E. MAGNANI et F. MAZEL, mentionnés dans la bibliographie. À propos des chartes originales, cf. B.-M. TOCK, « Les chartes originales de l'abbaye Saint-Victor ».

16. Sur ces éléments, voir la note complémentaire VI, p. 144-154.

la mort de l'abbé, rentré à Marseille, le 24 septembre 1047, et sur l'évocation de son tombeau[17].

Synopsis de la *Vie d'Isarn*

Prol.   Circonstances de la rédaction de la *Vie*, due en particulier au renom de sainteté de l'abbé Isarn « récemment décédé » et que beaucoup de témoignages contemporains peuvent attester. Importance d'une sainteté moderne qui peut rivaliser avec l'Antiquité chrétienne.

I.   Isarn naît à Frédélas en pays toulousain où il reçoit son éducation auprès d'une église canoniale. Étymologie de son nom.

II.   Durant l'adolescence, Isarn, réceptacle de l'Esprit, garde sa virginité intacte et triomphe de tous les vices.

III.   Isarn est « enlevé » par l'abbé Gaucelin alors en route vers Marseille. Par crainte d'être empêché dans son projet de vie monastique, Isarn prend l'habit religieux à Agde des mains de l'évêque Étienne. Arrivé à Marseille, il découvre l'antique monastère Saint-Victor fondé par Jean Cassien, tombé en ruines et récemment restauré. Enflammé d'amour divin pour les reliques des saints martyrs, il décide d'échapper à l'abbé Gaucelin, voleur volé, et de rester avec les frères de Saint-Victor.

IV.   Dès les commencements de sa vie monastique, il semble admirable à tous, en particulier par la qualité de son obéissance et de son humilité. Il est par ailleurs si assidu à l'office divin qu'il semble déjà avoir atteint l'idéal de prière continue chère aux Anciens.

V.   Rapidement, l'abbé de Saint-Victor, Guifred, l'ordonne prieur des frères. Il manifeste une humilité encore plus grande dans l'exercice de cette fonction, où il illustre toutes les vertus monastiques.

VI.   À la mort de l'abbé Guifred, les frères de Saint-Victor et les abbés voisins élisent Isarn comme abbé, grâce au verdict d'un oracle divin rendu par la voix d'un enfant ; devant les dérobades d'Isarn, ils se saisissent de lui et le consacrent de force.

---

17. Sur le tombeau d'Isarn et la date de sa mort, voir la note complémentaire I, p. 103-109.

VII.   Abbé exemplaire et modeste, il représente parfaitement
        l'idéal promu en la matière par la *Règle* et les Écritures.
        Aimé par les frères, il n'oublie pas non plus les pauvres et
        les affligés en étant à leur égard d'une extrême générosité,
        au point de voler ses propres vêtements pour les donner
        aux pauvres.

VIII.   Généreux et bienveillant avec les autres, il se montre vis-
        à-vis de lui-même fort économe, vivant dans une grande
        abstinence. Il se nourrit très peu et ne boit qu'un vin
        extrêmement dilué dans l'eau.

IX.   Homme de prières, il passe une bonne partie de ses nuits
        à prier dans les cryptes de Saint-Victor. Oublieux de lui-
        même, il lui arrive en hiver d'être tellement engourdi par
        le froid durant ses veilles que ce sont les frères qui doivent
        le transporter ensuite.

X.   Le diable tente d'effrayer le saint homme : une nuit,
        alors qu'Isarn prie dans les cryptes, un immense dragon
        crachant de terribles flammes remplit de sa présence toute
        l'entrée de la crypte principale, prêt à se saisir de lui, mais
        Isarn, imperturbable dans ses prières et fortifié par le signe
        de la croix, fait disparaître cette illusion. Par haine de la
        fausse gloire, l'abbé interdit ensuite au gardien de l'église,
        Guillaume, témoin involontaire de la scène, de rapporter
        ce témoignage avant sa mort, ce qui laisse imaginer aussi
        que bien d'autres faits ont dû avoir lieu sans témoin.

XI.   Éloge des vertus d'Isarn par l'abbé Odilon de Cluny.

XII.   Revêtu d'un cilice, il refuse aussi le port des caleçons, sauf
        lors d'un passage à Cluny, où l'abbé Odilon le revêt d'une
        chemise de laine et de caleçons, vêtements dont il se défait
        dès son retour à Marseille.

XIII.   Rayonnement d'Isarn à travers ses disciples et ses miracles :
        l'admirable sainteté de Dodon et Rainald se manifeste par
        de nombreux miracles ; les archevêques d'Arles, Pons et
        Raimbaud, se sont soumis à la *Règle* sous son autorité.

XIV.   Histoire édifiante d'Adalard, homme mauvais et cruel, qui
        se comportait mal avec les paysans relevant de la juridiction
        de Saint-Victor. Corrigé une première fois avec douceur
        par Isarn, son comportement toutefois ne fait qu'empirer.
        Ayant été convié à manger par l'abbé, Adalard est tancé
        une seconde fois, puis, dès le départ d'Isarn, se trouve pris
        de terribles maux de ventre, au point qu'il demande l'habit
        monastique par crainte de la mort. Son mal s'apaise, mais

il reste malade toute une année, le temps de devenir un véritable serviteur de Dieu, grâce aux prières d'Isarn pour ce persécuteur enfin converti.

XV. Le village de Barrème, qui avait refusé à Isarn l'hospitalité un soir de grandes pluies, est décimé par le feu, à l'exception de la maison d'une pauvre veuve qui lui avait donné le peu qu'elle avait à sa disposition, et du grenier où il avait trouvé refuge.

XVI. Témoignage du moine Pierre. La même chose arrive à Mouriès, où le seigneur du village et l'ensemble de ses habitants avaient refusé l'hospitalité à Isarn et aux frères qui l'accompagnaient : quelque temps plus tard, tout brûle, à l'exception de la petite cabane dans laquelle un pauvre homme les avait reçus.

XVII. Second témoignage du même Pierre. Alors que *Rainoardus*, seigneur du village de Bouc, mal disposé envers les moines de Saint-Victor, avait dépouillé une pieuse veuve de Trans qui apportait de la toile en offrande à Isarn, lui et ses hommes, tourmentés par les esprits malins, finissent par être traînés enchaînés aux pieds de l'abbé pour traiter leurs nombreux différends. Ensuite, grâce aux prières de l'homme saint, ils recouvrent la santé.

XVIII. De même, alors que le viguier du vicomte de Marseille, *Redemptus*, volait tout le monde et frappa un jour au menton, en présence de l'abbé, un paysan de Trets qui lui demandait réparation, il fut ensuite blessé à ce pied si terriblement qu'il finit par se l'amputer lui-même d'un coup de hache.

XIX. La veille de Noël, un homme apporte une grande quantité de poissons au monastère, que les économes décident de garder pour le lendemain. Toutefois, cédant à la supplique du prieur Martin en visite au monastère pour la fête, Isarn ordonne aux cuisiniers d'apprêter les poissons pour le soir même, tout en envoyant un autre moine, appelé lui aussi Martin, pêcher de nouveaux poissons dans une mer en furie. Grâce aux prières d'Isarn, et contre toute espérance, le moine frappe de son trident un grand dauphin, image du Christ œuvrant au sein de La Trinité et offrant sa vie pour le salut du monde.

XX. Lors d'une veillée dominicale à Marignane en l'honneur de saint Victor, à laquelle participe une grande foule, avec ses luminaires, un clerc ayant déposé au chevet d'Isarn un gros cierge capable de brûler toute la nuit, la femme qui l'avait apporté s'en offusque et le reprend au saint homme. Aussitôt la flamme s'éteint, et la femme, dans l'incapacité de la rallumer, accablée de reproches par la foule, rend à Isarn le cierge qui recommence aussitôt à brûler.

XXI. Après bien des supplications, les frères finissent par obtenir d'Isarn de l'eau consacrée par ses propres mains pour protéger le village de Demandolx frappé à plusieurs reprises par la foudre.

XXII. De même, les frères parviennent à dérober à Isarn de l'eau avec laquelle il s'est lavé les mains pour la donner à une pauvre femme aveugle de Marseille, qui se l'étant versée sur les yeux recouvre aussitôt la vue.

XXIII. De même, près du mont Cousson, un noble qui avait de violentes douleurs de poitrine s'asperge avec de l'eau dans laquelle le saint s'est lavé les mains, et il est aussitôt guéri.

XXIV. Témoignage du moine *Rainoardus*/Rainald selon lequel, dans son adolescence, il assista en personne à un miracle d'Isarn qui, reçu à leur table mais sans grand chose à manger et à boire, multiplia le vin, à l'image du Christ.

XXV. Second témoignage du même *Rainoardus*/Rainald, qui affirme qu'un enfant fut guéri de ses fièvres en buvant l'eau avec laquelle Isarn s'était lavé les mains.

XXVI. Témoignage de Rainald. Histoire de Pandulf, homme méchant et cruel, qui fit notamment mourir par pendaison deux jeunes nobles qui lui réclamaient de l'argent et jeta ensuite leurs cadavres dans une caverne. Découverts puis inhumés par les moines de Villlecroze, ils apparaissent en vision à une dame pour qu'elle intervienne en leur faveur auprès d'Isarn afin d'obtenir une messe dite de sa bouche. Arrivé à Villecroze, Isarn célèbre une messe pour l'absolution des jeunes gens, la sentence divine montrant que l'abbé a entre les mains le pouvoir de juger les morts.

XXVII. Autre témoignage de Rainald, portant sur l'esprit de prophétie d'Isarn, qui se manifeste à Lagnes à l'occasion de l'histoire d'un cheval volé par des gens à la solde de Pandulf. Isarn prophétise le retour du cheval et empêche le vol de porcs en frappant les voleurs de cécité. Pris de remords, ceux-ci implorent le saint abbé, recouvrent la vue et vont reprendre chez la femme de Pandulf le cheval volé. Sur les cinq voleurs, deux corrigent définitivement leurs mœurs et vivent ensuite dans la prospérité, mais les trois autres, revenus à leurs vices passés, connaissent chacun de grands malheurs. Rapprochement entre ce miracle accompli par Isarn et l'action d'Élisée, mérite supérieur d'Isarn et grandeur de Dieu qui suscite de tels êtres.

XXVIII. Don de prophétie d'Isarn, capable de lire dans l'âme du moine Georges et de l'aider à combattre ses mauvaises pensées.

XXIX. Histoire du cheval d'Isarn, animal puissant et ombrageux, qui n'acceptait de n'être monté par personne d'autre que par l'abbé et qui le servait avec douceur et prévenance comme s'il était dirigé par un ange, exemple inverse de l'âne de Balaam.

XXX. Récit de la fin d'Isarn, qui comme le Christ, donne sa vie pour ses disciples. Ayant connu durant sa vie monastique le martyre long de l'ascèse, des jeûnes et des privations, Dieu lui accorde en outre, à l'article de la mort, la possibilité de connaître un second martyre dont il sort vainqueur malgré l'absence de bourreau.

XXXI. Récit de la mise à sac du monastère de Lérins par les païens qui emmènent beaucoup de frères captifs en Espagne. Isarn, alors atteint par une maladie grave qui le retient presque tout le temps alité, décide d'aller lui-même rechercher les frères. En dépit de l'opposition de ses moines, et malgré les souffrances de son corps et de son esprit, Isarn part. Arrivé à bout d'énergie au prieuré victorin de Saint-Michel del Fai, il est accueilli par le comte de Barcelone, son épouse et Gombaud de Besora, auxquels il impose comme pénitence pour leurs péchés de restituer au Seigneur les moines captifs, par tous les moyens à leur disposition. Après une mission diplomatique auprès de deux rois païens de la région et plusieurs péripéties, et grâce aux prières insistantes d'Isarn, les moines captifs sont enfin rendus aux leurs. De retour à Marseille, Isarn souffre encore plusieurs mois. Enfin, ayant réuni tous ses fils autour de lui, il meurt le 8 des calendes d'octobre 1048, un an jour pour jour après son départ pour l'Espagne.

La première (chap. I-III et IV-XIII) et surtout la troisième partie (chap. XXX-XXXI) de la *Vie* paraissent avoir été conçues et rédigées avec soin par l'auteur, tandis que la deuxième partie (chap. XIV-XXIX) se présente davantage comme un recueil de témoignages que l'auteur n'aurait pas eu le temps d'organiser parfaitement. Ce constat pourrait être mis en rapport avec ce qu'écrit l'hagiographe, au chap. xxx, sur le manque de temps à disposition pour achever son œuvre. La forme particulière (inachevée ?) de plusieurs chapitres de la *Vie* nous livrerait ainsi d'intéressantes informations sur le processus d'élaboration d'un texte hagiographique concernant un saint contemporain (voir ci-dessous, II). Cependant, on peut également reconnaître dans la collection de dépositions de la deuxième partie du texte hagiographique une mise en scène subtile, cohérente avec le projet de l'hagiographe (voir ci-dessous, III).

II. LA RÉDACTION DE LA *VIE D'ISARN*
EN UN MOMENT CHARNIÈRE
POUR L'ÉGLISE MONASTIQUE PROVENÇALE

La date de composition du récit

Il n'est pas possible de dater de façon très précise la *Vie d'Isarn*, mais certains éléments permettent toutefois de cerner l'époque de sa composition.

Dans le prologue, l'auteur raconte que les pèlerins et les malades se rendent à Saint-Victor sur la tombe d'un Isarn *recens defuncti*. Le caractère « récent » du décès de l'abbé (en 1047) est évidemment relatif ; le propos de l'hagiographe doit être compris par rapport aux « innombrables » saints et martyrs de l'Antiquité, notamment Victor et ses compagnons, dont les reliques se trouvaient alors à l'abbaye. Mais l'auteur évoque également la présence à Saint-Victor, au moment où il prépare et rédige la *Vie*, de quelques moines ayant fréquenté le saint abbé. Il reproduit même, à plusieurs reprises, les récits circonstanciés de certains d'entre eux, disciples d'Isarn, qui paraissent être d'un âge avancé au moment où ils livrent leur témoignage (notamment le « vénérable Rainald » qui n'attend plus rien d'autre que « d'être avec le Christ », selon le chap. xiii de la *Vie*, et Rainoard, s'il ne s'agit pas de la même personne,

« vénérable » également, qui jouissait d'une réputation de « grande sainteté », selon le chap. XXIV). Enfin, notre hagiographe fait état de l'épiscopat de Raimbaud d'Arles, mort en 1069, d'une manière qui donne à penser que celui-ci est mort (*Raiambaldus, totius tunc Prouincię unicum decus*, chap. XIII). Notre texte serait donc certes postérieur à 1047, probablement aussi à 1069, sans être toutefois beaucoup plus tardif car il demeure à l'abbaye, au moment de la composition de la *Vie*, plusieurs témoins (âgés) de l'action d'Isarn. La *Vie* est du reste attestée dans un manuscrit homogène que les spécialistes datent du dernier quart du XIe siècle (Paris, BnF, latin 5672 : voir ci-dessous, VI). L'ensemble de ces données nous autorise à situer l'élaboration du texte dans les années 1070, sous le gouvernement de l'abbé Bernard (1064-1079).

Isarn ne paraît d'ailleurs pas avoir été vénéré en tant que « bienheureux » ou « saint » avant l'abbatiat de Bernard. Rien n'indique que son tombeau, dont l'inscription qualifie le défunt de *beatus*, fut réalisé aussitôt après la mort de l'abbé ; de toute manière, à part ce qualificatif, la dignité que lui suppose l'épitaphe n'est pas très éloignée de celle qui fut reconnue à l'abbé Guifred, son prédécesseur, dont nous connaissons également le texte de la pierre tombale. Par ailleurs, rien ne permet de dater les débuts de la vénération *post mortem* que mentionne l'hagiographe en évoquant la fréquentation du tombeau d'Isarn par des pèlerins. Les notices d'élection des abbés Pierre (en 1047), Durand (en 1060) et même Bernard (en 1064) inscrivent Isarn au sein de la suite des abbés marseillais du XIe siècle, sans le distinguer ou l'honorer de manière très particulière[18]. Une mise en valeur du rôle

---

18. Selon la notice rapportant l'élection de Durand : « De quorum numero [...], nostro in tempore, primus Vuifretus, secundus Isarnus pastores in prefato monasterio extitere, post quos tercius extitit Petrus, qui, precedentium doctrinis et exemplis informatus, gregem sibi commissum, quandiu uixit, decenter nutriens custodiuit » (Arch. dép. Bouches-du-Rhône 1 H 39/184 = CSV 1133). Et selon celle de Bernard : « De quorum numero [...] nostro in tempore primo Wifretus, deinde uero Isarnus, post quem Petrus, cui successit

d'Isarn, cohérente avec le propos du texte hagiographique, se rencontre bien dans deux actes, un « privilège » attribué au pape Benoît IX qui porte la date de 1040 et une charte de 1044, mais ces documents ont été (au moins) interpolés, en particulier pour ce qui concerne les passages mentionnant Isarn, vraisemblablement sous l'abbatiat de Bernard et au plus tard au moment de l'insertion de ces actes dans le grand cartulaire[19]. Le souvenir d'Isarn (*beatę memorię domnus Ysarnus abbas*) et de son remarquable trépas (*clarissimum eius obitum*) sont également évoqués, à l'époque de l'abbé Bernard, lors d'un plaid au cours duquel sont abandonnées de « mauvaises coutumes »[20].

L'auteur du récit

La *Vie d'Isarn* s'ouvre sur un prologue qui expose le projet de l'auteur, sans que celui-ci y dévoile cependant son identité, ni celle d'un éventuel commanditaire. Tout juste l'hagiographe donne-t-il à comprendre qu'il n'est pas originaire de Marseille : il s'y est jadis rendu, attiré par la réputation du monastère et de ses moines. On apprend aussi qu'il n'a pas connu personnellement celui dont il entreprend d'écrire la *Vie* : son arrivée à Saint-Victor est donc postérieure à la mort d'Isarn[21].

Durandus, pastores in prefato monasterio extitere. Horum autem alter alterius informati et doctrinis et exemplis, gregem sibi commissum, quandiu uixerunt, decenter nutrientes custodierunt » (Arch. dép. Bouches-du-Rhône 1 H 45/213 = Edmond MARTÈNE & Ursin DURAND, *Veterum scriptorum... Amplissima collectio*, Paris, 1724, t. 1, col. 465-467).

19. M. LAUWERS, « Consécration d'église, réforme et ecclésiologie monastique », p. 121-127. En ce qui concerne le « pseudo-privilège » de 1040, à propos duquel tous les historiens – et même les auteurs de ce volume – ne sont pas d'accord, voir ci-dessous l'Annexe, p. 173-189.

20. CSV 605 : cette mention d'Isarn date au plus tard de l'époque de rédaction de la notice rapportant ce plaid, au début de l'abbatiat de Richard (1079-1106).

21. L'origine catalane de l'auteur du récit hagiographique, avancée dans plusieurs travaux de P. Amargier, fréquemment reprise ensuite, notamment dans les notices de vulgarisation, ne repose sur aucun argument

Une œuvre collective ?

En réalité, la composition du texte hagiographique paraît moins l'œuvre d'un auteur unique que le résultat d'une implication de l'ensemble des religieux de Saint-Victor, qui forme à cette occasion ce que Brian Stock appelle une « communauté textuelle »[22]. La rédaction de la *Vie* renvoie, en effet, à un processus d'écriture « collectif » qui s'inscrit dans le cadre monastique[23] : à plusieurs reprises, les moines paraissent s'être réunis pour évoquer Isarn, rassembler des témoignages à son sujet, écouter ceux des frères qui l'avaient connu rapporter tel ou tel fait. Dans les notes de notre traduction, nous tentons d'identifier ces moines témoins de la vie de l'abbé. Le rédacteur participe aux réunions (qu'il organise peut-être) et prend force notes. Le texte hagiographique intègre ainsi, parfois de manière quasiment notariée, les récits-dépositions de plusieurs religieux. Après avoir transcrit leurs propos, l'hagiographe fait une lecture publique de son récit, en présence de ses informateurs et du reste de la communauté, et amende le texte en fonction des réactions de l'auditoire et des nouvelles dépositions qu'il aurait suscitées (ainsi que l'indiquent les notations du début des chap. XVI et XXIV).

Données relatives aux religieux
« témoins » ou « informateurs » de la *Vie d'Isarn*

Prologue : la Provence et les moines, disciples d'Isarn, fuyant le mensonge comme la mort, sont les témoins de ce qui va être raconté.

---

précis. Elle n'est toutefois pas invraisemblable ; sur la venue à Saint-Victor, dans la seconde moitié du XIᵉ siècle, de moines catalans et languedociens, voir la note complémentaire III, p. 116-125.

22. Brian STOCK, *The Implications of Literacy. Written Language and Models of Interpretation in the 11ᵗʰ and 12ᵗʰ centuries*, Princeton, 1983.

23. Sur la notion d'écriture collective, voir les réflexions de Jean-Claude SCHMITT, *La conversion d'Hermann le Juif. Autobiographie, histoire et fiction*, Paris, 2003.

chap. VII : récit par l'hagiographe d'un fait que lui a rapporté le moine Étienne, qualifié de *relator* et *notarius* – le second terme indique-t-il une mise par écrit du témoignage, préalable au récit hagiographique ?

chap. X : récit par l'hagiographe d'un fait dont le moine Guillaume a été le témoin et n'a révélé qu'après la mort d'Isarn.

chap. XIII : le moine Rainald est présenté comme le fidèle témoin, toujours en vie, des vertus du maître.

chap. XVI : récit de l'hagiographe aux frères, qui entraîne un premier récit du moine Pierre, ensuite commenté par l'hagiographe.

chap. XVII : second récit du moine Pierre.

chap. XXIV : récit de l'hagiographe aux frères, qui entraîne un premier récit du moine Rainoard (le même que Rainald ?) rapportant des faits auxquels il a assisté alors qu'il était adolescent.

chap. XXV : second récit de Rainoard (Rainald ?).

chap. XXVI : récit du moine Rainald, ensuite commenté par l'hagiographe.

chap. XXVII : autre récit de Rainald, ensuite commenté par l'hagiographe.

chap. XXVIII : épisode mettant en scène un moine Georges, qui aurait rapporté les faits le concernant – sous une forme et à une date qui ne sont pas précisées.

chap. XXIX : récits relatifs au cheval d'Isarn, connus de la Provence entière, que l'hagiographe dit avoir appris et qu'il expose.

À maintes reprises, l'hagiographe rapporte donc au discours direct les récits des témoins, ce qui donne vie au texte et contribue à produire un effet de réel. Il utilise également, en de courtes séquences, le discours indirect (en particulier dans le chap. XXXI) et a recours à l'infinitif de narration, qui atteste un certain raffinement. Quoi qu'il en soit de la mise en scène et en forme de ces « dépositions », une telle collection de témoignages, inhabituelle dans une *Vie* de saint du XIe siècle[24], se rapproche de celles réunies par les notaires à propos des miracles opérés aux tombeaux des

---

24. Pierre-André SIGAL, « Le travail des hagiographes aux XIe et XIIe siècles : sources d'information et méthodes de rédaction », *Francia*, 15, 1987, p. 149-182, ici p. 176.

saints ou dans le cadre des procès de canonisation à la fin du Moyen Âge[25].

Pour distinguer les interventions des témoins rapportées au style direct du texte composé par l'auteur, nous avons introduit des guillemets dans le texte latin de la *Vie* et dans notre traduction[26]. Par ailleurs, nous avons conservé les ruptures de temps (en particulier le passage du passé au présent), fréquentes dans les témoignages que rapporte l'hagiographe.

Une hypothèse : l'abbé Bernard, maître d'œuvre ?

Fruit d'une écriture collective, la composition de la *Vie d'Isarn* n'en nécessita pas moins l'intervention d'un maître d'œuvre, détenteur d'une autorité reconnue au sein de la communauté, nécessaire pour réunir les frères de manière régulière, probablement dans le cadre du chapitre, les faire parler, interroger les anciens, un maître d'œuvre capable aussi d'orienter un projet et de lui donner une forme littéraire. On a avancé l'hypothèse que l'abbé Bernard, fils du vicomte Richard II de Millau, arrivé à Saint-Victor de Marseille en 1061, au moment de sa « conversion » à la vie monastique, a pu jouer ce rôle. De fortes similitudes entre les itinéraires d'Isarn et de Bernard font même penser à une sorte de jeu de miroir entre les deux abbés[27].

---

25. Raimondo MICHETTI (dir.), *Notai, miracoli e culto dei santi. Pubblicità e autenticazione del sacro tra XII e XV secolo. Atti del Seminario internazionale, Roma, 5-7 dicembre 2002*, Milan, 2004.

26. Il y a certes parfois quelque arbitraire dans la délimitation – manifestée par l'ouverture et la fermeture de ces guillemets – entre le témoignage rapporté et le récit rédigé par l'auteur.

27. L'hypothèse en faveur d'une composition de la *Vie d'Isarn* par ou sous la direction de l'abbé Bernard est avancée par M. LAUWERS, « Cassien, le bienheureux Isarn et l'abbé Bernard », p. 232-233, qui relève les différents éléments de cette composition en miroir. Une mise en rapport entre la carrière de l'abbé Bernard et la confection du manuscrit du dernier quart du XIe siècle comportant la *Vie d'Isarn* est faite *infra*, p. XXVII.

Le contexte

À défaut de pouvoir établir avec certitude l'identité particulière de l'auteur de notre *Vie*, nous saisissons assez clairement le contexte dans lequel l'œuvre a été composée.

La réforme grégorienne et l'abbé de Saint-Victor

L'abbé Bernard fut, en effet, le représentant dans le Midi et l'homme de confiance du pape Grégoire VII. Il se vit même confier plusieurs missions délicates : en 1077, après un ou plusieurs voyages en Catalogne, Bernard est envoyé comme légat dans le royaume germanique, afin de régler le conflit entre l'empereur Henri IV et Rodolphe de Souabe. Les chroniqueurs « grégoriens » de l'époque en font « un homme de la plus grande sainteté, sagesse, dévotion et charité », dont Grégoire VII avait fait un « intime » et un « familier ». Quelques mois avant la mort de Bernard, Grégoire VII avait récompensé l'abbé en unissant Saint-Victor et Saint-Paul-hors-les-murs à Rome, et concédé au monastère de Marseille l'immunité, l'exemption, le rattachement direct à Rome et la libre élection de l'abbé[28]. Le 2 novembre 1079, en réponse aux moines de Marseille qui venaient de lui annoncer la mort de Bernard, Grégoire VII vante l'action de leur abbé défunt *non solum in transalpinis uerum etiam in Italie partibus*, et approuve l'élection à la tête de la communauté du frère de Bernard, Richard, alors déjà cardinal et légat en Espagne[29].

L'arrivée à Marseille de Bernard, puis son abbatiat ont coïncidé avec l'apparition dans les chartes de Saint-Victor

---

28. Sur tout ceci : E. MAGNANI SOARES-CHRISTEN, « Saint-Victor de Marseille, Cluny et la politique de Grégoire VII » ; M. LAUWERS, « Cassien, le bienheureux Isarn et l'abbé Bernard », p. 228-230 ; M. ZERNER, « Le grand cartulaire de Saint-Victor de Marseille », p. 306-307.

29. Lettre du 2 novembre 1079, adressée aux moines de Marseille ; *Das Register Gregors VII.*, VII, 8, éd. Erich CASPAR, Berlin, 1923 (*MGH, Epistolae selectae*, 2, 2), p. 469-470.

de maximes et de mots d'ordre, dénonçant en particulier les « mauvaises coutumes » et surtout la « simonie », typiques de la rhétorique des réformateurs « grégoriens »[30]. Un tel discours est bien dans la logique de la *Vie d'Isarn*, dont l'auteur accuse les seigneurs laïcs d'injustices et d'« exactions » (dans le chap. XIV : *iniuria, iniquis exactionibus affligere, corrogare, uiolenter abripere*). Le portrait d'un abbé tout-puissant, identifié aux rois et prophètes de l'Ancien Testament, « figure politique et sacerdotale, appelée à rayonner sur l'Église et sur le monde »[31], qui ressort notamment de l'acte consignant l'élection abbatiale de Bernard[32], s'accorde aussi parfaitement avec le rôle que l'auteur de la *Vie d'Isarn* prête à son héros, luttant contre les laïcs violents en Provence et défendant la Chrétienté contre les « païens ».

Les difficultés liées à l'expansion de Saint-Victor dans le sud-ouest de la Gaule

L'arrivée de Bernard à Saint-Victor marque également la cession au monastère marseillais d'abbayes et de prieurés situés à l'ouest de la Provence, tout d'abord dans les régions dominées ou sous influence des vicomtes de Millau. Le contrôle de ces établissements éloignés, qui entraînaient, tout comme les missions confiées par Grégoire VII, de fréquents déplacements et de longues absences de l'abbé, ont provoqué certaines difficultés que l'on déduit d'une série de lettres adressées par les moines de Marseille et par des religieux responsables de monastères ou prieurés à leur abbé. Selon l'une de ces missives, dont l'auteur, moine à Marseille, déplore la « multitude des possessions » de Saint-Victor, les prieurés de Provence, fondés pour gérer les terres et les droits attachés à l'abbaye, paraissent délaissés au profit

---

30. M. LAUWERS, « Cassien, le bienheureux Isarn et l'abbé Bernard », p. 226-228 ; F. MAZEL, « Encore les mauvaises coutumes ».

31. F. MAZEL, *La noblesse et l'Église*, p. 162-164.

32. Trad. et commentaire de ce texte par M. LAUWERS & F. MAZEL, « L'abbaye Saint-Victor », p. 133-137.

des *monasteria* du Languedoc ou de Catalogne, associés plus récemment à Saint-Victor. C'est que l'abbé Bernard avait confié ces derniers à des moines dignes de confiance, vidant ainsi de ses forces vives le centre marseillais et les dépendances provençales[33].

La Vie d'Isarn, *le grand cartulaire de Saint-Victor et la Provence*

Aussitôt après la mort de Bernard, sous l'abbatiat de son frère Richard (1079-1106), les moines entreprirent la confection de leur grand cartulaire[34]. Les critiques relatives à la dispersion des possessions victorines et le désir exprimé par plusieurs religieux envoyés au loin de regagner Marseille ne sont peut-être pas sans rapport avec le choix des cartularistes de ne copier dans leur recueil que les actes concernant les biens provençaux de l'abbaye. Aucune des chartes relatives aux possessions languedociennes, dont la plupart datent de l'époque de Bernard, n'y est retranscrite. Un tel choix, qui attesterait un recentrement sur la Provence, celle des possessions victorines du temps de l'abbé Isarn, coïncide également avec le cadre territorial mis en scène dans la *Vie*, du moins jusqu'à la dernière partie du récit qui ouvre ce cadre à l'*Hispania* : les chapitres précédents ne concernent que les terres monastiques et les prieurés situés dans une *Provincia* du reste célébrée tout au long de la *Vie* (prologue, chap. XIII, XXIX, XXXI)[35].

---

33. G. AMMANNATI, « Saint-Victor di Marsiglia » ; M. LAUWERS, « Cassien, le bienheureux Isarn et l'abbé Bernard », p. 230-232. Sur ces lettres, voir *infra*, p. 120.

34. M. ZERNER, « L'élaboration du grand cartulaire », p. 226-228, repris et précisé par M. ZERNER, « Le grand cartulaire de Saint-Victor de Marseille ».

35. Sur les cadres territoriaux de l'action d'Isarn, voir la note complémentaire III, p. 116-125.

III. Un projet hagiographique :
de saint Victor au bienheureux Isarn

Notre texte hagiographique s'inscrit dans un projet de rénovation des modèles de sainteté et des cultes en vigueur à Saint-Victor. Selon son prologue, la *Vie d'Isarn* a été composée « afin que l'Antiquité ne se glorifie pas de l'emporter par le privilège de la sainteté et la noblesse des miracles ». Refusant aux Anciens le monopole de la sainteté, l'auteur entend instituer un nouveau type de récit hagiographique, jugé plus efficace dans une perspective pastorale ; il fait du reste allusion au transfert vers Isarn, « récemment décédé », de la *virtus* de « tous les autres saints » reposant à Saint-Victor.

Le martyr Victor, de l'Antiquité à la restauration monastique

Les saints traditionnels qu'aurait supplantés le bienheureux Isarn ne sont autres que Victor, saint tutélaire de l'abbaye marseillaise, et ses compagnons martyrs. Un premier texte relatant la « passion » de saint Victor aurait été composé à Marseille à la fin du vᵉ siècle[36]. Le soldat Victor y comparaît devant un tribunal pour avoir refusé sa solde et s'être proclamé chrétien. Enfermé, il parvient chaque nuit à quitter sa prison, grâce à l'aide d'un ange. Finalement, le préfet Euticius ordonne de le « mettre sous la meule du boulanger, entraînée par un animal, où le grain autrefois dispersé est habituellement moulu ». Le caractère symbolique de ce passage est évident : Victor est par sa mort un « froment broyé », un « pain mis à cuire ». Dans la

---

36. Les textes hagiographiques relatifs à saint Victor ont fait l'objet d'une étude approfondie, portant sur les quelque 70 manuscrits relatant le martyre de Victor : J.-Cl. MOULINIER, *Saint Victor de Marseille*. Le premier récit, probablement de la fin du vᵉ siècle, porte, dans la classification de J.-Cl. Moulinier, le nom de *Récit symbolique*.

seconde moitié du VIe siècle, une nouvelle *Passion* avait été rédigée à Marseille : Victor est cette fois présenté comme un pilote (*gubernator*), décapité sur ordre de l'empereur Maximien qui avait organisé la persécution des chrétiens à Marseille. Ce panégyrique, destiné à être prononcé sur la tombe de Victor, est peut-être l'œuvre d'un religieux ; il y est en tout cas question d'un rassemblement de fidèles pieux qui joint sa prière continuelle (*iugis intercessio apud Deum*) à celle du martyr, pour protéger les Marseillais[37]. Les études archéologiques menées dans les dernières décennies sur le site de Saint-Victor attestent l'existence au Ve siècle d'un complexe cultuel établi dans une carrière antique servant de lieu de sépulture[38]. Il est probable que cet ensemble paléochrétien, tout à la fois lieu de culte (comme l'attestent un sanctuaire et un espace basilical précédés d'une porte monumentale) et espace funéraire (ainsi que l'indique la présence de tombes rupestres et de sarcophages), corresponde à la « basilique de saint Victor » évoquée un siècle plus tard par Grégoire de Tours[39]. Ce dernier note du reste la vénération qui entourait, à Marseille, la tombe du martyr[40]. À l'époque carolingienne, plusieurs chartes font allusion à la présence des corps de Victor et de ses compagnons dans une église consacrée à la Vierge et à saint Victor, désormais desservie par des moines[41].

---

37. J.-Cl. MOULINIER, *Saint Victor de Marseille*, p. 368. Ce texte, appelé *Panégyrique ancien* (*BHL* 8570), connaît une importante diffusion (41 manuscrits).

38. M. FIXOT & J.-P. PELLETIER, *Saint-Victor de Marseille, de la basilique paléochrétienne à l'abbatiale médiévale.*

39. Grégoire de Tours raconte que l'évêque et sa suite, pour fuir l'épidémie de peste de 591, se réfugièrent dans l'enceinte de la basilique de Saint-Victor : « episcopus tamen urbis accessit ad locum et se infra basilicae sancti Victoris saepta contenuit cum paucis... » (*Historiae*, IX, chap. 22, éd. Bruno KRUSCH, Hanovre,1937 [*MGH SRM* 1, 1], p. 442).

40. Grégoire de Tours, *Liber in gloria martyrum*, chap. 76, cité par J.-Cl. MOULINIER, *Saint Victor de Marseille*, p. 399, et IDEM, « Saint-Victor, centre ancien de pèlerinage », *Provence historique*, 47, 190, 1997, p. 605-612 , ici p. 612.

41. Cf. CSV 83 (781), 11 (822), 12 (841).

À la fin du Xe siècle, alors que la discipline monastique était rétablie, puis que se développait l'abbaye sous les gouvernements de Guifred et d'Isarn, le culte du saint tutélaire fut restauré par les religieux et fortement soutenu par les vicomtes de Marseille. Une nouvelle *Passion* du martyr, mise en forme dans le second quart du XIe siècle, actualise alors les textes de la fin du Ve et du VIe siècle[42]. Selon la nouvelle *Passion*, Victor est d'abord broyé par la meule du boulanger (dont le sens symbolique est perdu), puis, celle-ci s'étant détraquée, il est décapité. Rétablies et entretenues par les moines, les traditions relatives au martyre de Victor paraissent avoir suscité des légendes. À propos de l'empereur Maximien, qui avait ordonné la mise à mort de Victor et de ses compagnons, l'auteur du XIe siècle note que « son cadavre que l'on voit encore dans son tombeau (*qui adhuc cernitur in monumento*) prouve l'exacte vérité de cela : il a été la cause et l'agent de la cruauté et de la tyrannie, de l'avidité et du vol »[43]. Un récit recueilli quelques années plus tard par les moines de Novalese raconte que l'archevêque Raimbaud d'Arles fit extraire l'empereur de ce tombeau, puis ordonna de le jeter à la mer – réplique de ce qu'avait fait l'empereur en donnant l'ordre de jeter à la mer les corps de Victor et de ses compagnons[44].

Dans la première moitié du XIe siècle, les reliques du martyr et de ses compagnons étaient donc à nouveau vénérées par les fidèles fréquentant Saint-Victor. Un recueil de miracles fut alors composé, qui livre du reste un certain

---

42. Le *Panégyrique amplifié* (*BHL* 8571), qui résulte de la fusion du *Récit symbolique* et du *Panégyrique ancien*, et qui est attesté dans une dizaine de manuscrits, aurait donc été composé à Marseille, dans le deuxième quart du XIe siècle (J.-Cl. MOULINIER, *Saint Victor de Marseille*, p. 265-267).

43. Éd. J.-Cl. MOULINIER, *Saint Victor de Marseille*, p. 486, trad. p. 487.

44. *Monumenta Novaliciensa Vetustiora*, II, éd. Carlo CIPOLLA, Rome, 1901 (*Fonti per la storia d'Italia*, 32), p. 299-300. Sur ce récit : P. HENRIET, « Un corps encombrant », qui pense que les moines de Novalese ont pu recueillir ce récit dans les années 1040.

nombre d'informations sur l'organisation du culte et la topographie des lieux saints de l'abbaye[45].

L'occultation de saint Victor et l'émergence de la figure d'Isarn

En racontant la première visite du jeune Isarn au monastère Saint-Victor, l'hagiographe évoque un *sacrarium* « creusé dans la roche naturelle ». On verrait volontiers dans cet espace le lieu qualifié de « roche creusée » ou « incisée » qui est présenté comme le lieu de sépulture de Victor dans les deux *Passions* antiques. L'auteur de la *Vie d'Isarn* connaissait ces textes et en reprend les formules. Mais il dresse un tableau inédit du culte des reliques en vigueur dans l'abbaye marseillaise, où la figure de Victor ne paraît guère jouer de rôle. Pour lui, le trésor de reliques qui faisait la fierté des moines marseillais n'était pas tant constitué par les restes de Victor et de ses compagnons que par ceux des saints Innocents : ce sont, en effet, les reliques des saints Innocents, provenant de Terre Sainte, qui se trouvent enfouies « dans la roche ». Selon la *Vie d'Isarn*, la dévotion du saint s'adresse parfois à une « armée de martyrs », aux « saints confesseurs » et aux « vierges sacrées », aux « saints Innocents, premiers témoins du Christ », mais jamais explicitement au martyr Victor, comme s'il s'agissait d'occulter le souvenir de ce dernier. Telle est la sainteté de l'abbé défunt, proclame l'hagiographe, qu'il semble « que tous les autres saints lui ont concédé leur puissance ». L'auteur met du reste en scène une femme aveugle qui

---

45. À côté des *Miracula* (*BHL* 8576) attestés dans neuf manuscrits, qui ont probablement été rédigés à Saint-Victor de Paris entre 1115 et 1150, il existe une collection de miracles plus ancienne, marseillaise, dont des fragments ont été retrouvés par J.-Cl. Moulinier dans les pages de garde du ms. Paris, BnF latin 14277. Le catalogue de la bibliothèque de Saint-Victor (1195) mentionne bien un *Liber de miraculis sancti Victoris* (J.-Cl. MOULINIER, *Saint Victor de Marseille*, p. 325, 337-338 et 535). Sur la topographie de Saint-Victor, voir la note complémentaire II, p. 110-116.

« priait fréquemment les saints martyrs pour qu'ils aient pitié d'elle » ; cependant, « les saints martyrs préférèrent concéder la gloire du miracle à Isarn leur serviteur » : la femme ne guérit qu'après avoir répandu sur ses yeux l'eau dans laquelle Isarn s'était lavé les mains (chap. XXII). Victor n'est nommé qu'une fois dans la *Vie d'Isarn*. Lors d'une veillée liturgique à Marignane, un clerc avait placé au chevet de l'abbé le cierge apporté à l'église par une femme dévote. Alors que celle-ci protestait – « j'ai apporté la chandelle pour saint Victor, pas pour n'importe quel abbé » –, un miracle se produisit, qui força la femme à laisser le cierge auprès d'Isarn : c'est que Dieu avait « visiblement préféré réserver [à Isarn] un luminaire destiné à son glorieux martyr » (chap. XX). L'unique mention explicite de saint Victor dans la *Vie d'Isarn* n'a ainsi d'autre fonction, dans l'économie du récit, que de justifier un transfert de dévotion vers l'abbé Isarn.

Par l'adjonction d'une *Passion* à la *Vie d'Isarn*, annoncée au chap. XXX, l'auteur entend faire bénéficier son héros d'un *duplex martyrium*. Le *martyrium sine cruore* est le fait de tout ascète digne de ce nom. Or, dans le récit, ce premier martyre est suivi par un second, *martyrium cum cruore*, en dépit de l'absence de bourreau (*percussore deficiente*). Isarn subit une mort héroïque car, frappé par une maladie mortelle, il entreprend un voyage au-dessus de ses forces pour sauver des captifs. Cette mort lui permet de reposer en paix en « vainqueur » (*uictor*, selon le mot employé au chap. XXX), c'est-à-dire en vrai martyr, prenant la place du Victor antique.

Si l'auteur a occulté le souvenir de saint Victor, c'est que celui-ci passait, au XIe siècle, pour une figure de *miles*. Patron de l'abbaye marseillaise, Victor était aussi le protecteur de la cité de Marseille, de son évêque et de ses vicomtes. Les premières attestations de la titulature du monastère marseillais à saint Victor (à partir de 1025) et les références appuyées au martyr se rencontrent d'ailleurs dans des chartes impliquant les vicomtes de Marseille[46]. Ces derniers portaient le *uexillum sancti Victoris*[47]. Le modèle de sainteté que représentait Saint-Victor et l'idéal de collaboration (voire de fusion) entre guerriers et moines qu'il induisait étaient bien éloignés des valeurs défendues par l'auteur de la *Vie d'Isarn*, qui entendait au contraire définir et exalter une Église monastique débarrassée de toute attache avec les pouvoirs séculiers. Il était dès lors logique de réorganiser ou réorienter les dévotions que cristallisait l'abbaye, en les transférant du guerrier martyr vers un abbé exemplaire.

La réhabilitation contemporaine du bienheureux Jean Cassien

Le remplacement d'un saint ancien, Victor, par un saint moderne, Isarn, ne fut toutefois possible qu'au prix d'une relecture des origines, qui mit en valeur une troisième figure, celle du « bienheureux Cassien », présenté par notre hagiographe comme le « constructeur » du monastère. Le souvenir de Jean Cassien n'avait auparavant jamais été cultivé à Saint-Victor, et son nom jamais associé à l'histoire du monastère. La fondation et l'identité de la communauté marseillaise avaient été exclusivement liées au martyre de Victor. Dans les années 1030 et 1040, plusieurs lieux de culte cédés à l'abbaye marseillaise sont cependant dédiés à « saint Cassien »[48]. La titulature de ces églises n'est probablement pas sans rapport avec leur transfert sous l'autorité de l'abbé de Saint-Victor. Mais c'est surtout à partir des années 1060 que les moines mirent fermement en valeur la figure de Jean Cassien, ainsi que l'attestent plusieurs mentions du « bienheureux abbé Cassien », « docteur très illustre », « père

---

46. Le fait, avancé par M. Fixot, « Saint-Victor, saint Victor », p. 238 et *passim*, est démontré et développé par F. Mazel, « De l'emprise aristocratique à l'indépendance monastique », p. 265-268.

47. CSV 69 et 27.

48. Voir les actes CSV 631, 781 et 569, relevés par M. Fixot, « Saint-Victor, saint Victor », p. 240.

et fondateur du monastère de Marseille »[49]. Les religieux commencèrent alors à raconter que leur monastère « avait jadis une telle renommée que cinq mille moines étaient venus y vivre sous le bienheureux abbé Cassien, docteur très illustre, dont le corps repose maintenant en ce lieu ». Ainsi « la discipline régulière et les ruisseaux de la sagesse gagnèrent les plus puissants des autres monastères de la Gaule tout entière ». Le rédacteur de l'acte qui mentionne, en 1060, pour la première fois peut-être, le rôle de Jean Cassien précise qu'il a en partie « entendu » et en partie « appris » ces informations, « que l'on trouve dans des livres que [Cassien] lui-même a composés »[50]. En 1062, une autre charte revient sur « les coutumes et la règle observées dans les monastères de Gaule » pour noter que c'est à partir du monastère de Marseille que s'est diffusée la *monastica religio*, grâce aux « Institutions » et aux « Conférences des saints pères » composées par le « père et fondateur Cassien »[51]. Quelques

---

49. La mise en valeur de Jean Cassien est datée du « milieu du XIe siècle » par E. MAGNANI SOARES-CHRISTEN, *Monastères et aristocratie*, p. 16-17 et 227-228. Cependant, comme elle le souligne elle-même (p. 227), les deux premières attestations figurent dans des actes datés de 1040 et 1044 qui sont au minimum interpolés. M. Fixot attribue les premières mentions de Jean Cassien à « l'époque d'Isarn » et, semble-t-il, à l'abbé lui-même, en se fondant notamment sur les titulatures à saint Cassien (M. FIXOT, « Saint-Victor, saint Victor », p. 239 et 251).

50. CSV 832, acte de donation à Saint-Victor du monastère de Saint-Martin de la Canourgue, diocèse de Mende, en 1060 : « Nam, sicut audiuimus et ex parte didicimus, cenobium illud, cum tante antiquitus nobilitatis esset, ut quinque milia monachorum inibi habitantium abbas beatus Cassianus, doctor preclarissimus, in eo nunc corpore requiescens, existeret, sicut in libris repperitur quos ipse composuit, ceterorum monasteriorum in tota Gallia positorum pociones riuuli sapiencie et regularis discipline ordo processit. »

51. CSV 827, acte de donation à Saint-Victor du monastère de Vabres, diocèse Rodez, en 1061 : « [...] secum diutius animo uoluens et monasteriorum Gallie mores regulamque perspiciens, unum ex omnibus, a quo monastica religio institutionibus et collationibus sanctorum patrum, auctore sanctissimo et meritis glorioso eiusdem, Massiliensis uidelicet monasterii, patre ac fundatore Cassiano, primo nostras ad partes promulgata processit, quod actenus, Deo propicio, floret ac regulari districtione pollet, Domini nostri Ihesu Christi, et eius sancte genitricis Marie, sanctorumque Victoris

années plus tard, il est à nouveau question, dans un acte, des « cinq mille moines du temps de saint Cassien » et des nombreux dons réalisés au fil du temps au profit du monastère de Marseille et consignés « dans de très vieilles chartes »[52].

D'autres documents évoquent encore les donations faites « au monastère de Marseille qui a été construit en l'honneur de la sainte Vierge Marie mère de Dieu, des saints apôtres, des martyrs Victor et ses compagnons, de saint Cassien et de plusieurs autres saints »[53] ou encore « à Dieu tout-puissant, à sainte Marie, à saint Victor, martyr glorieux, et au remarquable fondateur du monastère de Marseille, Cassien »[54]. Dans ces dernières mentions, Jean Cassien n'éclipse pas Victor, mais lui est associé.

Ainsi, à partir des années 1060, les Victorins firent-ils d'un Jean Cassien sanctifié le fondateur de leur *coenobium* et l'artisan de la diffusion des usages monastiques en Gaule. Probablement s'inspirèrent-ils d'un bref passage de l'ouvrage *De uiris illustribus* composé par Gennade, prêtre de Marseille dans la seconde moitié du ve siècle, qui avait noté que Jean Cassien « a fondé deux monastères à Marseille,

---

et sociorum eius, preciosorum martyrum, ibidem quiescentium, sanctorum etiam Petri et Pauli et omnium apostolorum honore consecratum, sue uoluntati potissimum atque utillimum elegit. »

52. CSV 532, acte justifiant les droits de Saint-Victor à Sainte-Marie de Bargemon, en 1073 : « Coenobium Massiliense, priscorum temporibus, sic sub regulari dominatione uiguit, Deo volente, [ut] quinque milium monachorum numerus ibi reperiretur, in sancti Cassiani tempore, et, pro loci illius ueneratione, multi multa dederunt illi monasterio, ex sua possessione, inter quos homines nostre patrie, ut uere reperimus in auctoritatibus eius et cartis peruetustis, loca [...] ». Cf. M. ZERNER, « Les rapports entre Saint-André et Saint-Victor de Marseille ».

53. CSV 256, donation du *castrum* de Collongues, en 1070 : « [...] in monasterio Massiliensi, quod est constructum in honore sancte Dei genitricis et virginis Marie sanctorumque apostolorum et martyrum Victoris et sociorum eius, sancti Cassiani ac plurimorum aliorum sanctorum [...]. »

54. CSV 38, donation par les vicomtes de Marseille des droits sur les eaux de l'Huveaune, en 1079 : « [...] eidem omnipotenti Deo hac sancte Marie sanctoque Victori, martiri glorioso et preclaro fundatori cenobii Massiliensis Cassiano [...] ». Cf. encore CSV 704 en 1060, CSV 119 en 1065, CSV 740 en 1070.

l'un pour les hommes et l'autre pour les femmes, qui se sont maintenus jusqu'à nos jours »[55]. La mention de cette double fondation explique du reste que, lorsque vers 1070-1073, les moines de Saint-Victor se virent confier une communauté de moniales de la cité, on rappela, dans l'acte consignant cette cession, « le monastère des servantes de Dieu qui a été fondé jadis dans les environs de notre ville par le très bienheureux Cassien, abbé du monastère Saint-Victor »[56]. Les moines de Marseille prétendaient en outre garder, dans leur sanctuaire, le corps de leur prestigieux fondateur. Cette présence de Jean Cassien ne s'impose nulle part autant que dans la *Vie d'Isarn*. Jean Cassien y est, en effet, présenté comme le « constructeur » de Saint-Victor, mais également comme le pourvoyeur des reliques vénérées à l'abbaye : c'est lui, en effet, « d'abord cénobite à Bethléem », qui avait rapporté de Terre Sainte les reliques des saints Innocents.

Un tel tableau des origines de Saint-Victor de Marseille, berceau du monachisme gaulois depuis Jean Cassien, dont la gloire antique est en quelque sorte rétablie au moment de la restauration entreprise par les abbés Guifred et Isarn, est très similaire à celui que propose un acte figurant dans le dossier introductif du grand cartulaire. Cet acte, que le cartulariste assimile à un « privilège » du pape Benoît IX, relate la « sanctification » d'une église à Saint-Victor, le 15 octobre 1040, par le pape venu en personne à Marseille. S'il est probable qu'une église fut consacrée à cette date dans l'abbaye, Benoît IX ne s'est toutefois jamais rendu à Marseille. La forme inhabituelle, voire aberrante, du « privilège » a d'ailleurs, depuis bien longtemps, incité les historiens à le tenir pour suspect – dans le cas d'une forgerie, le

---

55. Gennadius Massiliensis, *De uiris illustribus*, 62 (61), dans Hieronymus, *De uiris illustribus*, éd. Ernest Cushing RICHARDSON, « *Texte und Untersuchungen* », 14, 1, Hinrichs, Leipzig, 1896 : « [...] apud Massiliam [...] condidit duo monasteria, id est uirorum et mulierum quae usque hodie exstant. »

56. CSV 1079 : « [...] monasterium ancillarum Dei quod infra urbis nostre ambitum a beatissimo Cassiano cenobii Sancti Victoris abbate olim fundatum. »

texte en aurait été élaboré au plus tard au moment de la mise en chantier du grand cartulaire (en 1079-1080)[57].

Le « privilège » débute par un long préambule évoquant la Création, l'Incarnation, puis la mission des apôtres, à partir de laquelle « les églises firent leurs premiers pas » : apôtres et disciples ont muni les cités du monde d'églises « affermies par leur bénédiction ». Parmi ces lieux de culte figure en bonne place la « sainte église du martyr Victor », dite « sans ride » et « immaculée », attachée à « son époux le Christ ». Après avoir souligné que la demeure de l'Époux éternel resplendit de la « bénédiction apostolique », le préambule retrace l'histoire de l'abbaye marseillaise, débutant sous le signe d'une collaboration entre le « saint abbé » Jean Cassien et le « très saint » pape Léon Ier, et s'achevant par la consécration de 1040, résultat de la volonté commune de l'abbé Isarn et du pape Benoît IX. Ce récit concorde avec l'histoire rapportée dans les premiers chapitres de la *Vie d'Isarn*. Dans le « privilège », le nom du martyr Victor n'est pas occulté, mais il est seulement en tête des autres, Hermès et Adrien, les « saints Innocents » et d'« innombrables autres saints martyrs et confesseurs et saintes vierges ». Quant à Jean Cassien, il est bien présenté comme la grande figure de l'abbaye marseillaise, « construite » par celui qui fut le « premier » en Occident « à promulguer la loi des moines ». Après une interruption de la vie monastique due aux destructions des Vandales, l'abbaye Saint-Victor fut restaurée sous l'abbatiat de Guifred, tandis qu'avec son successeur Isarn, le « zèle cénobitique » (*cenobiale studium*) fut relancé.

---

57. Les études fondamentales à cet égard demeurent celles de E.-H. DUPRAT, « Étude de la charte de 1040 » (1922-1923) et « La charte de 1040 » (1947), dont les conclusions sont du reste reprises par H. ZIMMERMANN, *Papsturkunden 896-1046*, t. 2, 2e édition, Vienne, 1989 (*Denkschriften. Österreichische Akademie der Wissenschaften. Phil.-hist. Klasse*, 177), n° 613, p. 1154-1155, et par Ovidio CAPITANI, « Benedetto IX », dans Manlio SIMONETTI (dir.), *Enciclopedia dei papi*, t. 2, Rome, 2000, p. 138-147. Nous revenons sur ce document, dont nous proposons une traduction, dans l'Annexe, p. 173-189.

Origines et restauration de Saint-Victor
selon le Pseudo-privilège du pape Benoît IX et la *Vie d'Isarn*

Pseudo-privilège de Benoît IX

[…] monasterium apud Massiliensem urbem tempore Antonini fundatum, quod postea a beato Cassiano abbate constructum, eodem rogante […] a beatissimo Leone, Romane sedis antistite consecratum et eius apostolica benedictione atque auctoritate confirmatum atque sublimatum.

Quod multis dilatatum honoribus et preceptis decoratum imperialibus, uidelicet Pipini, Caroli, Carlomanni, Ludouici et Hlotarii, regum Francorum, necnon passionibus sanctorum martirum Victoris et sociorum eius, sed et aliorum specialiter duorum, Hermetis et Adriani, seu et sancti Lazari, a Christo Ihesu resuscitati, ac sanctorum Innocentum, quin himmo innumerabilium aliorum sanctorum martirum et confessorum sanctarumque uirginum, plurimorum sacrorum uoluminum testimonia produnt.

Vita Isarni, chap. III et V

Nam illud famosissimum toto orbe coenobium, quod beatissimus olim construxerat Cassianus […]

Hunc […] locum uenerandus martyrum, cui numquam frustra supplicatur, tenet exercitus, quos per hos totos late patentes campos sanctorum confessorum, huius loci quondam monachorum, circumcirca innumerabilis populus ambit. Ibi autem seorsum sacrarum uirginum turba quiescit. At in illo interiori sacrario, quod in ipso naturali saxo excisum uides, primitiuorum Christi testium, sanctorum Innocentium scilicet, […] multae ac metuendae reliquiae continentur.

Nam et in his occiduis
partibus, ad monachorum
profectum ac regularem
tramitem, Cassianus
hinc primus emicuit, ad
promulgandam circumquaque
monachorum legem. Quodque
monasterium ita in amore
Christi sponsi ambiens
perdurauit, ut in omnem
terram eius sonus exiret, et in
fines orbis terre eius doctrina,
ut lucerna fulgens, luceret ;
cunque diutius in tanti amoris
matrimonio perdurasset,
omissa prole tante nobilitatis,
de uagina Wandalorum
callidus exactor educitur,
quod necare antiqui serpentis
framea corrupto uelle disponit.

[reliquiae], quos huc secum
beatissimus Cassianus,
Bethlehemiticus primum
cęnobita, deuexit […]

[…] destructum a Vandalis,
[…] ruinas tantum antiqui
operis prętendebat […]

Post nempe annorum
curricula, temporibus sancte
Romane sedis antistitis
Iohannis, claruit sacris
uirtutibus Wifredus abbas, loci
huius rector, qui se mundo
crucifixit et mundus sibi.
Hic ergo has edes condens
miris doctrinis dilatauit, uelle
necne posse uicecomitum, seu
egregii presulis Massiliensis.

Eo tempore uir Deo amabilis
Guifredus abbatis officium
in eodem coenobio strenue
gerebat […]

Post cuius uero obitum,
Isarnus sumpsit ad regendum
cenobium, ut eius merito
floreret in seculum ; per quod
cenobiale studium nostris in
partibus accepit inicium.

Une sainteté monastique entre la *Règle* de saint Benoît et l'ascèse selon Jean Cassien

Le comportement d'Isarn illustre en bien des points les prescriptions de la *Règle* de saint Benoît. Celle-ci est même omniprésente dans les premiers chapitres de la *Vie*, notamment dans les passages mettant en scène Isarn dans ses fonctions de prieur : le récit constitue ici une sorte de décalque du portrait du prieur selon Benoît de Nursie[58]. Mais si le saint se conforme à la *Règle*, l'expérience monastique qu'il incarne renvoie surtout au programme d'ascèse préconisé par Jean Cassien.

Nous avons vu que ce dernier est présenté, dans la *Vie d'Isarn*, comme le fondateur de Saint-Victor et le principal artisan de la diffusion du cénobitisme en Occident. L'œuvre de Jean Cassien semble avoir en outre inspiré plusieurs développements du texte hagiographique. Ainsi la « prière continue » de l'abbé de Saint-Victor (chap. IV) rappelle-t-elle le précepte de saint Paul demandant aux chrétiens de « prier sans cesse » (1 Th 5, 17) que recommande Jean Cassien en maints endroits, notamment au début du chapitre consacré à la prière dans les *Institutions cénobitiques* (II, 1). Les veilles personnelles et secrètes d'Isarn, longuement décrites, répondent à une autre recommandation de Jean Cassien (*Inst.* II, 13), tandis que les jeûnes et l'attitude de l'abbé à table, feignant de manger avec les frères (chap. VIII), évoque le comportement d'un abbé mis en scène dans les *Conférences* (XVII, 24) qui cachait son abstinence par modestie. Quant aux huit vertus qu'en reprenant le jugement d'Odilon de Cluny, l'hagiographe dénombre chez Isarn (chap. XI), elles paraissent renvoyer au système des huit vices et des vertus opposées imaginé par Jean Cassien, qui sert de cadre aux *Institutions cénobitiques* (dont il faut rappeler que

---

58. Les citations ou réminiscences de la *Règle* de saint Benoît sont indiquées dans les notes de notre traduction.

le titre latin complet est *De institutis coenobiorum et de octo principalium uitiorum remediis*[59]).

La conception ascétique de la vie de moine qu'illustrait le comportement d'Isarn est mise en concurrence, dans le texte hagiographique, avec d'autres modèles de sainteté monastique, tel celui qu'incarnait l'abbé Odilon de Cluny (mort en 1049). En recourant à des stratégies discursives complexes, l'auteur de la *Vie d'Isarn* présente son héros à l'égal de l'abbé de Cluny – l'un et l'autre étaient « deux lumières de la terre », écrit l'hagiographe (chap. XI), en reprenant d'ailleurs l'expression qu'avait utilisée Jean Cassien, dans la préface des *Conférences* XI-XVII, à l'époque du monachisme naissant, pour désigner le couple formé par Honorat et Eucher, les ascètes de Lérins. La réécriture de récits mettant en scène saint Martin, Cuthbert et Odilon permet même à l'hagiographe d'affirmer une certaine supériorité d'Isarn par rapport à ses prédécesseurs et à son contemporain, l'abbé de Cluny[60].

IV. LA TRANSMISSION DU TEXTE ET LE CULTE D'ISARN
À MARSEILLE (FIN XIe-XVIIe SIÈCLE)

Les éditions et les copies modernes

Nous disposions jusqu'à présent de deux éditions de la *Vie d'Isarn* (*BHL* 4477) : celle qu'avait préparée Jean Mabillon pour les *Acta sanctorum ordinis sancti Benedicti, saec. VI, pars 1,* publiée à Paris en 1701 (p. 607-626), et celle des Bollandistes, préparée par Constantin Suyskens et parue en 1757 dans les *Acta sanctorum septembris* (vol. 6, p. 728-749).

Pour établir le texte de la *Vie d'Isarn*, Mabillon (1632-1707) s'était tout d'abord fondé sur la copie d'un manuscrit

---

59. Cf. J.-P. WEISS, « Jean Cassien et le monachisme provençal », en particulier p. 182.

60. Sur ces stratégies discursives et la concurrence entre Saint-Victor et Cluny, voir la note complémentaire V, p. 131-144.

conservé à Saint-Victor de Marseille qu'on lui avait transmise : *Porro hanc vitam primo habuimus ex monasterio Massiliensi ad nos transmissam.* Il ne donne aucune autre indication sur ce manuscrit, mais explique ensuite qu'en cataloguant les manuscrits de la Bibliothèque royale (une entreprise à laquelle il travailla en 1684-1685[61]), il a retrouvé cette même *Vie d'Isarn* « dans un vieux manuscrit, dont l'écriture remonte au temps d'Isarn » : *sed postea cum conficiendo Bibliothecae regiae codicum mss. catalogo operam daremus, eamdem Vitam invenimus in veteri codice, cujus scriptura ad beati Ysarni tempus accedit* […]. Cette découverte lui permit de procéder à la collation des deux versions et d'ajouter à la *Vie* un prologue qui était absent du manuscrit de Marseille : […] *ex quo eam cum Massiliensi apographo collatam, adjuncto etiam Prologo, qui in priori nostro exemplari desiderabatur, proferimus.*

L'éditeur des *Acta sanctorum* connaît le travail de Mabillon. Il évoque les deux témoins utilisés par ce dernier (la copie du manuscrit de Marseille et le manuscrit de la Bibliothèque royale), puis précise que les Bollandistes de Bruxelles disposent également d'une copie de la *Vie d'Isarn*, provenant de Marseille grâce à l'intermédiaire d'un certain « Petrasancta » : *Habemus et nos eamdem Vitam Ms., quae Massilia, procurante R. P. Petrasancta, accepta notatur.* Cette copie venant de Marseille ne semble guère différente de la copie marseillaise transmise à Mabillon (ni plus ni moins correcte) et, comme cette dernière, elle ne comporte pas le prologue : *Consonat ea editae a Mabillonio, sed Prologo pariter caret, ac praeterea nonnumquam correctior quam ista, nonnumquam etiam corruptior est*[62].

---

61. Cf. Marie-Françoise DAMONGEOT, « D'un catalogue à l'autre. Les Mauristes, de la Bibliothèque du roi à la Bibliothèque nationale », dans Daniel-Odon HUREL (dir.), *Érudition et commerce épistolaire. Jean Mabillon et la tradition monastique*, Paris, 2003, p. 205-213, ici p. 206.

62. *AA SS* Sept. 6, 729 F.

Le jésuite Silvestro Pietrasanta (1590-1647) était un correspondant de Jean Bolland (1596-1665). Dans les années 1637-1641, il lui signale la vénération des Marseillais pour saint Isarn, ainsi que l'existence, à Saint-Victor, d'une *Vie* de l'abbé, copiée à partir d'un « vieux manuscrit » qui avait rejoint « les archives du palais d'Avignon » à l'époque où les papes y résidaient. Pietrasanta explique l'envoi de ce « vieux manuscrit » de Marseille à Avignon par la perspective d'une « canonisation » de l'abbé Isarn : *In monasterio isto Victoris Massiliensis colitur S. Isarnus abbas cuius Vitam habuimus ex archiviis palatii Avenionensis, cum ibi Pontifices agerent ; sumpta est ex manuscripto vetere misso illuc pro canonisatione*[63]. La copie conservée à Saint-Victor de Marseille à l'époque de Pietrasanta, qui semble donc avoir été réalisée à partir d'un manuscrit plus ancien parti en Avignon, est retranscrite par Pietrasanta et transmise à Jean Bolland : le manuscrit reçu par ce dernier, utilisé par les Bollandistes pour leur édition de 1757, est aujourd'hui conservé à Bruxelles, dans les *Collectanea Bollandiana*, ms 149, où la *Vie d'Isarn* constitue la 29e pièce (fol. 68 à 86)[64].

Des notations des éditeurs de l'époque moderne, on peut conclure qu'il existait alors, d'une part, une copie très ancienne de la *Vie d'Isarn* – contemporaine du saint abbé selon Mabillon – conservée dans la Bibliothèque royale et, d'autre part, un exemplaire marseillais, au monastère Saint-Victor, dont plusieurs copies sont réalisées au cours du XVIIe siècle – en particulier à l'attention de Bolland et de Mabillon. Pietrasanta indique que cet exemplaire remonte à un manuscrit plus ancien, envoyé de Marseille à Avignon au XIVe siècle. Or, la description que donne Mabillon du « vieux manuscrit » de la Bibliothèque

---

63. Bernard JOASSART, « Jean Bolland et la recherche des documents. Le 'Memoriale pro R.P. Silvestro Pietrasancta' », *Analecta Bollandiana*, 120, 2002, p. 141-150, ici p. 149.

64. *Ibidem*, p. 149, note 51. Le manuscrit porte la note de Jean Bolland : « Accepi Massilia procurante R. P. Silvestro Pietrasancta. »

royale[65] et l'allusion de Pietrasanta à un « vieux manuscrit » du palais d'Avignon correspondent à un *codex* aujourd'hui conservé à la BnF : le ms. latin 5672 (désormais cité *P*), qui comporte la *Vie d'Isarn* avec son prologue (fol. 1-32^v) et a, en effet, transité par la bibliothèque pontificale d'Avignon avant de rejoindre la Bibliothèque royale, puis nationale à Paris.

Outre l'exemplaire marseillais ayant servi à Pietrasanta et quelques décennies plus tard – s'il s'agit de la même copie – au correspondant de Mabillon, il faut signaler encore un autre manuscrit du XVIIe siècle, aujourd'hui conservé à la Bibliothèque Inguimbertine de Carpentras (ms. 1819), parmi les ouvrages ayant appartenu au grand érudit provençal Nicolas-Claude Fabri de Peiresc (1580-1637), qui comporte également la *Vie d'Isarn* (fol. 140-164). Peiresc avait travaillé à Marseille sur les manuscrits de Saint-Victor et en avait d'ailleurs rapporté des recueils qui portent le titre de *Vitae sanctorum monasterii Sancti Victoris Massiliensis* (selon l'inventaire de sa bibliothèque[66]). On peut penser dès lors que le recueil, essentiellement hagiographique, de la Bibliothèque Inguimbertine provient de Saint-Victor. La copie de la *Vie d'Isarn* que l'on y trouve a été réalisée à partir du ms. *P*, comme l'atteste entre autres la présence du prologue de la *Vie*, très incomplet, réduit à quelques lignes, les importantes lacunes du texte correspondant en fait aux parties illisibles (écriture effacée) du ms. *P*[67]. Les difficultés de lecture du prologue présent dans *P*, qui se posaient donc déjà au XVIIe siècle, expliquent peut-être l'absence de ce prologue dans la copie marseillaise transmise par Pietrasanta (Coll. Boll. 149/29), ainsi que dans la copie reçue également de Marseille par Mabillon.

---

65. Notamment la présence d'un prologue dont l'écriture est par endroits illisible et celle d'un hymne, placé plus tardivement à la fin de la *Vie*.

66. L'inventaire de la bibliothèque de Peiresc est conservé dans le ms. Carpentras, Bibliothèque Inguimbertine, 640, p. 558 (cité par D. NEBBIAI, *La Bibliothèque*, p. 29).

67. En outre, la *Vie* est suivie, dans le ms. de Carpentras, d'un hymne qui se trouve également dans *P* (cf. ci-dessous, p. LIII).

Il ressort donc de tous ces éléments que les deux copies de la *Vie d'Isarn* du XVIIe siècle qui nous sont parvenues (Bruxelles, Coll. Boll., ms. 149/29 ; Carpentras, Bibl. Inguimbertine, ms. 1819) dérivent, de manière directe ou indirecte, du ms. *P* – de même probablement qu'une troisième copie de la même époque transmise à Mabillon. Il convient donc d'examiner avec attention ce manuscrit ancien, à l'origine de toutes les copies modernes.

L'unique témoin médiéval : Paris, BnF latin 5672 (= *P*)

Une copie contemporaine de la composition
du texte hagiographique

Ce manuscrit de 62 folios, de petit format (170 x 123 mm ; justification de la surface écrite : 125 x 87 mm ; 22 lignes), regroupe trois livrets – ou *libelli* – écrits de manière fort soignée, sans doute par la même main, dans le dernier quart du XIe siècle, et reliés peut-être aussitôt. Le premier de ces livrets est constitué par la *Vie d'Isarn* (fol. 1r-32v, soit quatre premiers cahiers[68]) ; les deux suivants comportent un petit traité attribué à Léon le Grand[69] (fol. 35r-46v) et une lettre d'Augustin à Volusianus portant sur l'Incarnation[70] (fol. 48r-62v).

Le ms. *P* représente ainsi la copie la plus ancienne aujourd'hui conservée de la *Vie d'Isarn* ; cette copie paraît

---

68. La *Vita* couvre trois quaternions réguliers, suivi d'un quaternion augmenté d'un feuillet intercalaire (29) par crainte de manquer d'espace – cette crainte s'est avérée infondée, comme le fait remarquer Jean-Claude POULIN, « Les *libelli* dans l'édition hagiographique avant le XIIe siècle », dans Martin HEINZELMANN (dir.), *Livrets, collections et textes. Études sur la tradition hagiographique latine*, Ostfildern, 2006 (*Beihefte der Francia*, 63), p. 15-193, ici p. 109. La *Vita* du ms. *P* correspond parfaitement à la définition du « livret hagiographique » donnée par J.-Cl. Poulin.

69. Ce traité porte, dans notre manuscrit, le titre : « Fides siue Expositio fidei a sancto Leone papa I° conscripta ». Sur ce texte : John J. MACHIELSEN, *Clavis Patristica Pseudepigraphorum Medii Aevi*, I B, Turnhout, 1990 (*CCSL*), n° 5478.

70. Augustin, *Ep.* 137, *PL* 33, col. 515-525.

même contemporaine de la rédaction du texte hagiographique, dans les années 1070, sous l'abbatiat de Bernard[71]. Le traité attribué au pape Léon Iᵉʳ (440-461), qui suit la *Vie* dans le ms. *P*, est en réalité un centon formé d'extraits de sermons et de lettres du pape réfutant des hérésies christologiques. Ce montage de textes effectué à partir de l'œuvre de Léon le Grand est attesté dans trois autres manuscrits, tous datés du XIIᵉ siècle. Notre manuscrit en serait dès lors la plus ancienne version connue[72].

Un scribe et un enlumineur germaniques ?

Claudia Rabel et François Avril, dont l'expertise est confirmée par Jean Vezin, proposent donc une datation dans le dernier quart du XIᵉ siècle. Ils relèvent également le style germanique des quatre belles initiales ornées, placées en tête de chacun des trois textes du recueil et du prologue du premier, ainsi que l'allure germanique de l'écriture, homogène et probablement d'une seule main[73] (cf. fig. 1 et 2). La réalisation des trois livrets constituant le manuscrit *P* par un scribe et un enlumineur allemands contraste nettement avec le caractère exclusivement local du culte de l'abbé Isarn. Le constat ne semble dès lors pouvoir être corrélé qu'avec la présence en Allemagne, entre 1077 et 1079, de l'abbé Bernard de Saint-Victor, légat du pape Grégoire VII. Si l'on admet une telle hypothèse de travail, deux ou trois cas de figure sont envisageables[74] :

---

71. Voir ci-dessus, p. XXVI.

72. M. Lauwers, « Un écho des polémiques antiques ? », p. 59-60.

73. François Avril & Claudia Rabel, *Manuscrits enluminés d'origine germanique*, t. 1 (*Xᵉ-XIVᵉ siècle*), Paris, 1995, n° 95, p. 111.

74. Cf. M. Lauwers, « Cassien, le bienheureux Isarn et l'abbé Bernard », p. 232-233.

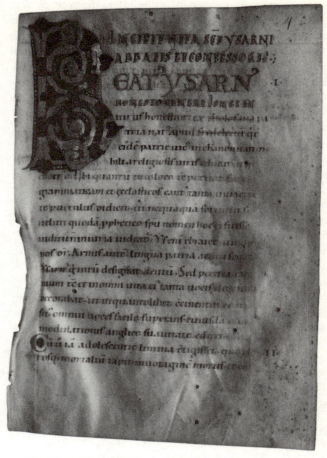

Fig. 2: Incipit de la *Vie d'Isarn* (Paris, BnF, ms. lat. 5672 fol. 4r)

– Au cours de sa légation, l'abbé Bernard avait été fait prisonnier par un aristocrate fidèle de l'empereur[75]. Libéré grâce à l'intervention de l'abbé Hugues de Cluny, il aurait pu ramener avec lui, à Marseille, un groupe de moines germaniques, peut-être des frères d'Hirsau (lieu où il avait séjourné pendant plusieurs mois au terme de sa captivité), auxquels Grégoire VII présentait Saint-Victor comme un modèle à suivre : la *Vie d'Isarn* du ms. *P* aurait alors été transcrite dans le *scriptorium* de Marseille, par un ou deux moines, le scribe et l'enlumineur, provenant d'Hirsau[76].

– Mais on peut aussi avancer que l'abbé légat a mis à profit son séjour prolongé en Allemagne pour composer le récit hagiographique, peut-être durant son emprisonnement : ce travail aurait été pour lui une sorte d'exercice « à la Boèce », comme le dit joliment Patricia Stirnemann[77]. Dans ce cas, il faut supposer qu'au moment de sa légation, Bernard disposait de notes préparées à l'avance, qui lui permirent d'achever son œuvre pendant sa captivité. Peut-être ne rédigea-t-il vraiment alors que la dernière partie de la *Vie* (chap. xxx et xxxi), relatant la mission d'Isarn en Espagne, une partie du texte qui présente une structure assez différente de celle des chapitres précédents. Dans le chap. xxx, l'auteur dit du reste ne pouvoir suffire à la tâche à cause de la lourde charge qu'il doit assumer par ailleurs : *quia et grauissima quaedam mihi necessitas, ut scitis, inest.* Cette variante chrétienne de la déclaration de modestie, fondée sur saint Paul (1 Co 9, 16 : *Necessitas enim mihi incumbit*), pourrait ici renvoyer à

---

75. Les documents (chroniques de Berthold de Reichenau et de Bernold de Constance, lettres de Grégoire VII) permettant de reconstituer les faits sont cités par M. Lauwers, « Cassien, le bienheureux Isarn et l'abbé Bernard », p. 228-230.

76. La présence de moines « étrangers », susceptibles d'avoir conservé certaines de leurs traditions, au sein du *scriptorium* de Saint-Victor est attestée : ainsi, celle d'un certain « Jean de Ripoll, moine de Marseille » (*Iohannes Rivipollentinus et Massiliensis monachus*), mentionné comme *scriptor* de chartes en 1064, 1069 et 1070 (P. Amargier, « Les *scriptores* du xie siècle », p. 217).

77. Que nous remercions pour ses remarques.

la situation réelle dans laquelle se serait trouvé l'auteur – l'abbé Bernard à qui avait été confiée la mission de légat, peut-être emprisonné et malade (il meurt quelques mois après son retour à Marseille).

– Il est enfin possible que le scribe et l'enlumineur aient réalisé une belle copie de la *Vie d'Isarn*, déjà terminée, alors que Bernard se trouvait en Allemagne : l'abbé aurait ensuite emporté avec lui, en rentrant à Marseille, cette copie soignée préparée par ses hôtes.

Le format modeste et peu encombrant de notre livret hagiographique (et même des trois livrets formant le ms. *P*) paraît adapté au transport et à la circulation du texte, par exemple entre l'Allemagne et la Provence dans les bagages d'un abbé légat.

La présence du manuscrit à Saint-Victor de Marseille au XIIᵉ siècle

Quoi qu'il en soit, le ms. *P* se trouvait très probablement au XIIᵉ siècle à Marseille, dans la bibliothèque de Saint-Victor. Un catalogue de cette bibliothèque daté de la fin du XIIᵉ siècle mentionne, en effet, deux ouvrages qui pourraient lui correspondre : un *uolumen de uita sancti Ysarni* (n° 172 du catalogue) et un *uolum. Isarn. de Trinitate* (n° 315)[78]. Un peu énigmatique[79], le second titre renverrait à la présence dans *P*, après la *Vie d'Isarn*, des deux textes (de Léon le Grand et d'Augustin) relatifs à des hérésies antiques et affirmant le dogme de la Trinité. On peut en outre relever que le seul développement doctrinal de la *Vie d'Isarn* porte précisément sur la Trinité (épisode des trois dauphins et de la pêche miraculeuse : chap. XIX)[80].

---

78. L'inventaire de la bibliothèque de Saint-Victor de Marseille à la fin du XIIᵉ siècle, conservé aux Arch. dép. Bouches-du-Rhône 1 H 97, est édité par D. NEBBIAI, *La Bibliothèque*, p. 145-155, ici p. 148 et 152.

79. À propos du n° 315 du catalogue, D. NEBBIAI, *La Bibliothèque*, p. 152, n. 98, pose la question : « S'agit-il du *De trinitate* de saint Augustin ? »

80. M. LAUWERS, « Un écho des polémiques antiques ? », p. 63-64.

Par ailleurs, c'est probablement aussi au XIIe siècle qu'un scribe (cette fois, une « main française » selon Jean Vezin) ajouta à la fin de la *Vie*, sur le folio 33 resté vierge, un hymne célébrant Isarn, en septénaires trochaïques rythmiques (cf. fig. 3). La transposition rythmique de ce mètre antique donne un vers de 15 syllabes composé d'une première partie de 8 syllabes, accentuée sur l'avant-dernière (ce qu'on appelle paroxyton et qu'on note 8p), et d'une deuxième partie de 7 syllabes, accentuée sur l'antépénultième (proparoxyton, noté 7pp) :

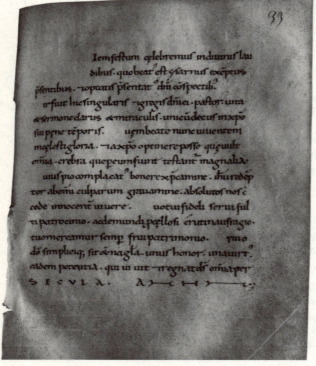

Fig. 3: Hymne en l'honneur d'Isarn (Paris, BnF, ms. lat. 5672 fol. 33r)

(D)iem festum cęlebremus   *in diuinis **lau**dibus*
*Quo beatus est **Y**sarnus*   *exemptus pre**sen**tibus*
*Et optatis praesen**tatus***   *domini conspectibus.*

Célébrons en louant Dieu ce jour de fête où le bienheureux Isarn a été libéré du temps présent et présenté aux regards désirés du Seigneur.

*(V)ir fuit hic singu**laris***   *et gregis do**mi**nici*
*Pastor, uita et ser**mo**ne*   *clarus et mi**raculi**s*
*Unicum decus in **Chris**to*   *sui paene **tempo**ris.*

Ce fut un homme remarquable, pasteur du troupeau du Seigneur, illustre par sa vie et ses paroles, et, de son temps, presque le seul à être glorifié en Christ par ses miracles.

*(Q)uem beate nunc ui**uen**tem*   *in caelesti **gloria***
*Et a Christo opti**nere***   *posse quae uult **omni**a*
*Crebra que per eum **fi**unt*   *testantur mag**nali**a.*

Les fréquentes merveilles qui se réalisent à travers lui attestent qu'il vit désormais heureux dans la gloire du Ciel, et qu'il peut obtenir du Christ ce qu'il veut.

*(C)uius pio compla**catus***   *bone rex pre**camine***
*Iesu redemptor ab **om**ni*   *culparum grau**amine***
Absolutos nos concede   *innocenter **uiuere**,*

Apaisé par ses prières, ô bon roi Jésus, notre Rédempteur, accorde-nous de vivre dans l'innocence, une fois libérés de tout le poids de nos péchés.

*(Q)uo tui fideli **serui***   *fulti patro**cinio***
Ac de mundi procęllosi   *eruti nau**fragio***
*Tuo mereamur **sem**per*   *frui patri**mo**nio.*

Afin que, soutenus par le fidèle patronage de ton serviteur, arrachés au naufrage de la tempête qu'est ce monde, nous puissions mériter de jouir de ton héritage pour toujours.

*(T)rino Deo simpli**cique***   *sit aeterna **gloria***
*Unus honor una **uir**tus*   *eadem poten**tia***
*Qui uiuit et regnat **Deus***   *omnia per **secula**.*

Gloire éternelle au Dieu trine et unique ! Honneur, force et puissance, lui le Dieu qui vit et règne pour tous les siècles.

Amen.

L'auteur de la *Vie d'Isarn* a évoqué le culte rendu au saint abbé, au plus tard dans les années 1070, sur son tombeau. Comme le notait déjà Mabillon[81], l'hymne retranscrit dans le ms. *P* indique en outre l'existence d'une fête liturgique en l'honneur d'Isarn, qui n'est attestée par ailleurs que dans un calendrier et un bréviaire tardifs de Saint-Victor, qui mentionnent la fête de saint Isarn le 24 septembre (comme une fête principale), tandis que les leçons d'un *Office* sont constitués d'extraits de notre *Vie*[82].

Le ms. P *dans la bibliothèque d'Urbain V à Avignon*

Un inventaire de la bibliothèque du pape Urbain V (1362-1370), ancien abbé de Saint-Victor de Marseille, mentionne, en 1369, une *Vita sancti Usardi* (sic) *abbatis*, décrite ensuite avec plus de précision dans un inventaire de 1375 : *Item in uolumine signato per CCXXXVIII uita beati Ysarni abbatis et Augustinus ad Volusianum*, ce qui correspond au contenu du ms. *P*[83] et paraît tout à fait cohérent avec la note de Pietrasanta évoquant la présence d'un « vieux manuscrit » de la *Vie d'Isarn* – qui serait donc notre ms. *P* – à Avignon à l'époque des papes. Pietrasanta fait également allusion à une « canonisation » d'Isarn : le pape Urbain V, qui emporta de Marseille à Avignon le recueil comportant la *Vie d'Isarn*, le petit traité attribué à Léon Ier et la lettre d'Augustin, fit en tout cas procéder à un grand réaménagement et à un déplacement des reliques de l'abbaye marseillaise, qui concernèrent entre autres le corps d'Isarn et que couronnèrent une visite et une

---

81. Mabillon relève, en effet, dans le ms. *P* la présence de cet hymne qui ne se trouvait apparemment pas dans l'exemplaire de Marseille.

82. V. Leroquais, « Un bréviaire manuscrit ».

83. François Dolbeau, « Anciens possesseurs des manuscrits hagiographiques latins conservés à la Bibliothèque Nationale de Paris », *Revue d'histoire des textes*, 9, 1979, p. 183-238, ici p. 212 ; Marie-Henriette Jullien de Pommerol & Jacques Monfrin, *La Bibliothèque pontificale à Avignon et à Peñiscola pendant le Grand Schisme d'Occident et sa dispersion. Inventaires et Concordances*, t. 2, Rome, 1991 (*Collection de l'École française de Rome*, 141), p. 943.

consécration des lieux par le pape, revenu à Marseille, en 1365. Dans le ms. *P*, tous les chapitres de la *Vie d'Isarn* sont dotés de titres ou très brefs résumés, introduits dans les marges du manuscrit vraisemblablement au XIVe siècle (cf. fig. 4 et 5) : ces notations attestent donc un usage du ms. *P* à cette époque, ainsi qu'un intérêt certain pour le texte hagiographique mettant en scène Isarn[84].

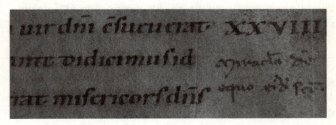

Fig. 4 : Note ajoutée au XIVe siècle en marge du chap. XXVIIII de la *Vie d'Isarn* (Paris, BnF, ms. lat. 5672 fol. 24r)

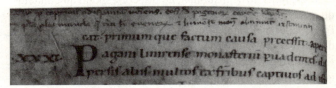

Fig. 5 : Note ajoutée au XIVe siècle en marge du chap. XXXI de la *Vie d'Isarn* (Paris, BnF, ms. lat. 5672 fol. 25v)

PRINCIPES D'ÉDITION DU TEXTE

Notre édition se fonde sur le texte du ms. *P*. Toutes les copies (et les éditions) modernes en sont directement ou indirectement issues. Ainsi, l'édition des Bollandistes de 1757 reprend l'édition de Mabillon de 1701 (elle-même fondée sur notre ms. *P* et sur une copie du XVIIe siècle qui

---

84. Sur la *Vie d'Isarn* et le pape Urbain V, voir la note complémentaire VIII, p. 158-168.

en dérive aussi) que les Bollandistes corrigent à l'aide d'une autre copie du XVIIᵉ siècle (Bruxelles, Coll. Boll. 149) également réalisée sur *P*. Une troisième copie du XVIIᵉ siècle (Carpentras 1819) est encore réalisée sur *P*[85].

Les graphies de *P* ont été respectées, jusque dans leur relative étrangeté pour un lecteur moderne : préférence généralisée pour la graphie *c* plutôt que *t* pour les sons palatalisés (chap. III : *alciusque* ; VII : *Poncium* ; XXXI : *spacio* etc.) ; usage relativement constant mais non systématique du *ę* pour rendre la diphtongue *ae*.

L'écriture du fol. 2r du ms. *P* est en grande partie effacée, en raison de l'humidité et de l'usure, et par endroits totalement illisible. Nous avons été aidés dans notre transcription de ce folio par l'édition de Mabillon (qui a sans doute pu bénéficier d'un texte en meilleur état, bien que déjà détérioré, comme on le remarque en constatant l'absence du prologue ou sa réduction à quelques lignes dans les copies du XVIIᵉ siècle). Tous les mots du texte n'ont cependant pas pu être restitués et nous indiquons le nombre approximatif de lettres manquantes (*litt.*).

La division en chapitres est celle du manuscrit. Par contre, pour la ponctuation et l'emploi des majuscules, nous avons suivi, de la manière la plus légère possible, les usages du français moderne, afin de faciliter la compréhension du texte latin au lecteur moderne. Notre témoin rehausse certains noms de lieux ou de personnes (*Massilia, Fredelectum, Tholosana* pour les lieux, *Ysarnus, Cassianus, Guifredus, Archinricus, Poncius, Odilo, Victor, Rainoardus* pour les personnes), ainsi que la formule de datation à la fin du texte (*octauo kalendas octobris* et *millesimus quadragesimus octauus*), en soulignant ces mots ou en les barrant à l'encre rouge.

ABRÉVIATIONS

AASS	*Acta Sanctorum*
AASS OSB	*Acta Sanctorum Ordinis Sancti Benedicti*
ASV	*Archivio Segreto Vaticano*
BHL	*Bibliotheca hagiographica Latina*, Bruxelles, 1898-1986
CCSL	*Corpus Christianorum. Series Latina*, Turnhout, 1953-
CL	*Cartulaire de l'abbaye de Lérins*, éd. Henri Moris & Edmond Blanc, 2 vol., Champion, Paris, 1883-1905.
CLU	*Recueil des Chartes de l'abbaye de Cluny*, éd. Auguste Bernard & Alexandre Bruel, « Collection de documents inédits sur l'histoire de France. Première série : Histoire politique », Imprimerie nationale, Paris, 1876-1903.
CSEL	*Corpus Scriptorum Ecclesiasticorum Latinorum*, Vienne, 1866-
CSV	*Cartulaire de l'abbaye de Saint-Victor de Marseille*, éd. Benjamin Guérard, 2 vol., « Collection des cartulaires de France », 7-8, Ch. Lahure, Paris, 1857.
DHGE	*Dictionnaire d'histoire et de géographie ecclésiastiques*, Paris, 1912-
MGH	*Monumenta Germaniae Historica*
MGH AA	*MGH, Auctores antiquissimi*
MGH SRG	*MGH, Scriptores rerum Germanicarum in usum scholarum separatim editi*

MGH SRM	*MGH, Scriptores rerum Merovingicarum*
MGH SS	*MGH, Scriptores*, série *in folio*
PL	*Patrologiae cursus completus. Series Latina*, éd. Jacques-Paul Migne, Paris, 1844-1855
RB	*Regula Benedicti = La Règle de saint Benoît*, éd. Adalbert de Vogüé & Jean Neufville, 6 vol., Paris, 1971-1972 (*SC* 34-39)
RM	*Regula Magistri = La Règle du Maître*, éd. Adalbert de Vogüé, 3 vol., Paris, 1971-1972 (*SC* 105-107)
SC	*Sources chrétiennes*, Paris, 1941-

N.B. : Il est fait référence aux actes publiés dans les cartulaires et recueils de chartes par la seule indication du numéro du document à la suite de l'abréviation ; ainsi, par exemple, CSV 1054 = *Cartulaire de l'abbaye de Saint-Victor de Marseille*, éd. Benjamin Guérard, t. 2, « Collection des cartulaires de France », 8, Ch. Lahure, Paris, 1857, p. 526-527, n° 1054.

CONSPECTUS SIGLORUM

P   Paris, BnF, ms. latin 5672

BIBLIOGRAPHIE

relative à Saint-Victor de Marseille et à l'abbé Isarn

Joseph Hyacinthe ALBANÈS, *Entrée solennelle du pape Urbain V à Marseille en 1365*, Marseille, 1865.

–, « Chartes provençales des archives départementales des Bouches-du-Rhône », *Revue des sociétés savantes des départements*, 6ᵉ série, 15, 1877, p. 195-215.

–, « La chronique de Saint-Victor de Marseille », *Mélanges d'archéologie et d'histoire de l'École française de Rome*, 6, 1886, p. 64-90, 287-326, 454-465.

Paul AMARGIER, « 966 ou 977 – La date d'un millénaire ? », *Provence historique*, 16, 1966, p. 309-321.

–, « *Ordo Victorinus Massiliensis* », *Revue Mabillon*, 246, 1971, p. 97-111.

–, « Les élections abbatiales à l'âge d'or de Saint-Victor de Marseille », *Revue bénédictine*, 87, 1977, p. 375-382.

–, « Les *scriptores* du XIᵉ siècle à Saint-Victor de Marseille », *Scriptorium*, 32, 1978, p. 213-220.

–, *Un âge d'or du monachisme : Saint-Victor de Marseille (990-1090)*, Marseille, 1991.

Gloria AMMANNATI, « Saint-Victor di Marsiglia e la sua espansione nell'area pirenaica. Tre lettere della seconda metà del sec. XI », *Studi Medievali*, 3ᵉ série, 48, 2007, p. 41-64.

Martin AURELL, Jean-Paul BOYER & Noël COULET (dir.), *La Provence au Moyen Âge*, Aix-en-Provence, 2005 (*Le Temps de l'Histoire*).

Édouard Baratier, « La fondation et l'étendue du temporel de Saint-Victor », *Provence historique*, 16, 1966, p. 395-441.

–, *Documents de l'histoire de la Provence*, Toulouse, 1971 (*Univers de la France et des pays francophones*).

Jérôme Belmon, « Aux sources du pouvoir des vicomtes de Millau (XIᵉ siècle) », dans Hélène Débax (dir.), *Vicomtes et vicomtés dans l'Occident médiéval*, Toulouse, 2008, p. 189-202.

Philippe Bernardi, « Les travaux d'Urbain V à Saint-Victor de Marseille (1363-1367) », dans M. Fixot & J.-P. Pelletier (dir.), *Saint-Victor de Marseille. Études archéologiques et historiques...*, p. 141-148.

Pascal Boulhol, « Observations sur les deux plus anciens récits hagiographiques relatifs à saint Victor de Marseille : à propos du livre de J.-Cl. Moulinier », dans M. Fixot & J.-P. Pelletier (dir.), *Saint-Victor de Marseille. Études archéologiques et historiques...*, p. 163-173.

Germain Butaud, « Listes abbatiales, chartes et cartulaire de Lérins : problèmes de chronologie et de datation (XIᵉ-XIIᵉ siècles) », dans Y. Codou & M. Lauwers (dir.), *Lérins, une île sainte...*, p. 365-444.

Yann Codou & Michel Lauwers (dir.), *Lérins, une île sainte de l'Antiquité au Moyen Âge*, Turnhout, 2009 (*Collection d'études médiévales de Nice*, 9).

Jean-Pierre Devroey, *Puissants et misérables. Système social et monde paysan dans l'Europe des Francs (VIᵉ-IXᵉ siècles)*, Bruxelles, 2006 (*Académie royale de Belgique. Mémoire de la Classe des Lettres, collection in-8°*, 3ᵉ série, 40).

–, « Élaboration et usage des polyptyques. Quelques éléments de réflexion à partir de l'exemple des descriptions de l'Église de Marseille (VIIIᵉ-IXᵉ siècles) », dans Dieter Hägermann, Wolfgang Haubrichs & Jörg Jarnut (dir.), *Akkulturation. Probleme einer germanisch-romanischen Kultursynthese in Spätantike und Frühen*

Mittelalter, Berlin – New York, 2004 (*Ergänzungsbände zum Reallexikon der Germanischen Altertumskunde*, 41), p. 436-472.

Eugène Duprat, « Étude de la charte de 1040 relative à la consécration de l'église Saint-Victor de Marseille », *Bulletin philologique et historique du Comité des travaux historiques et scientifiques*, 1922-1923, p. 25-33.

–, « La charte de 1040 relative à la consécration de l'église Saint-Victor à Marseille est-elle authentique ? », *Mémoires de l'Institut historique de Provence*, 21, 1947, p. 69-85.

Paul-Albert Février, « Notes sur les monastères provençaux à l'époque carolingienne », *Provence historique*, 23, 1973, p. 280-295.

Michel Fixot, « Saint-Victor, saint Victor, à propos d'un livre récent », dans Henri Tréziny & Marc Bouiron (dir.), *Marseille. Trames et paysages urbains de Gyptis au roi René. Actes du colloque de Marseille, 3-5 novembre 1999*, Aix-en-Provence, 2001 (*Travaux du Centre Camille Jullian. Études massaliètes*, 7), p. 235-254.

Michel Fixot & Jean-Pierre Pelletier (dir.), *Saint-Victor de Marseille. De la basilique paléochrétienne à l'abbatiale médiévale*, Marseille, 2004.

–, *Saint-Victor de Marseille, I. Étude archéologique et monumentale*, Turnhout, 2009 (*Bibliothèque de l'Antiquité tardive*, 12).

–, *Saint-Victor de Marseille, II. Études archéologiques et historiques. Actes du Colloque de Marseille, 18-20 novembre 2004*, Turnhout, 2009 (*Bibliothèque de l'Antiquité tardive*, 13).

Patrick Henriet, « Un corps encombrant : l'invention des restes de l'empereur Maximien (Marseille, milieu du XIe siècle) », *Provence historique*, 49, 1999, p. 283-299.

Mireille Labrousse, Eliana Magnani, Yann Codou, Jean-Marie Le Gall, Régis Bertrand, Vladimir Gaudrat, *Histoire de l'abbaye de Lérins*, Bégrolles-en-Mauges, 2005 (*Cahiers cisterciens. Des lieux et des temps*, 9).

Michel Lauwers, « Un écho des polémiques antiques ? À Saint-Victor de Marseille à la fin du XIe siècle », dans Monique Zerner (dir.), *Inventer l'hérésie ? Discours polémiques et pouvoirs avant l'Inquisition*, Nice, 1998 (*Collection du Centre d'études médiévales de Nice*, 2), p. 57-66.

–, « Mémoire des origines et idéologies monastiques. Saint-Pierre-des-Fossés et Saint-Victor de Marseille au XIe siècle », *Mélanges de l'École française de Rome, Moyen Âge*, 115/1, 2003, p. 155-180.

–, « Consécration d'églises, réforme et ecclésiologie monastique. Recherches sur les chartes de consécration provençales du XIe siècle », dans Didier Méhu (dir.), *Mises en scène et mémoires de la consécration de l'église dans l'Occident médiéval*, Turnhout, 2007 (*Collection d'études médiévales de Nice*, 8), p. 145-194.

–, « Cassien, le bienheureux Isarn et l'abbé Bernard. Un moment charnière dans l'édification de l'Église monastique provençale (1060-1080) », dans M. Fixot & J.-P. Pelletier (dir.), *Saint-Victor de Marseille. Études archéologiques et historiques…*, p. 213-238.

–, « Porcaire, Aygulf et une île dédiée par le sang des martyrs (début XIIe siècle) », dans Y. Codou & M. Lauwers (dir.), *Lérins, une île sainte…*, p. 445-455.

Michel Lauwers & Florian Mazel, « L'abbaye Saint-Victor », dans Thierry Pécout (dir.), *Marseille au Moyen Âge, entre Provence et Méditerranée : les horizons d'une ville portuaire*, Méolans-Revel, 2009, p. 125-144.

Victor Leroquais, « Un bréviaire manuscrit de Saint-Victor de Marseille », *Mémoires de l'Institut historique de Provence*, 8, 1931, p. 1-34.

Eliana Magnani Soares-Christen, *Monastères et aristocratie en Provence, milieu X^e-début XIIe siècle*, Münster, 1999 (*Vita regularis*, 10).

–, « Saint-Victor de Marseille, Cluny et la politique de Grégoire VII au nord-ouest de la Méditerranée », dans

Giles Constable, Gert Melville & Jörg Oberste (dir.), *Die Cluniazenser in ihrem politisch-sozialen Umfeld*, Münster, 1998 (*Vita regularis*, 7), p. 321-347.

Florian Mazel, *La noblesse et l'Église en Provence, fin xᵉ-début xivᵉ siècle. L'exemple des familles d'Agoult-Simiane, de Baux et de Marseille*, Paris, 2002 (*CTHS-Histoire*, 4).

—, « "L'invention d'une tradition". Les monastères Saint-Victor de Marseille et Saint-Gilles à la recherche du patronage de Pierre (xiᵉ-xiiᵉ siècle) », dans *Écrire son histoire. Les communautés régulières face à leur passé. Actes du 5ᵉ colloque international du CERCOR, Saint-Étienne, 6-8 novembre 2002*, Saint-Étienne, 2005 (*Travaux et recherches*, 5), p. 337-367.

—, « L'organisation de l'Église d'Arles au xiᵉ siècle », dans Simone Balossino & Gian Battista Garbarino (dir.), *L'organizzazione ecclesiastica nel tempo di san Guido. Istituzioni e territorio nel secolo xi. Atti del convegno, Acqui Terme, 17-18 settembre 2004*, Acqui Terme, 2007 (*Storia Arti Territorio*), p. 105-138.

—, « Amitié et rupture de l'amitié. Moines et grands laïcs provençaux au temps de la crise grégorienne (milieu xᵉ-milieu xiiᵉ siècle) », *Revue historique*, 307/1, 2005, p. 53-95.

—, « De l'emprise aristocratique à l'indépendance monastique : patrimoine et culte des saints à Saint-Victor de Marseille (xᵉ-xiᵉ siècle) », dans M. Fixot & J.-P. Pelletier (dir.), *Saint-Victor de Marseille. Études archéologiques et historiques…*, p. 255-281.

—, « Encore les mauvaises coutumes… Considérations sur l'Église et la seigneurie à partir de quelques actes des cartulaires de Saint-Victor de Marseille », dans *Mélanges Monique Bourin*, sous presse.

Jean-Claude Moulinier, *Saint Victor de Marseille. Les récits de sa passion*, Cité du Vatican, 1993 (*Studi di Antichità Cristiana*, 49 bis).

Donatella NEBBIAI-DELLA GUARDA, *La Bibliothèque de l'abbaye de Saint-Victor de Marseille, XIᵉ-XVᵉ siècle*, Paris, 2005 (*Documents, études et répertoires*, 74).

Valeria POLONIO, « Il monastero di S. Vittore di Marsiglia nell'alto Tirreno », dans Frederi ARNEODO & Paola GUGLIELMOTTI (dir.), *Attraverso le Alpi. Sviluppo e funzionamento delle reti monastiche fino al secolo XIII. Atti del convegno di Cervère-Valgrana, 12-14 marzo 2004*, Bari, 2008 (*Bibliotheca Michaelica*, 3), p. 222-243.

Jean-Pierre POLY, *La Provence et la société féodale, 879-1166. Contribution à l'étude des structures dites féodales dans le Midi*, Paris, 1976 (*Études*).

Victor SAXER, « Les calendriers liturgiques de Saint-Victor et le sanctoral médiéval de l'abbaye », *Provence historique*, 16, 1966, p. 463-519.

Paul SCHMID, « Die Entstehung des Marseiller Kirchenstaat », *Archiv für Urkundenforschung*, 10, 1928, p. 176-207 ; 11, 1930, p. 138-149.

Benoît-Michel TOCK, « Les chartes originales de l'abbaye Saint-Victor de Marseille », dans M. FIXOT & J.-P. PELLETIER (dir.), *Saint-Victor de Marseille. Études archéologiques et historiques...*, p. 283-293.

Jean-Pierre WEISS, « Jean Cassien et le monachisme provençal », dans M. FIXOT & J.-P. PELLETIER (dir.), *Saint-Victor de Marseille. Études archéologiques et historiques...*, p. 179-185.

André WILMART, « La composition de la petite chronique de Marseille jusqu'au début du XIIIᵉ siècle », *Revue bénédictine*, 45, 1933, p. 142-159.

Monique ZERNER, « L'élaboration du grand cartulaire de Saint-Victor », dans Olivier GUYOTJEANNIN, Laurent MORELLE & Michel PARISSE (dir.), *Les cartulaires. Actes de la table ronde organisée par l'École nationale des chartes et le GDR 121 du CNRS (Paris, 5-7 décembre 1991)*, Paris, 1993 (*Mémoires et documents de l'École des chartes*, 39), p. 217-246.

–, « Cartulaire et historiographie à l'époque grégorienne : le cas de Saint-Victor de Marseille », dans Jean-Paul Boyer & François-Xavier Emmanuelli (dir.), *De Provence et d'ailleurs. Mélanges offerts à Noël Coulet*, Marseille, 1999 (= *Provence historique*, 39, fascicule 195-196), p. 523-539.

–, « Les rapports entre Saint-André et Saint-Victor de Marseille : à propos de la perte d'un prieuré (1073-1075) », dans Guy Barruol, Roseline Bacou & Alain Girard (dir.), *L'abbaye Saint-André de Villeneuve-lès-Avignon : histoire, archéologie, rayonnement. Actes du colloque interrégional tenu à l'occasion du Millénaire de la fondation de l'abbaye, 999-1999, Villeneuve-lès-Avignon, 24-26 septembre 1999*, Mane, 2001 (*Les Cahiers de Salagon. Documents*), p. 199-208.

–, « L'abbaye de Saint-Victor de Marseille et ses cartulaires : retour aux manuscrits », dans Daniel Le Blévec (dir.), *Les cartulaires méridionaux. Actes du colloque organisé à Béziers les 20 et 21 septembre 2002 par le Centre historique de recherches et d'études médiévales sur la Méditerranée occidentale (EA 3764, Université Paul-Valéry – Montpellier III), avec la collaboration du GDR 2513 du CNRS (SALVE, Sources, acteurs et lieux de la vie religieuse à l'époque médiévale)*, Paris, 2005 (*Études et rencontres de l'École des chartes*, 19), p. 163-216.

–, « Le grand cartulaire de Saint-Victor de Marseille : comparaison avec Cluny, crise grégorienne et pratique d'écriture », dans M. Fixot & J.-P. Pelletier (dir.), *Saint-Victor de Marseille. Études archéologiques et historiques…*, p. 295-322.

Michel Zimmermann (dir.), *Les sociétés méridionales autour de l'an mil. Répertoire des sources et documents commentés*, Paris, 1992.

VITA ISARNI

VIE D'ISARN

Incipit prologus in uita sancti Ysarni abbatis.

Cum ad uenerabile monasterium Massilias ante hos
non multos dies uenissem, ut famosissime illius religionis
celestes in terris choros cernerem et eorum me orationibus commendarem, inter innumerabiles sanctorum
memorias, quorum ibi numerosus requiescit exercitus,
beati Ysarni abbatis, recens defuncti, monumentum a
diuersorum egrotantium populis frequentabatur – *9 litt.*
– tam cita remedia pie petentibus ibi obtinentur a
Domino, tamquam iam omnes alii sancti huic omnem
suam uirtutem – *6 litt.* – concessissent. Huius igitur tanti
uiri – *8 litt.* – recordatione succensus, de uita eius,
conuersatione atque uirtutum ipsius meritis fidens, prout
Dominus dederit, aliqua dicere cupio, non ut rei satisface-
rem – *14 litt.* – quippe que humani eloquii – *18 litt.* –
sed ne omnino tanta gloria – *19 litt.* – ut – *3 litt.* –
sancta Ecclesia filiorum uirtutibus – *10 litt.* – salu | ber-
rima uiri sanctissimi noticia non fraudetur. Est etiam quod
me ad scribendum de eo plurimum prouocat, quia tanto

---

1. Ainsi que nous l'expliquons *supra*, p. LVI, certaines parties de ce
prologue sont illisibles dans l'unique manuscrit médiéval qui nous le
transmet. S'agissant d'un texte aussi thématiquement marqué et stéréo-
typé que le prologue, nous avons cru possible (et souhaitable) de restituer
la logique de la pensée de l'auteur, en suppléant des lacunes qui sont par
ailleurs clairement identifiées dans le texte latin. On prendra donc ces restitutions comme des suggestions très vraisemblables et non comme des
certitudes.

2. La *Vita*, dont les dernières lignes évoquent à nouveau le sépulcre
d'Isarn, présenté cette fois comme un tombeau de marbre, fournit un *ter-
minus ante quem* pour la réalisation de ce tombeau, aujourd'hui conservé
à Saint-Victor, dont la longue inscription vante l'« abbé pieux et bienheu-

Prologue de la *Vie* du saint abbé Isarn[1].

J'étais arrivé au vénérable monastère, à Marseille, peu de jours auparavant, pour voir vivre sur terre les chœurs célestes de cette communauté religieuse très réputée et me recommander à leurs prières. Parmi les innombrables monuments des saints dont l'armée nombreuse repose ici, le tombeau du bienheureux abbé Isarn[2], récemment décédé, était fréquenté par une foule de malades divers... Les remèdes y sont obtenus si rapidement du Seigneur par ceux qui les demandent avec piété, que l'on pourrait croire que tous les autres saints lui ont désormais abandonné toute leur puissance... C'est donc enflammé par le souvenir d'un tel homme... que, confiant dans la perfection de sa conduite et dans les mérites manifestés par ses miracles[3], je désire évoquer quelques faits de sa vie selon les moyens que Dieu m'aura donnés, non que je puisse me montrer à la hauteur du sujet, car il excède la force de l'éloquence humaine..., mais afin qu'une telle gloire... ne soit pas entièrement passée sous silence : ainsi, la sainte Église, illustrée par les vertus de ses fils..., ne sera pas privée de la connaissance tout

---

reux » qui « gouverna fidèlement et avec douceur, durant vingt-sept années, le troupeau du Seigneur qui lui avait été confié » et qui « enseigna ce qu'il fit et incita ses disciples à être pieux ». Sur ce monument, voir la note complémentaire I, p. 103-109. Les *innumerabiles sanctorum memoriae* que mentionne l'hagiographe renvoient aux reliques des saints martyrs placées dans la crypte de Saint-Victor.

3. Le sens de ce passage s'éclaire à la lecture de Jean Cassien, *Collationes*, XVIII, 1 : *Cuius uirtutes atque mirabilia, quae per eum etiam sub conspectu nostro diuina gratia testimonium meritis eius reddente perfecta sunt...* (« Pour les miracles et les prodiges qui s'accomplirent par ses mains à notre vue, la divine grâce rendant ainsi témoignage à ses mérites... ») (SC 64, p. 11).

certior sum me sincerissima ueritate locuturum, quanto
ob recentem uiri memoriam eorum, quę dicturus sum tota
pęne Prouintia testis occurrit et maxime multi uenerabiles
ualde monachi, discipuli eius, quos certe credo tamquam
mortem uitare uelle mendacium, in quorum conuersatione, ut breuiter de illis omnia dixerim, ipsa perspicue
magistri uita refulget. Quod opus eo gratius debet ab
omnibus suscipi, quo eius de quo scribimus uirtus nostra
proprie tempora decorauit. Fietque ut recens sanctitas et
moderna miracula duriciam nostram facilius fortasse
compungant, dum iam non recusat infirmitas hominum
uelut impossibile quod sui temporis hominem nouerit
impleuisse dumque unius moderna uictoria ęmulos
concitat, excussa quisque segnitia spirituales nequitias
oppugnare et euincere studiosius elaborat. Quapropter
incipiamus iam in nomine Domini Ihesu, quod facere ins-
tituimus, ne se prerogatiua sanctitatis et nobilitate uirtu-
tum preter nos insigniri | antiquitas glorietur.   3r

Explicit prologus.

---

4. Bien qu'il soit difficile d'en proposer une interprétation totalement
cohérente en raison de ses lacunes (cf. ci-dessus, n. 1), ce prologue semble
comporter les éléments attendus dans ce type de texte. Le premier est la
déclaration obligatoire de modestie qui ne prend pas ici la forme de l'aveu
d'incompétence personnelle mais celle, tout aussi topique, de l'impossibi-
lité pour toute parole humaine d'être à la hauteur de la matière à traiter. Le
second est l'exaltation préalable du sujet même de l'œuvre, en l'occur-
rence Isarn. Sur ces topiques, voir les remarques de Tore JANSON, *Latin
prose prefaces : studies in literary conventions*, Stockholm, 1964 (*Studia
Latina Stockholmiensia*, 13), en part. p. 124-148 (incompétence) et 149-
153 (sujet).

5. Comme le souligne Pierre-André SIGAL, « Le travail des hagiographes aux XIᵉ et XIIᵉ siècles : sources d'information et méthodes de rédaction », *Francia*, 15, 1987, p. 149-182, en particulier p. 151-153, le prolo-

à fait salutaire de cet homme très saint[4]. En outre, ce qui me pousse surtout à écrire à son sujet, c'est que je suis d'autant plus certain que je parlerai selon la vérité la plus pure que, le souvenir de cet homme étant encore dans toutes les mémoires, presque toute la Provence accourt pour témoigner des faits que je vais raconter, et surtout de nombreux moines très vénérables[5], ses disciples[6], dont je sais avec certitude qu'ils veulent éviter le mensonge comme la mort[7], car pour tout dire à leur sujet de manière brève, la perfection de leur conduite reflète clairement la vie même du maître. Et cette œuvre doit être regardée avec d'autant plus de bienveillance par tous que les vertus de celui dont nous écrivons l'histoire ont véritablement embelli notre époque. Et il se trouvera qu'une sainteté récente et des miracles contemporains ébranleront peut-être plus facilement notre dureté, car la faiblesse des hommes ne pourra plus récuser comme impossibles des faits dont on saura bien qu'ils ont été accomplis par un homme de leur temps. Et quand la victoire d'un contemporain suscite des émules, chacun secouera sa paresse et s'efforcera avec plus d'application de combattre et de vaincre l'indolence spirituelle. C'est pourquoi, au nom du Seigneur Jésus, commençons à présent ce que nous avons décidé de faire, pour que l'Antiquité ne se glorifie pas de l'emporter sur nous par le privilège de la sainteté et la notoriété de ses miracles.

Fin du prologue.

---

gue d'une *Vita* est souvent le lieu où l'auteur fait référence à ses sources. Dans le cas de la *Vie d'Isarn*, ces sources sont le témoignage abondant et véridique de personnes dignes de confiance : la Provence dans son ensemble et surtout les moines de Saint-Victor qui ne peuvent être soupçonnés de mensonge. Sur ces derniers, voir l'Introduction, *supra* p. XXIV-XXVI. Au témoignage oral s'ajoute ici le témoignage vivant de la sainteté des frères de Saint-Victor, véritable image de la sainteté de leur maître, visible de tous et observable par l'hagiographe lui-même.

6. Pour l'emploi du terme *discipulus*, cf. RB, V, 17 ; VI, 6 et VI, 8.

7. Il s'agit ici de la mort de l'âme. Le mensonge tue, en effet, l'âme : « os autem quod mentitur occidit animam » (Sg 1, 11).

Incipit uita sancti Ysarni abbatis et confessoris.   4r

I. Beatus Ysarnus honesto genere, longe futurus honestior, ex Tholosana patria natus apud Fredelectum, qui est eiusdem patriẹ uicus, in chanonicatu nobili a religiosis uiris educatus atque edoctus est. Ubi quantum in eo loco tunc poterat fieri, grammaticam et ẹcclesiasticos cantus tanta uiuicitate puerulus didicit, ut nequaquam fortuitu, sed ueluti quodam prophetico spiritu nomen hoc ei fuisse inditum non iniuria uideatur. Ys enim Ebraice uir apud nos dicitur, arnus autem lingua patria acutum sonat : Ysarnus igitur uirum designat acutum. Sed peritiam cantuum tunc et in omni uita eius tanta uocis elegantia decorabat, ut in quantolibet concinentium cẹtu sit omnium uoces facile superans, cuiusdam etiam modulationis angelicẹ suauitate condiret.

II. Cum uero iam adolescentiẹ limina contigisset, quẹ plerosque mortalium rapit in uoraginem mortis, et com | 4v
mune omnium discrimen communisque tentatio adolescentulum perurgeret, qualem se prẹbuerit, qualiter pro anima carni et incentori eius, hosti antiquo, restiterit, qualiter eo tempore, quo alii corruunt, iste cẹlibatus angelici palmam rapuerit, non est nostrẹ facultatis edicere. Ferunt

---

8. Sur Frédélas (futur Pamiers), cf. DHGE 18 (1977), col. 1147-1148 (Th. de Morembert) : à l'époque de la naissance d'Isarn, il existait un prieuré sans doute fondé au Xe siècle par les comtes de Carcassonne sur lequel on ne sait pratiquement rien. Notre texte confirme en tout cas que la communauté ne suivait pas alors la règle de saint Benoît.

9. S'il est bien connu que « homme » (*uir*) se dit en hébreu *is* (cf. Jérôme, *Quaest.* 2, 23, PL 23, col. 942 : *Vir quippe uocatur is*), l'étymologie de *arnus* est problématique. En outre, comment interpréter *acutum*, « vif », « élevé » ou, dans un sens plus technique, « aigu » (à propos du son : dans ce cas, il y aurait une sorte de jeu de mots qui expliquerait le développement sur le chant qui suit) ? Par ailleurs, de quelle *lingua patria* est-il question ? Selon Marie-Thérèse Morlet, *Les noms de personne sur le territoire de l'ancienne Gaule, du VIe au XIIe siècle*, t. 1 : *Les noms issus du germanique continental et les créations gallo-germaniques*, Paris, 1968, p. 146, l'élément *Isarn-* se rattache au got. *eisarn*, v. a. *isern*, v. h. a.

Vie de saint Isarn, abbé et confesseur.

I. Le bienheureux Isarn, honorable par sa naissance, qui allait devenir encore plus honorable, né dans le pays de Toulouse, à Frédélas, bourgade de ce pays[8], fut élevé et instruit par des religieux auprès d'une église canoniale renommée. Là, autant que cela pouvait se faire en ce lieu, le jeune enfant apprit la grammaire et les chants ecclésiastiques avec une telle vivacité d'esprit qu'il semble fondé de croire que le nom qu'il a reçu n'est vraiment pas le fruit du hasard, mais celui d'une sorte de souffle prophétique. En effet, le mot hébreu « Ys » se dit chez nous « homme », tandis qu'« Arnus » se fait entendre, dans la langue de nos pères, comme « aigu ». « Ysarnus » désigne donc un homme qui a l'esprit aigu[9]. En outre, alors et durant toute sa vie, il rehaussait sa maîtrise du chant par un tel raffinement de la voix que, en quelque chœur qu'il se trouvât, s'élevant facilement au-dessus des autres voix, il les relevait par la suavité d'une sorte de modulation angélique[10].

II. Mais, alors qu'il avait déjà atteint le seuil de l'adolescence, âge qui entraîne la plupart des hommes dans l'abîme de la mort, et que ce danger commun à tous et cette commune tentation menaçaient le tout jeune homme, quelle image il a donnée de lui, comment il a résisté à la chair et à son incendiaire, l'antique Ennemi, pour sauver son âme, comment à cet âge où d'autres succombent, il a ravi la palme de la chasteté angélique, nous n'avons pas la faculté de le dire. Et l'on rapporte que jusqu'à la fin de sa vie, il a

---

isarn, isan, « fer », celt. isarno dont is- représente une forme courte. Les formes attestées sont Isarnus, Issarnus, Ysarnus, Hisarnus. D'après les exemples donnés par M.-Th. Morlet, le nom semble surtout fréquent dans le Midi, et notamment le Sud-Ouest.

10. Comme nous le fait remarquer Olivier Diard, que nous remercions, l'hagiographe prête à Isarn une voix haute lui permettant d'improviser un organum, technique consistant, en partant de la même note que celle du chœur, à s'élever une quarte ou une quinte plus haut et de poursuivre le parallélisme des voix en évitant les intervalles dissonants jusqu'à revenir avec le chœur pour la finale.

enim eum usque ad terminum uitẹ integram illibatamque
uirginitatem seruasse. Nihil uero, ut in ea ẹtate solet, in
uerbis eius tumidum, nihil durum resonare, nihil in actibus eius superbum aut incompositum apparere, nihil in
gestu totius corporis proteruum, nihil fluxum aut lubri-
cum, nihil postremo in omni eius habitu indecens uidebatur. Sed in omni uerbo et in omni actu atque omnium
membrorum officio mira gratia sancti se spiritus uasculum declarabat. Tunc uero omne consilium suum in
Domino statuens, eum uitẹ modum studiosissime perqui-
rebat, quo apud Deum se gratius commendaret.

III. Per id siquidem temporis, prẹstante, ut credimus,
diuinitate salutis occasionem adolescenti, quemdam
Gauscelinum abbatem, dum uicum illum forte pertransi-
ret, de uerbo Dei tractantem audiuit. A quo paterne sua-
sus et uelociter persuasus, furto pietatis patrio | mox solo   5r
sublatus est. Eo itinere contigit ut abbas idem, dispo-
nente eo, qui uas spiritus sancti Ysarnum domui suẹ
Massiliensi iudicauerat prẹponendum, propinquos suos
quosdam nobiles uisitaturus, ad urbem Massiliam prope-
raret. Sed cum in Agathensi oppido diebus aliquot demo-

---

11. *uasculum* : ce diminutif de *uas*, parfaitement classique, n'est
jamais utilisé dans la *Vulgate* ; par contre, son sens est paulinien.

12. Il s'agit vraisemblablement du Gaucelin abbé de Lézat
(v. 1000/1004-1026), qui apparaît dans 12 actes de l'abbaye de Lézat
Cartulaire de l'abbaye de Lézat, éd. Paul OURLIAC & Anne-Marie
MAGNOU, Paris, 1984 [*Collection de documents inédits sur l'histoire de
France. Section d'histoire médiévale et de philologie, série in 8*, 17], n° 87,
268, 501, 514, 520, 523, 593, 1252, 1297, 1317, 1336, 1508), en général
des donations en faveur de l'abbaye ou des échanges de biens fonciers. Cet
abbatiat correspond à une période de repli pour l'abbaye, après le prestigieux abbatiat de Guarin. La période des abbatiats situés entre celui de
Guarin et celui d'Aimeric (1026-1031), et qui comprend celui de Gaucelin,
ressort sous un jour assez négatif (qui coïncide bien avec le portrait de
Gaucelin abbé mondain fourni par la *Vita Isarni*) de la supplique adressée
au pape Pascal II par Cluny contre l'abbaye du Mas-Garnier suffragante de
Lézat (éd. Claude DE VIC & Joseph VAISSÈTE, *Histoire générale du*

conservé intacte et entière sa virginité. Contrairement à ce qui se passe habituellement à cet âge, ses paroles n'avaient aucune résonance d'orgueil ou de dureté ; rien n'apparaissait arrogant ou désordonné dans ses actes ; rien ne semblait impudent, ni dissolu ou luxurieux dans les gestes de tout son corps, rien enfin d'inconvenant dans tout son comportement. Non : dans toutes ses paroles, dans tous ses actes, dans tous ses gestes, il se montrait, avec une grâce admirable, comme un réceptacle de l'Esprit[11]. Alors, plaçant toute sa confiance dans le Seigneur, il cherchait avec beaucoup de zèle le mode de vie par lequel il se rendrait plus cher à Dieu.

III. Or donc, à cette même époque, la divinité, à ce que nous croyons, offrant à l'adolescent une occasion de salut, il entendit un certain abbé Gaucelin[12], qui passait par hasard dans cette bourgade, prêcher la parole de Dieu[13]. Paternellement conseillé par ce dernier, et rapidement persuadé, il fut bientôt enlevé au sol de ses pères par un pieux rapt[14]. Lors de ce déplacement, il arriva que ce même abbé, à l'initiative de Celui qui avait jugé nécessaire de mettre Isarn, réceptacle de l'Esprit-Saint, à la tête de sa maison marseillaise, se hâtait vers la ville de Marseille avec l'idée de visiter

---

Languedoc, t. V, doc. 446-CCCLXI, col. 833-836 : … *set postea Lesatense monasterium pervenit in magna secularitate…*). Cf. aussi Paul OURLIAC, « L'abbaye de Lézat vers 1063 », *Annales du Midi*, 75, 1963, p. 491-504.

13. On est assez mal renseigné sur la prédication monastique à cette époque. Elle semble ici s'exercer hors du cadre de la *cura animarum* (« par hasard »). Cf., pour une première approche, Rosa Maria DESSÌ & Michel LAUWERS (dir.), *La parole du prédicateur, Vᵉ-XVᵉ siècle*, Nice, 1997 (*Collection du Centre d'études médiévales de Nice*, 1), en part. l'introduction, p. 9-19. L'ouvrage édité par Carolyn MUESSIG, *Medieval Monastic Preaching*, Leyde – Boston – Cologne, 1998 (*Brill's studies in intellectuel history*, 90), porte surtout sur la fin du Moyen Âge.

14. Le vocabulaire utilisé est celui du « vol des reliques » (cf. Patrick J. GEARY, *Furta sacra. Thefts of Relics in the Central Middle Ages*, Princeton, 1978), bien attesté notamment dans les différentes *Passions* de saint Victor rédigées à Marseille entre le Vᵉ et le XIᵉ siècle. Le « pieux rapt » est à nouveau mentionné plus bas, dans la dernière phrase de ce chapitre III, ainsi que dans les chap. VII, XXII, XXVII.

raretur, famulus Dei Ysarnus metuens ne quod ex dila-
tione proposito suo impedimentum, amicis forte prosequentibus, obueniret, ab Stephano, uenerabili uiro, ipsius
ciuitatis episcopo, sanctę religionis habitum suscepit.
Hoc quoque satis congrue diuina sapientia dispensabat
ne in monasterio Massiliensi postmodum militantem
abbas iam dictus uelut suum monachum acrius importu-
niusque repeteret, si ei per seipsum religionis habitum
imposuisset. Post paucos denique dies Massiliam
ueniunt. At Gauscelino amicorum confabulationibus
occupato, deuotus Deo adolescens sepulturas interim
martyrum sollicitus circuit, cognoscendi omnia desiderio
rapitur, atque a paucis fratribus qui, restituto recens
monasterio, ibi satis regulariter uiuere cęperant, singula
percunctatur. Nam illud famosissimum toto orbe cęnobium, quod beatissimus olim construxerat Cassianus,
destructum a Wandalis, usque ad eorum tempora ruinas
tan | tum antiqui operis prętendebat. Hi religiosum ado-   5v
lescentis mira caritate studium prosequentes, desideriis
eius satisfaciunt, per omnia sanctuaria hominem ducunt :
« Hunc, aiunt, locum uenerandus martyrum, cui numquam frustra supplicatur, tenet exercitus. Quos per hos
totos late patentes campos sanctorum confessorum,
huius loci quondam monachorum, circumcirca innume-

---

15. La phrase fait écho à Paul sur le chemin de Damas : « Et cum iter
faceret contigit ut appropinquaret Damasco » (Ac 9, 3). C'est donc la
« conversion » d'Isarn qui est ici annoncée.

16. Étienne II, évêque d'Agde très mal documenté, attesté de 990 à
1035 : cf. DHGE 1 (1912), col. 927-930 (A. Rastoul), et J. DESPETIS,
« Nouvelle chronologie des évêques d'Agde, d'après les cartulaires de
cette église », *Mémoires de la Société archéologique de Montpellier*, 2ᵉ s.,
8, 1922, p. 41-101, en part. p. 68.

17. Ce récit de la déambulation d'Isarn parmi les tombes des martyrs
renvoie au modèle des « tours » ou « circuits » dévotionnels qui, dans
l'Antiquité tardive et le haut Moyen Âge, menaient les fidèles dans différents sanctuaires suburbains et *loca martyrum*. Les termes utilisés ne sont

quelques parents nobles[15] ; mais comme cet abbé s'attardait quelques jours dans la ville d'Agde, le serviteur de Dieu Isarn, craignant qu'un empêchement à son projet de vie religieuse ne survienne en raison de ce délai, car des amis se mettraient peut-être à sa recherche, reçut le saint habit de religieux du vénérable Étienne, évêque de cette ville[16]. La Sagesse divine avait également pris cette disposition fort à propos pour éviter que, s'il était venu à le revêtir lui-même de l'habit religieux, l'abbé susdit ne le réclamât plus tard avec trop de vivacité et d'insistance comme son propre moine une fois qu'il aurait pris son service à Marseille. Quelques jours après, ils arrivent enfin à Marseille. Tandis que Gaucelin est occupé à converser avec ses amis, l'adolescent soumis à Dieu déambule plein d'attention entre les sépultures des martyrs[17] et, pris par le désir de tout connaître, se renseigne sur chaque détail auprès des quelques frères qui avaient commencé à vivre pleinement la règle dans ce monastère récemment restauré. En effet, ce monastère très célèbre dans le monde entier, jadis construit par le très bienheureux Cassien, détruit par les Vandales, n'offrait plus, à leur époque, que des ruines de l'ouvrage antique[18]. Ceux-ci, accompagnant avec une admirable charité le zèle religieux du jeune homme, satisfont ses désirs et font parcourir à l'homme toutes les tombes saintes. « Ce lieu, disent-ils, est tenu par une vénérable armée de martyrs que l'on ne supplie jamais en vain. Et, à travers tous ces champs qui s'étendent largement, ils sont entourés d'un peuple innombrable de saints confesseurs, anciens moines de ce lieu. Là aussi, à part, repose une foule de vierges consacrées[19]. Mais à l'intérieur de

---

pas sans rapport non plus avec le *circuitus* effectué autour des lieux de culte au moment de leur consécration, depuis les VIIe et VIIIe siècles. Voir la note complémentaire II, p. 110-116.

18. La même version de l'histoire de Saint-Victor, valorisant le rôle de Jean Cassien, se trouve dans le Pseudo-privilège du pape Benoît IX (daté de 1040, inséré vers 1080 dans le grand cartulaire de Saint-Victor) : voir l'Introduction, *supra* p. XXXVIII-XXXIX, ainsi que l'Annexe, *infra* p. 173-189.

19. Le passage que Gennade, prêtre de Marseille dans la seconde moitié du Ve siècle, consacre à Jean Cassien dans son *De uiris illustribus* faisait

rabilis populus ambit. Ibi autem seorsum sacrarum uirginum turba quiescit. At in illo interiori sacrario, quod in
ipso naturali saxo excisum uides, primitiuorum Christi
testium, sanctorum innocentium scilicet, quos huc secum
beatissimus Cassianus, Bethlehemiticus primum cęnobita,
deuexit, multę ac metuendę reliquię continentur. »
Quibus ille auditis, amore sanctorum uehementer accen-
sus, alciusque ab imo pectore suspirans : « Deus bone,
inquit, quam terribilis est locus iste, et ego nesciebam !
Uere non est hic aliud, nisi domus Dei et porta cęli. »
Quid plura? A fratribus illi cohabitatio suadetur. Ille uero
se nullo pacto a loco recessurum dicit. Communi uoto
statim, ne a Gauscelino abbate reposceretur, occulitur.
Gauscelinus per amicos suos, potentes ciuitatis, acrius
monachum | repetit. At illi a fratribus clanculo persuasi,   6r
uerbis multa agentes, ut inter huiusmodi traiectores asso-
let fieri, tandem precario rem componunt. Ita ille, qui pio
furto sancti adolescentis parentes paulo ante deceperat,
digna uicissitudine a suis propinquis et ipse deceptus est.

IIII. Mox uero Ysarnus tanquam descriptum illud
sapientis in pectore gerens : Quodcumque potest manus
tua facere, instanter operare quia nescis quid futura pariat
dies. Tanto feruore regularem uiam currere cępit, ut
cunctis in breui etiam perfectioribus admirabilis uidere-

état de la fondation de deux monastères, l'un pour les hommes et l'autre
pour les femmes, par Jean Cassien. Voir Introduction, *supra* p. XXXV-
XXXVII. Lorsqu'il évoque des sépultures de moines et de vierges consacrées, l'auteur de la *Vita* devait avoir à l'esprit, ou sous les yeux, les nombreuses épitaphes de femmes, certaines religieuses ou abbesses, de Saint-
Victor (cf. Geneviève Drocourt-Dubreuil, *Saint-Victor de Marseille, art
funéraire et prière des morts aux temps paléochrétiens, IVe-Ve siècles*,
Marseille, 1990 [*Documents d'histoire, d'archéologie et d'architecture*, 2]).

20. La « roche naturelle creusée » est également mentionnée dans les
différentes versions de la *Passion de saint Victor* composées à Marseille
(Ve, VIe et XIe siècles) comme le lieu dans lequel furent déposées les reliques
du saint martyr et de ses compagnons.

ce sanctuaire que tu vois creusé dans la roche naturelle[20], ce sont les reliques nombreuses et redoutables des premiers témoins du Christ, c'est-à-dire des saints Innocents, qui sont conservées, reliques que le très bienheureux Cassien, d'abord cénobite à Bethléem, a apportées ici avec lui[21]. » Après les avoir écoutés, violemment enflammé par l'amour des saints, soupirant fort du plus profond de son cœur, Isarn dit : « Dieu bon, *que ce lieu est terrible, et moi je ne le savais pas. En vérité, ce lieu n'est rien de moins que la maison de Dieu et la porte du ciel* [22]. » À quoi bon en dire plus ? Les frères lui conseillent de vivre avec eux. Et lui de dire qu'il ne quittera ce lieu à aucune condition. D'un commun accord, on le cache aussitôt, de crainte que l'abbé Gaucelin ne le réclame. Gaucelin fait demander avec insistance le moine par ses amis, les puissants de la cité. Mais ceux-ci, persuadés en secret par les frères, après de longs pourparlers, comme cela se fait d'ordinaire dans ce genre de transactions, en viennent finalement à un arrangement. Ainsi, celui même qui avait trompé peu avant les parents du saint adolescent par un pieux rapt fut trompé par ses proches selon un juste retour des choses.

IV. Bientôt, Isarn, comme s'il portait inscrite en son cœur cette sentence du Sage : *Tout ce que ta main est capable de faire, occupe-t-en tout de suite car tu ne sais ce que te réserve le lendemain*, commença à courir sur la voie de la *Règle*[23] avec tant de ferveur qu'en peu de temps il sembla admirable aux yeux de tous, même des plus accomplis. Et gardant en premier lieu devant les yeux ce passage de *Samuel* : *Car l'obéissance vaut mieux que le*

---

21. D'abord cénobite à Bethléem, car Jean Cassien fut ensuite moine en Égypte.

22. Gn 28, 16-17. L'auteur de la *Vita* combine en réalité les deux versets à sa façon. On lit, en effet, dans la *Genèse* : « cumque euigilasset Iacob de somno ait : uere Dominus est in loco isto et ego nesciebam, pauensque quam terribilis, inquit, est locus iste ; non est hic aliud nisi domus Dei et porta caeli. » Sur le sens de cette citation scripturaire, voir *infra*, p. 111.

23. Cf. RB, Prologue, 49 et Ps 118, 32.

tur. Et primum quidem illud Samuhelis prę oculis
habens : Quia melior est obędientia, quam uictima; et
peccatum ariolandi est repugnare, et scelus idolatrię
nolle acquiescere, tanta humilitate, tantaque caritate et
patientia non solum patri monasterii, sed cunctis etiam
fratribus obediebat, ut qui eum forte non cognosceret non
tanquam unum ex aliis, sed tanquam extremum quemli-
bet omnium clientulum reputaret. Non eius obedientiam
ulla contradictio, non ulla summurmuratio, non rugatio
narium, nulla denique uultus asperitas, nulla prorsus
indignationis uel impatientię quantulacumque | signifi-   6v
catio defuscare. Sed cum ad omnia uel extrema ac uilis-
sima queque officia se pręberet, tam gratiosa hilaritate
omnia condire ut magis cunctis sola eius hilaritas quam
aliorum cuiuslibet grandis operatio complaceret. In diuinis sane rebus ita habebatur assiduus ut diuinas ori eius
laudes, nisi legeret, sola reficiendi uel dormiendi ratio
paulisper subripere uideretur. Quin et ipsa lectio erat oratio. Non enim magis in ea quid intellectum instrueret,
quam quid compungeret quęritabat. Didicerat quippe a

---

24. Citation incomplète de 1 S 15, 22-23. Dans le contexte biblique,
Samuel avait reçu de Yahvé l'ordre de tuer tous les ennemis et leurs trou-
peaux. Samuel a épargné des animaux pour les sacrifier à Yahvé. En faisant cela, il a désobéi à Dieu ; en de telles circonstances, l'obéissance vaut
plus que le sacrifice, autrement dit : il est absolument interdit de désobéir
à Dieu, même si c'est pour lui faire honneur. Les deux autres propositions
assimilent la désobéissance aux plus grands péchés qui soient : la divina-
tion et l'idolâtrie. On comprend que ce passage ait été largement utilisé
pour fonder l'obéissance monastique, à commencer par Grégoire le Grand
qui cite une partie de ce texte dans les *Moralia in Iob* 35, 28 (CCSL 143 B,
p. 1792-1793).

25. *Lectio erat oratio* : la lecture méditative qui fait du lecteur un orant
est héritière à la fois de la tradition rabbinique qui médite en mémorisant
un texte par la répétition orale de ses mots et de ses phrases, et de la péda-
gogie latine qui insistait davantage sur l'effort de réflexion proprement dit.
C'est seulement au XIIe siècle que l'on fixera dans un ordre arrêté la liste
des « exercices spirituels » : lecture, méditation, prière, contemplation.

sacrifice ; et se rebeller, c'est commettre le péché de divi-
nation, et ne pas se soumettre, le crime d'idolâtrie[24], il
obéissait avec tant d'humilité et tant de charité et de
patience, non seulement à l'abbé du monastère mais aussi
à tous les frères, que celui qui par hasard ne le connaissait
pas le considérait non comme l'un des moines, mais
comme le tout dernier des clients. Aucune objection,
aucune plainte intérieure, aucun froncement de nez,
aucun durcissement du visage, pas la moindre manifesta-
tion d'indignation ou d'impatience ne venaient ternir son
obéissance : bien au contraire, alors qu'il se prêtait à tous
les services les plus pénibles et les plus viles, il agrémentait tout cela d'une bonne humeur si obligeante que sa
seule gaieté faisait davantage plaisir à tous que l'activité
débordante de n'importe quel autre. Quant à l'office
divin, il y était tellement assidu que seule la nécessité de
se restaurer ou de dormir semblait un tant soit peu lui ôter
de la bouche les louanges divines, à moins qu'il ne
s'adonnât à la lecture. Et d'ailleurs, même sa lecture était
prière[25], car il y recherchait davantage un objet de com-
ponction que d'instruction pour son intelligence. En effet,
il avait appris du bon Maître qu'il fallait prier sans
cesse[26]. Il ne laissait donc aucune voie à la médisance et
aux paroles oisives[27], puisqu'une prière continuelle occu-

Cf. Paul RABBOW, *Seelenführung. Methodik der Exerzitien in der Antike*,
Munich, 1954 ; Pierre HADOT, *Exercices spirituels et philosophie antique*,
Paris, 1987 (*Études augustiniennes. Série Antiquité*, 118), n[elle] éd. revue et
augmentée Paris, 2002 (*Bibliothèque de l'évolution de l'humanité*, 41) ;
Ciprano VAGAGGINI (dir.), *La Preghiera nella Bibbia e nella tradizione
patristica e monastica*, Rome, 1964 (*Biblioteca di cultura religiosa. Serie
2*, 78), rééd. 1988 ; Patrice SICARD, *Diagrammes médiévaux et exégèse
visuelle. Le Libellus de formatione arche de Hugues de St-Victor*,
Turnhout, 1993 (*Bibliotheca victorina*, 4), ch. 3, p. 193-253.

26. Cf. Lc 18, 1 (« Dicebat... quoniam oportet semper orare ») et Ep
6, 18.

27. Cf. Mt 12, 36 : « Dico autem uobis quoniam omne uerbum otio-
sum quod locuti fuerint homines reddent rationem de eo in die iudicii », et
RB, IV, 51 ; VI, 8 ; XL, 9.

magistro bono semper esse orandum. Non igitur detrac-
tioni ociosisue sermonibus ullus dabatur introitus, cum
omnia pęne tempora iugis oratio detineret. O beata adolescentis initia, quibus ipsorum senum difficile consum-
matio comparatur ! O felicia tyrocinia, quibus aliorum
iam uirtus emerita cedit !

V. Eo tempore uir Deo amabilis Guifredus abbatis
officium in eodem cęnobio strenue gerebat. Is animos
iuuenis semper ad perfectiora succrescere cernens, post
paucos annos renitentem satis atque coactum, diuino
certe instinctu priorem fratribus ordinauit. Ille autem,
uelut inscriptum menti pręce | ptum illud habens :   7r
« Quanto magnus es, humilia te in omnibus ! », ex col-
lato prioratu tanta se apud se humilitate depressit, acsi
honor ille nihil aliud quam honus illaque exaltatio nihil
aliud esse ei quam deiectio uideretur. Talemque se ex
iniuncta sibi cura cunctis exhibuit, ut sanctitatis et dili-

---

28. C'est dans le cadre du monachisme naissant que se développa la
prière personnelle et continue, comme l'attestent entre autres la *Vie
d'Antoine* composée par Athanase d'Alexandrie et les *Apophtegmes* des
Pères du désert. Cet idéal de prière fut transmis à l'Occident en particulier
par Jean Cassien. Celui-ci affirme ainsi que prière et travail ne sont pas
incompatibles, mais qu'au contraire la méditation de l'Écriture durant les
occupations manuelles prolonge le temps de lecture quotidien et renforce
l'écoute de la parole de Dieu. La journée monastique trouve ainsi son
unité : le moine écoute Dieu du matin au soir, et lui répond dans un dialogue incessant : « Voici donc la discipline et la formule de prière que vous
cherchez. Tout moine qui tend au souvenir continuel de Dieu s'accoutu-
mera à la méditer sans cesse, en la roulant incessamment dans son cœur, et
pour cela expulsera tout le cortège des pensées... » (entre autres :
Collationes, x, éd. Eugène PICHERY : SC 54, p. 85). Cf. Michael MARX,
Incessant prayer in ancient monastic literature, Rome, 1946 ; Lucien
REGNAULT, « La prière continuelle 'monologistos' dans la littérature
apophtegmatique », *Irénikon*, 47, 1974, p. 467-493 ; Pio TAMBURRINO,
« Dottrina ascetica e preghiera continua nel monachesimo antico », dans
La Preghiera nella Bibbia, cité *supra* p. 15 n. 25, p. 327-370.
29. Sur ce motif du *puer-senex*, fréquent dans la littérature hagiogra-
phique, cf. Ernst Robert CURTIUS, *La Littérature européenne et le Moyen
Âge latin*, trad. de l'allemand par Jean Bréjoux, Paris, 1956, p. 122-125.

pait presque tout son temps[28]. Ô bienheureux débuts d'un adolescent, auxquels peut difficilement être comparé l'accomplissement des anciens eux-mêmes[29] ! Ô bienheureux apprentissages[30], auxquels la vertu émérite des autres cède déjà le pas !

V. À cette époque, Guifred[31], homme agréable à Dieu, exerçait avec diligence la fonction d'abbé dans le même monastère. Ce dernier, discernant la volonté du jeune homme de s'élever vers une perfection toujours plus grande, sous l'action de Dieu assurément, l'ordonna prieur des frères, l'ayant enfin contraint après quelques années de ferme résistance. Mais lui, dès qu'il fut choisi comme prieur – comme s'il portait ce précepte gravé dans son esprit : « Sois d'autant plus humble en tout que tu es plus élevé »[32] –, se rabaissa intérieurement dans une telle humilité que cet honneur ne lui semblait rien d'autre qu'un fardeau et cette élévation un abaissement. Et, une fois qu'on lui eut imposé cette charge, il se comporta vis-à-vis de tous de manière telle

---

30. Le terme *tyrocinia* désigne particulièrement les apprentissages militaires. La métaphore militaire est fréquente dans la *Vita Isarni* comme dans de nombreux textes hagiographiques, depuis la *Vita Martini*. Si Sulpice Sévère n'utilise pas le terme *tirocinia / tyrocinia*, il évoque la conversion de Martin comme le passage de la milice de l'empereur à la milice du Christ (*Vita Martini* 4, 1-9, dans Sulpice Sévère, *Vie de saint Martin*, éd. Jacques FONTAINE, 3 vol. Paris, 1967-1969 [SC 133-135], vol. 1, p. 260-263). De manière générale, voir Paolo TOMEA, « Il *proelium* cristiano : scene dai testi agiografici occidentali », dans *Militia Christi e Crociata nei secoli XI-XIII. Atti della undecima Settimana internazionale di studio, Mendola, 1989*, Milan, 1992 (*Pubblicazioni dell'Università cattolica del Sacro Cuore. Scienze storiche*, 48), p. 573-627.

31. Guifred, prieur puis abbé de saint Victor (1005-1020), prédécesseur d'Isarn. Son épitaphe est éditée par Robert FAVREAU, Jean MICHAUD et Bernadette MORA, *Corpus des inscriptions de la France médiévale*, t. 14 : *Alpes-Maritimes, Bouches-du-Rhône, Var*, Paris, 1989, p. 97-99 (n° 54). Sur son importance dans la restauration de Saint-Victor et sur sa mémoire, cf. E. MAGNANI SOARES-CHRISTEN, *Monastères et aristocratie ;* F. MAZEL, *La noblesse et l'Église en Provence*, p. 86-89 ; M. ZERNER, « Le grand cartulaire de Saint-Victor de Marseille », p. 318-319 ; M. LAUWERS, « Cassien, le bienheureux Isarn et l'abbé Bernard », p. 236-237.

32. RB, LXV, 17.

gentię suę uel temperantię merito bonis omnibus ex
carissimo copiosus se redderet cariorem ; et quidem satis
apte. Nam et ipsa eius austeritas ita columbinum aliquid
sapiebat ut ab illo quis reprehensus nihil felleum, nihil
amaritudinis reportaret ! Id semper apud se reputans ut
pręlatus quis prodesse omnibus studeat, non pręesse. Hic
uero iam peculiares orationes, hic anticipatę et protelatę
uigilię, hic admiranda ieiunia successerunt.

VI. Sed cum benignissimus Dominus et bene meritum
seruum suum uenerabilem Guifredum abbatem remune-
rare, et hunc, utpote quem inmodico fidelem probauerat et
quem, iuxta uerbum suum, purgauerat ut fructum afferre
plurimum esset idoneus, altiori prouehere dignitate dispo-
neret, uitam ille dignissimam beato fine conclusit. Tunc
fratres cum uicinis abbatibus pro successore eligendo solli-
citi piis omnipotentem | precibus pulsant. Toto ergo   7v
conuentu aggregato, aliis sic, aliis uero sic sentientibus,
nonnullis etiam pro seipsis satagentibus, Archinricus,
abbas quondam Maioris Montis, uir altioris ingenii, accer-
sito minimo puerorum : « Heus tu, inquit, filiole, in

---

33. Tout ce passage tend à illustrer la parfaite conformité d'Isarn avec
le portrait idéal du prieur tel que le présente la Règle : RB, LXV.

34. Cf. Lc 16, 10.

35. Cf. Jn 15, 2.

36. Archinric, abbé de Saint-Pierre de Montmajour : Paul AMARGIER,
« L'an Mil à Montmajour : Archinric, scribe et abbé », *Provence historique*, 22, 1973, p. 264-269, et surtout E. MAGNANI SOARES-CHRISTEN,
Monastères et aristocratie, p. 135-143. Ce récit donne à l'abbé de
Montmajour une fonction d'arbitre qui concorde avec sa renommée de
sainteté et avec la position exemplaire dans la Provence de l'époque que le
monastère de Montmajour tire de son exceptionnelle exemption.

37. Ce récit paraît s'inspirer de la *Vita Ambrosii* de Paulin de Milan,
selon laquelle Ambroise avait été désigné comme évêque de Milan, dans
une situation de grande tension, par la voix d'un enfant : « Per idem tempus, mortuo Auxentio arrianae perfidiae episcopo, qui Dionysio beatae
memoriae confessore ad exilium destinato incubabat ecclesiam, cum populus ad seditionem surgeret in petendo episcopo essetque illi cura sedandae
seditionis, ne populus ciuitatis in periculum sui uerteretur, perrexit ad

qu'étant riche de tous les bienfaits par le mérite de sa sainteté, de sa diligence et de sa tempérance, de cher qu'il leur
était, il leur devint plus cher encore ; et cela était fort bien.
De sa propre sévérité émanait, en effet, quelque chose de la
douceur des colombes, si bien que celui qu'il avait repris
n'en tirait aucune aigreur, aucune amertume. Car lui songeait toujours en lui-même qu'un prélat doit se soucier
d'être utile à tous et non d'être supérieur à tous. Et en ce lieu
se succédèrent alors les prières privées, les veilles anticipées
et prolongées et les jeûnes admirables[33].

VI. Mais tandis que le Seigneur très bienveillant se disposait d'une part à récompenser le vénérable abbé Guifred, en
serviteur très méritant qu'il était, et d'autre part à l'élever lui,
Isarn, à une dignité plus haute, car il avait éprouvé sa fidélité
dans les petites choses[34] et il l'avait émondé, selon sa parole,
pour qu'il pût porter un fruit très abondant[35], Guifred termina
sa digne vie par une fin bienheureuse. Soucieux d'élire son
successeur, les frères, avec les abbés voisins, assaillent alors
le Tout-Puissant de pieuses prières. Donc, tous étant réunis en
assemblée, les uns et les autres émettant des avis divergents,
quelques-uns même défendant leur propre cause, Archinric,
l'abbé de Montmajour[36], homme d'une intelligence très pro-
fonde, fit venir le plus jeune des enfants et lui dit : « Hé, toi,
mon cher fils, au nom de Jésus-Christ notre Seigneur, proclame le nom de celui qui te semble digne de la charge
d'abbé ». Sans attendre, ce dernier, inspiré par l'Esprit-Saint,
répondit : « Isarn »[37]. Tous s'emparèrent dès lors de cette

---

ecclesiam ; ibique cum adloqueretur plebem, subito uox fertur infantis in
populo sonuisse : "Ambrosium episcopum !". Ad cuius uocis sonum totius
populi ora conuersa sunt adclamantis : "Ambrosium episcopum !" ; itaque
qui antea turbulentissime dissidebant – quia et arriani sibi et catholici sibi
episcopum cupiebant, superatis alterutris, ordinari –, repente in hunc mirabili et incredibili concordia consenserunt » (*Vita di S. Ambrogio*, 6, 1, éd.
Michele PELLEGRINO, Rome, 1961 [*Verba Seniorum. Nuova serie*, 1]). Ce
récit devint un *topos* hagiographique qu'atteste également la *Vita Martini*,
9, 1-7, dans Sulpice Sévère, *Vie de saint Martin*, cité *supra* p. 17 n. 30,
vol. 1, p. 270-273. Le commentaire, *ibid.*, vol. 2, p. 641-661, souligne
l'importance du thème évangélique de Mt 21, 16.

nomine Ihesu Christi Domini nostri, quis tibi dignus ad
abbatis officium uideatur edicito ». Nec mora, ille a sancto
spiritu edoctus : « Ysarnus, inquit ». Hoc igitur uelut diuinum rapientes oraculum, cuncti uno consensu paribusque
uotis in electionem eius acclamantes, ilico subscripserunt.
At ille amarissime contristatus, quid diceret uel de seipso
quid faceret nesciebat. Cum tamen se quibuscunque poterat modis, excusare moliretur, uiolenter ab omnibus rapitur,
et ne forte dilatio aliquid afferret contrarii consecratur.

VII. Exinde ergo, quasi tunc primum nouus athleta,
magis ac magis corrigendis moribus et coartandę uitę
operam dabat et sicut nonnulli ex honoris fastigio in
libertatem propriam, ex libertate uero propria in negle-
gentiam sui elationemque ex neglectu porro sui et elatione[a] in cętera multa mala relaxari consuerunt, ita e contra-
rio hic Domini timore constri | ctus, ad omnia sollicitum   8r
se agebat secundum quod scriptum est : Qui timet Deum,
nihil neglegit. Et ut contra omnia uitia fieret circumspec-
tior, sanctę per omnia regule ex pręlatione satagebat esse
subiectior : illam semper in mente reuoluens, seque non
tam magistrum quam seruum omnium recognoscens.
Non enim eius menti excesserat scriptura dicens :
Principem te constituerunt, noli extolli, sed esto in eis
sicut unus ex ipsis. Hoc igitur faciens, plus amari semper
studebat in Domino quam timeri. Unde non solum fratri-

---

a. et elatione : *fortasse* ex elatione *legendum est*.

38. Le mot *subscribere* paraît bien indiquer une approbation écrite. La
Vita évoquerait donc à la fois une procédure orale et une procédure écrite
pour contraindre Isarn à accepter la charge. Alors qu'on dispose des notices d'élection des abbés Guifred (1005 : CSV 1054), Pierre (1047 : éd.
P. AMARGIER, « Les élections abbatiales », p. 381-382), Durand (1060 :
Arch. dép. Bouches-du-Rhône, 1 H 39/184 ; CSV 1133) et Bernard (1065 :
Arch. dép. Bouches-du-Rhône, 1 H 45 / 213), celle de l'abbé Isarn n'est
pas conservée. Peut-être ne coïncidait-elle pas avec l'image qui en est donnée dans la *Vita* – qui tenait lieu de notice d'élection. Sur les notices d'élec-

parole comme d'un oracle divin et, unanimes, émettant par acclamation des votes identiques pour l'élire, ils apposèrent immédiatement leur signature sur l'acte[38]. Mais Isarn, rempli d'une tristesse pleine d'amertume, ne savait que dire ni que faire de lui-même. Et bien qu'il fût en train de se dérober de toutes les façons possibles, tous se saisissent de lui avec violence et, pour éviter qu'un délai ne risque de contrarier leur projet, ils le consacrèrent.

VII. Dès lors, comme un nouvel athlète à ses débuts[39], il s'appliquait toujours plus à corriger ses mœurs et à discipliner sa vie. Tandis que d'autres[40], à force de se laisser aller du sommet des honneurs à leur propre caprice, et de leur propre caprice à la négligence de soi, puis, de la négligence de soi à l'arrogance et de l'arrogance à d'autres nombreux péchés, lui au contraire, tenu par la crainte du Seigneur, montrait de l'attention pour tout, selon ce qui est écrit : *Celui qui craint Dieu ne néglige rien*[41]. Et, afin de devenir plus prudent à l'encontre de tous les vices[42], il faisait tout pour être soumis encore davantage en tout à la sainte *Règle* en raison même de sa prélature. Il la repassait sans cesse dans son esprit et se reconnaissait moins comme le maître que comme le serviteur de tous. En effet, ce passage de l'Écriture n'était pas sorti de son esprit : *Ils te firent prince, ne t'en vante pas, mais sois au milieu d'eux comme l'un d'eux*[43]. Agissant donc de la sorte, il s'efforçait d'être toujours plus aimé dans le Seigneur que craint[44]. C'est pour-

---

tions abbatiales, voir les remarques de F. MAZEL, *La noblesse et l'Église en Provence*, p. 162-164.

39. Athlète de Dieu : expression paulinienne (2 Tm 2, 5 ; Ph 4, 30 ; He 10, 32) reprise dans la tradition patristique pour désigner les martyrs ou les ascètes : cf. Ambroise, *Explanatio in ps.*, XXXVI, 52 ; Augustin, *Cité de Dieu*, XIV, 9 ; Jean Cassien, *Institutions cénobitiques*, V, 19.

40. Cf. RB, LXV, 2.

41. Qo 7, 19 : « quia qui Deum timet nihil neglegit. »

42. Cf. RB, LXIV, 11 : « Qu'il haïsse les vices, qu'il aime les frères ».

43. Si 32, 1 : « rectorem te posuerunt noli extolli esto in illis quasi unus ex ipsis. » Cf. aussi Ps 44, 17 : « pones eos principes in uniuersa terra. »

44. Cf. RB, LXIV, 15 : « Qu'il cherche plus à être aimé qu'à être craint ».

bus sed etiam omnibus hominibus, ultra quam dici
potest, amabilis erat. Tunc pauperum cura, tunc elemosi-
narum mira profusio, tunc languentium atque omnium
qualicumque miseria afflictorum consolatio festina sub-
sequitur. Sępe ipse pro pauperibus apud ęconomos men-
dicare suas uestes, nec non et aliorum fratrum, ubi
opportunum illi erat, furari et algentibus clanculo dare,
deinde huius rei ne auctorem proderent minitari. Cumque
de furtis in capitulo questio ageretur, ipse furem cum
aliis perscrutans meliora restitui mox iubebat. His uero
tandem compertis, nam die quadam dum coopertorium
optimum, circumspectis diligenter omnibus, subripe | ret,   8v
a quodam Stephano, qui mihi huius rei et relator et notarius fuit, interceptus est. Cum iam fratres eum asserua-
rent, et maxime quod ea quę sibi ob paternam reuerentiam carius coemebantur distribueret, causarentur, ille
post longa silentia alludens : « bona, inquibat, largitio
receptionem obtimam parat ». Sed cum iam per seipsum,
uerba fratrum metuens – erat enim omnium hominum
fere mitissimus – non auderet, per quendam fidissimum
comitem, Poncium nomine, imperato silentio, itidem
factitabat. O beata furta ! O furta pietatis ! O furta caritatis ! Utinam uobis similia omnia furta essent ! Utinam
omnes fures proximorum parcentes rebus ad talia perpe-

---

45. Il faut lire ce paragraphe à la lumière du chapitre LV, 9 de la RB
relatif aux vêtements des moines : « Lorsqu'on en recevra de neufs, on rendra toujours et immédiatement les vieux qui seront déposés au vestiaire
pour les pauvres. Il suffit, en effet, à un moine d'avoir deux tuniques et deux
coules pour en changer la nuit, et pour pouvoir les laver. Tout ce qu'on
pourrait avoir en plus est superflu et doit être retranché. Les frères rendront
également les vieilles chaussures et tout ce qui est usé, lorsqu'ils recevront
du neuf ». Sur ce chapitre de la *Règle*, voir le commentaire de Thierry de
Fleury, *Consuetudines Floriacenses Antiquiores*, 12, éd. Anselme DAVRIL &
Lin DONNAT, dans Kassius HALLINGER (dir.), *Corpus Consuetudinum
Monasticarum*, t. 7, 3 : *Consuetudinum saeculi X, XI, XII. Monumenta non-
cluniacensia*, Siegburg, 1984, p. 7-60, en part. p. 21-22, ainsi qu'Adalbert

quoi il était aimé des frères, mais aussi de tous les hommes,
au-delà de ce qui peut être dit. S'ensuivaient tantôt le soin
des pauvres, tantôt une admirable profusion d'aumônes,
tantôt le réconfort immédiat des malades et de tous les affli-
gés quels que fussent leurs malheurs. Et lui d'aller souvent
mendier personnellement auprès des économes ses propres
vêtements pour les pauvres[45], ou même de voler ceux d'autres frères quand il en avait l'occasion et de les donner en
cachette à ceux qui avaient froid, puis de les menacer pour
qu'ils ne dénoncent pas l'auteur de ce délit. Et pendant
qu'au chapitre on débattait de ces vols, il recherchait lui-
même le voleur avec les autres et ordonnait de remplacer
très vite ces biens par de meilleurs. Mais finalement les
objets volés furent retrouvés, car un jour qu'il dérobait la
plus belle couverture après les avoir toutes examinées avec
soin, il fut pris en flagrant délit par un certain Étienne, qui
m'a rapporté la chose et l'a mise par écrit pour moi[46]. Alors
que les frères le surveillaient désormais de près et lui reprochaient surtout d'avoir distribué les effets qu'ils avaient
achetés assez cher pour lui en signe de révérence filiale, il
dit en souriant après un long silence : « Un bon cadeau
reçoit un excellent accueil. » Mais comme désormais il
n'osait plus agir personnellement, parce qu'il craignait les
reproches des frères (en effet, il était pour ainsi dire le plus
doux de tous les hommes), il en faisait faire tout autant par
l'intermédiaire d'un compagnon de grande confiance,
nommé Pons, auquel il avait imposé le silence. Ô bienheureux vols ! ô vols pieux ! ô vols charitables ! Si seulement
tous les vols pouvaient vous ressembler ! Si seulement tous

DE VOGÜÉ, « Aux origines de l'habit monastique (IIIe-IXe siècle) », *Studia
Monastica*, 43, 2001, p. 7-20, ici p. 13.

46. La double qualification du témoin comme *relator* et *notarius*
paraît indiquer que celui-ci a d'abord raconté les faits à l'hagiographe (il
en est le *relator*), lequel lui aurait alors demandé de mettre par écrit une
relation sommaire de ces faits (le témoin devient donc *notarius*).
L'hagiographe développe ensuite à son tour et intègre dans son récit la note
du témoin.

tranda de propriis elaborarent ! Non de talibus Paulus
diceret : Neque fures regnum Dei possidebunt. Immo
talibus cęli clauiger Petrus libenter occurreret, libenter
talibus aperiret.

VIII. Sed uir iste, cum omnibus largissimus fieret,
sibi parcissimus existere, ad omnes benignissimus, in se
austerissimus esse. Et cum omnium miserias leuigaret, se
semper incredibilis abstinentię maceratione damnare.
Edebat quidem ille cum fratribus et ocultare se per omnia
cupiens cibis omnibus uti communiter simulabat.
Uerumtamen panem appositum per frusta di | minuens in   9r
rodendis crustulis quasi diu comederis, totum pęne spa-
cium refectionis occupabat. Cumque appositis piscibus
suaderetur, uel potius amica uiolentia cogeretur, ad
esum, utpote qui preciosi saporis et conditi studiosissime
uiderentur, faceta excusatione utebatur dicens non omnia
bene condita transire decere per abbatum ora. Denique
cum paulatim per minutias discerpsisset, capitibus et
aristis superiectis, quasi qui omnia consumpserit, tempt-
atione tantum superata refocilatus pauperibus emittebat.
Quid de illo quo utebatur permodico uino ? Illud tanta
infusione aquę corrumpebatur ut nullis usibus commo-
dum esset. Tali igitur, ut ita dixerim, ypochrisi sanctus,
ypochrisin fugiens, assidue laborabat. Tempore autem
quadragesimę secunda et quarta et sexta feria nihil gus-
tabat.

---

47. Cf. 1 Co 6, 10 : « neque molles, neque masculorum concubitores,
neque fures, neque auari, neque ebriosi, neque maledici, neque rapaces
regnum Dei possidebunt. »
    48. Cf. Mt 16, 13-19 : « Et tibi dabo claues regni caelorum. »
    49. Cf. RB, LVI, 1.
    50. Cf. RB, XL, 5-7 et 1 Tm 5, 23 : « noli adhuc aquam bibere sed uino
modico utere. »

les voleurs épargnaient les biens de leurs prochains et s'efforçaient de perpétrer de tels vols sur leurs propres biens ! À propos de tels voleurs, Paul n'aurait pas dit : *Et les voleurs ne posséderont pas le royaume de Dieu*[47]. Mieux, Pierre, qui garde les clefs du ciel[48], viendrait volontiers à leur rencontre et bien volontiers leur ouvrirait.

VIII. Or cet homme, alors qu'il se montrait très généreux envers tous, était envers lui-même extrêmement économe, à l'égard de tous très bienveillant, mais à l'égard de lui-même très sévère. Et tandis qu'il soulageait les misères de tout le monde, il se condamnait perpétuellement à la mortification d'une incroyable abstinence. Il mangeait certes avec les frères, mais, désirant se cacher en tout, il faisait en fait semblant de manger de tout avec les autres[49]. En réalité, il coupait en morceaux le pain qui lui était servi et passait presque tout le temps du repas à le réduire en miettes, comme lorsqu'on mange en prenant son temps. Et une fois les poissons servis, on le persuadait de manger, ou plutôt on l'y contraignait par une amicale violence, en alléguant qu'ils avaient l'air exquis et assaisonnés à merveille. Mais lui recourait à des excuses plaisantes, rétorquant qu'il ne convenait pas que tous les mets bien assaisonnés passent par la bouche des abbés. Finalement, après avoir peu à peu déchiqueté les poissons par le menu et écarté les têtes et les arêtes, comme s'il avait tout mangé, mais nourri en réalité de la seule satisfaction d'avoir surmonté la tentation, il les faisait passer aux pauvres. Et que dire de sa modération dans la consommation du vin[50] ? Celui-ci était dilué dans une telle quantité d'eau qu'il était devenu impropre à tous les usages[51]. Si je puis m'exprimer ainsi, c'est en faisant preuve de ce genre d'hypocrisie que le saint s'efforçait constamment de fuir l'hypocrisie[52]. Pendant le Carême, les lundi, mercredi et vendredi, il ne mangeait rien.

---

51. Cf. RB, IV, 35 et XL, 5-7. Isarn est à nouveau présenté en observateur scrupuleux de la *Règle*.

VIIII. Talibus ergo operibus uir Deo amabilis orationes suas leuabat in cęlum, illud Iheremię fideliter com-
plens : « Leuemus corda nostra cum manibus ad
Dominum ». Sed cum ad orandum nocturno maxime
silentio diuinis se conspectibus obtulisset, quis illa lacri-
marum flumina quę tunc fundebantur, | quis illos gemi-   9v
tus, illos planctus, illos singultus qui tunc parturiebantur
edicat ? Uestitus semper, ne indulgentius sopiretur et ut
expeditius surgeret, dormiebat. Eratque ei consuetudo,
gustato in principio noctis permodico somno, furtim
lento pede, ut uix unquam aduerteretur, de dormitorio
egredi, martyrum criptas petere ibique longissimo noctis
spacio usque ad fratrum uigilias excubare. Et sepe quidem precabatur custodes ut ecclesię ualuas sibi resera-
rent. Sepe uero munitis diligenter omnibus ianuis, qualiter eum Deus introduxerit nescientes, more solito in crip-
tis martyrum eum inueniebant. Ibi ferunt eum hibernis
noctibus, dum supernis intenderet, ita sui oblitum frigore
sepius obriguisse ut, nisi aliorum manibus asportaretur,
egredi minime ualuisset. Frequenter uero ab his qui eum
curiose obseruabant, post longa suspiria inter languidu-
los singultus, tamquam ipsum Ihesum presentem allo-
quens, in has uoces erumpere audiebatur : « O custos
hominum, quare posuisti me contrarium tibi et factus

---

52. Il faut rapprocher ce récit d'un passage des *Collationes* de Jean
Cassien (XVII, 24), qui évoque l'attitude d'un abbé voulant cacher par
modestie son abstinence ; si dans les deux cas, la volonté de l'abbé est la
même, celui qu'évoque Jean Cassien agit bien différemment qu'Isarn,
puisqu'il se croit obligé, pour camoufler ses jeûnes, de consommer avec
avidité ce que des visiteurs lui apportent. La *Vie de Jean* de Gorze (mort en
974) donne également de nombreux détails sur les jeûnes et les repas pris
par l'abbé dans sa communauté : Jean de Saint-Arnoul, *La Vie de Jean,
abbé de Gorze*, présentée et trad. par Michel PARISSE, Paris, 1999, en particulier chap. 92-93. Sur l'importance de ce type de récits dans l'hagiographie du XIᵉ siècle, cf. Jacques STIENNON, « À la table de Thierry Iᵉʳ, abbé

IX. Ainsi donc, par de telles œuvres, l'homme aimé de Dieu élevait ses prières vers le ciel, accomplissant fidèlement les paroles de Jérémie : « *Élevons nos cœurs et nos mains vers Dieu*[53] ». Mais quand il se présentait aux regards de Dieu pour prier dans le plus profond silence de la nuit[54], qui pourrait dire quels fleuves de larmes il répandait alors ? Quels gémissements, quelles lamentations, quels sanglots il laissait échapper ? Il dormait toujours tout habillé pour ne pas s'endormir trop commodément et pour se lever plus rapidement : il avait pour habitude, après avoir goûté un très bref sommeil au début de la nuit, de sortir du dortoir en cachette et d'un pas léger, de sorte qu'il n'était presque jamais remarqué, et de se rendre aux cryptes des martyrs pour y veiller pendant une très longue partie de la nuit jusqu'aux matines des frères[55]. Et certes, il priait souvent les gardiens de lui ouvrir les portes de l'église, mais souvent aussi, alors que toutes les portes d'entrée étaient verrouillées avec soin, les gardiens le trouvaient comme toujours dans les cryptes des martyrs, sans savoir comment Dieu l'y avait introduit. On raconte que là, les nuits d'hiver, alors qu'il méditait sur les choses d'en-haut, il était souvent engourdi par le froid, tellement oublieux de lui-même qu'il n'aurait été nullement capable de sortir si les bras d'autrui ne l'eussent transporté. Fréquemment, ceux qui l'observaient avec attention entendaient éclater ces paroles, après qu'il avait poussé de longs soupirs entrecoupés de faibles sanglots, comme s'il s'adressait à Jésus présent en personne : « *Ô, gardien des hommes, pourquoi as-tu fait de moi*

---

de Saint-Hubert (1055-1086) », *Saint-Hubert d'Ardenne. Cahiers d'histoire*, 8, 1991, p. 275-283.

53. Cf. Lm 3, 41 : « leuemus corda nostra cum manibus ad Dominum in caelos. »

54. Cf. RB, XLII, 8.

55. Les vigiles privées font partie d'une tradition attestée par Jean Cassien, *Institutions cénobitiques*, II, 13, 3 : *Quamobrem canonicis uigiliis priuatae ab eis subiunguntur excubiae* (« Voilà pourquoi aux vigiles fixées, ils ajoutent des veilles privées ») (SC 109, p. 83).

sum mihimetipsi grauis? Cur non tollis peccatum meum
et quare non aufers iniqui | tatem meam ? » Unde satis   10r
ostenditur huius mundi exilium quam grauiter sustinebat,
ad eum cui loquebatur quanto affectu suspirabat.

X. Hęc antiquus hostis aspiciens inuidię facibus
nimium torquebatur. Et licet orationis uirtute repulsus ad
eum proximare non ualeret, quibuscumque tamen presti-
giis poterat, aufugare uel, si id non posset, terrere saltem
hominem nitebatur. Quadam igitur nocte, uir uenerandę
memorię Guillelmus, tunc ęcclesię custos, dum ante
communes uigilias maturius surrexisset, in circo illo, qui
super martyrum criptas imminet – sic enim locum illum
uocant – orationi et ipse insistebat. Tunc repente, in gra-
dibus quibus ad criptas descenditur, tantum sonitum acsi
omnes criptę funditus eruerentur audiuit. Et ecce draco
permaximus, immensa sinuamina explicans, longoque
per totos gradus porrectus tractu, hiantibus faucibus ter-
ribiles flammas euomens, totum a superiori cardine
usque deorsum maioris criptę introitum uastissimo ore,
quasi sanctum uirum cum egrederetur excepturus

---

56. Cf. Jb 7, 20 : « ... o custos hominum quare posuisti me contrarium
tibi et factus sum mihimet ipsi grauis ? Cur non tolles peccatum meum et
quare non auferes iniquitatem meam ? »

57. Si la notion de « cirque » est un peu obscure (et n'est pas attestée
par ailleurs dans les documents relatifs à Saint-Victor), il ne fait guère de
doute que le moine Guillaume se trouve dans l'église conventuelle, au-dessus des « cryptes » auxquelles on accédait par un escalier. Sur la topographie de Saint-Victor, voir la note complémentaire II, p. 110-116.

58. Sur le motif de la lutte du saint et du dragon-serpent (assimilé au
diable), bien attesté dans la littérature hagiographique depuis le très haut
Moyen Âge : Jacques LE GOFF, « Culture ecclésiastique et culture folklori-
que au Moyen âge : saint Marcel de Paris et le dragon », dans Luigi DE
ROSA (dir.), *Ricerche storiche ed economiche in memoria di Corrado
Barbagallo*, t. 2, Naples, 1970, p. 51-90, repris dans *Pour un autre Moyen
Âge. Temps, travail et culture en Occident*, Paris, 1977 (*Bibliothèque des
histoires*), p. 236-279 ; Robert GODDING, « De Perpétue à Caluppan : les
premières apparitions du dragon dans l'hagiographie », dans Jean-Marie
Privat (dir.), *Dans la gueule du dragon. Histoire – Ethnologie – Littérature*,

ton ennemi, et suis-je devenu un fardeau pour moi-même ?
Pourquoi n'enlèves-tu pas mon péché, et pourquoi n'empor-
tes-tu pas mon iniquité[56] *?* » On voit bien ainsi avec quelle
peine il supportait l'exil de ce monde et avec quel amour il
soupirait vers Celui auquel il s'adressait.

X. Voyant cela, l'antique Ennemi était par trop torturé
par les feux de l'envie. Et bien qu'il fût repoussé par la
vertu de la prière et qu'il ne pût s'approcher de lui, il s'efforçait cependant, par toutes les illusions dont il était capable, de le faire fuir, ou, à défaut, il essayait du moins d'effrayer l'homme. Une nuit, Guillaume, homme de vénérable
mémoire, alors gardien de l'église, s'était levé plus tôt,
avant les matines de la communauté, et s'adonnait comme
Isarn à la prière dans le cirque qui surplombe les cryptes des
martyrs (c'est, en effet, ainsi qu'on appelle ce lieu[57]). Alors,
tout à coup, dans les escaliers qui descendent vers les cryptes, il entendit un bruit tel que l'on aurait dit que toutes les
cryptes s'écroulaient de fond en comble. Et voici qu'un dragon énorme, déroulant ses immenses anneaux, s'étirant sur
toute la longueur des marches, crachant de terribles flam-
mes de sa gueule béante, remplit de son énorme gueule
toute l'entrée de la crypte principale, depuis l'extrémité
supérieure jusqu'en bas, comme s'il avait l'intention de saisir le saint homme à sa sortie[58]. Alors, le saint homme, qui

---

« Une ethnologie en Lorraine », Sarreguemines, 2000, p. 145-157. La description, que donne l'auteur de la *Vita*, d'une gueule béante crachant le feu
et s'étirant de haut en bas de l'entrée de la crypte se rapproche de certaines
représentations romanes du dragon ; elle correspond en particulier à l'image
du dragon sculptée environ un demi-siècle plus tard (vers 1130-1135) au
tympan de l'église abbatiale de Conques, en Rouergue : la gueule ouverte
du dragon y occupe toute la hauteur de la porte de l'Enfer. Grégoire le
Grand avait déjà rassemblé dans les *Dialogues* (notamment II, 25 –
Grégoire le Grand, *Dialogues*, éd. Adalbert DE VOGÜÉ & Paul ANTIN, 3 vol.,
Paris, 1978-1980 [SC 251, 260, 265], vol. 2, p. 212-213 – et IV, 40, 10-12
– *ibid.*, vol. 3, p. 144-147) plusieurs *exempla* présentant des (mauvais) moines agressés par un dragon (*draco*). L'un de ces récits met en scène un dragon dévorant un moine qui a fait preuve d'hypocrisie en jeûnant (*Dial*. IV,
40, 10-12). On peut penser que la place du récit de l'apparition du dragon
dans la *Vita* – à la suite de la description des jeûnes d'Isarn, à propos des-

oppleuit. Tunc uir sanctus ante altare sanctissimę uirginis Marię ac beatorum martyrum oratione ex more completa, in partem | alteram ad altare sancti Iohannis Baptistę, ante illud monstrum horribile transiturus, concessit. At uero Guillelmus eum ilico absorptum iri a diabolo metuens, omnia ossa concuti, toto corpore tremere, immensis sudoribus suffundi, intercluso anhelitu, pene exanimari. Uir autem sanctus fiduciam sumens in Domino, crebro genua flectendo frontemque ac pectus signo crucis muniendo, tamdiu in oratione infatigabilis perstitit, donec illud enorme fantasma in testimonium suę confusionis terribiles sibilos et horrificum fragorem reddens prorsus euanuit. Mane ergo facto, primo diluculo prędictum Guillelmum a lectulo sanctus exciuit, si quid insolitum in ęcclesia illa nocte audierit percunctatur, dissimulantem omnia referre compellit. Tum uero per debitam obędientiam tota auctoritate imperat ne, se uiuente, hoc miraculum cuiquam mortalium reuelaret. Quod si istud in quo erat alter conscius, tanta sollicitudine uanam gloriam fugiens, satagebat abscondere, quando, putamus, ea diceret quę, nemine conscio, perpetrasset ? Felix conscientia cui mundus ita uiluerat ut tot plena bonis sic laudari refugeret, cum nos | miseri, in his etiam quę perperam gerimus, cotidie in laudes hominum suspiremus ! Sed neque hoc forte ualde mirandum est. Uirtutes enim naturali fędere uirtutibus amicantur et uitia uitiis placent. Unde non mirum si refertus uirtutibus hac

---

quels l'hagiographe évoque, pour la rejeter, l'accusation d'« hypocrisie », et avant une deuxième accusation d'« hypocrisie », sur la même question, émanant d'Odilon de Cluny – est liée à l'histoire racontée par Grégoire le Grand : la victoire d'Isarn sur le dragon, mis en fuite, atteste que l'abbé n'était en rien hypocrite. Une charte de Saint-Victor de 1043 utilise l'expression de « dragon livide » (*liuidus dracho*) pour désigner le diable (CSV 531 ; cf. aussi CSV 532, en 1073 : *callidissimus serpens*).

avait achevé sa prière, comme à son habitude, devant l'autel de la très sainte Vierge Marie et des bienheureux martyrs, se dirigea de l'autre côté, devant l'autel de saint Jean-
Baptiste, et fut donc sur le point de passer devant ce monstre horrible. Quant à Guillaume, craignant qu'Isarn ne fût
immédiatement englouti par le diable, il sentit tous ses os
s'entrechoquer, tout son corps trembler, des sueurs immenses l'inonder ; le souffle coupé, il faillit s'évanouir. Le saint
homme, cependant, mettant sa confiance dans le Seigneur,
fléchissant les genoux à de nombreuses reprises, fortifiant
son front et sa poitrine par le signe de croix, resta impertur-
bablement en prière, jusqu'à ce que cette énorme apparition
disparaisse tout à fait, en produisant de terribles sifflements
et un fracas horrifiant comme pour témoigner de sa défaite.
Au matin, à la pointe du jour, le saint tira du lit le susdit
Guillaume, l'interrogea pour savoir s'il avait entendu quelque chose d'insolite dans l'église cette nuit-là, et le força à
tout raconter, malgré son désir de dissimuler les faits. Il lui
ordonna ensuite, avec toute son autorité et en raison du
devoir d'obéissance, de ne révéler ce miracle à aucun mor-
tel de son vivant. Et si, fuyant la vaine gloire avec tellement
d'inquiétude, il s'était efforcé de cacher ce dont un autre
avait connaissance, quand, d'après nous, aurait-il dit ce
qu'il avait accompli sans aucun témoin ? Bienheureuse la
conscience pour laquelle le monde avait à ce point perdu sa
valeur que, comblée de tant de biens, elle refusait d'être
louée, alors que nous, misérables, même dans les choses
que nous faisons mal[59], nous aspirons tous les jours aux
louanges des hommes. Mais il ne faut peut-être même pas
vraiment s'en étonner. En effet, les vertus s'attachent aux
vertus par un lien naturel, et les vices plaisent aux vices. Je
ne m'étonne donc pas que, rempli de vertus, il n'ait pas non
plus manqué de celle du mépris de la vaine gloire, et que

---

59. Cf. 1 Co 13, 4 : « non agit perperam. »

etiam non carebat, aut si hii qui sunt uitiorum sentinę
etiam humanę laudis contagio non metuunt sordidari.

XI. Sed dum beati uiri merita talium inexpertus prę
dico, uereor ne omnibus potius iniuriam faciam quam uel
unum, sicut decuerat, explicare queam. Quid tamen de
illo quidam uirtutum familiarissimus – sanctissimum
Odilonem Cluniacensem abbatem dico – breuiter dixerit,
ponam. Erant enim ista duo tunc orbis terrę lumina, tamquam unum cor et anima una. Dum ergo ille huius uirtutes numeraret : « octo, inquibat, in domno Ysarno cum cę
teris bonis suis, uix in aliquo alio simul inuenienda repe-
riuntur ». Horum unumquodque singulatim quilibet alius
si haberet tantumque in eo profecisset, culmen non imme-
rito sanctitatis apprehendisse uideretur. In hoc autem octo
istę beatitudines, id est castitas, humilitas, misericordia,
patientia, ieiunia, uigilię, orationes, uanę glorię contemp-
tus | tam perfecte cumulantur ut, cum singulatim unum-   11v
quodque perpenderis, uideatur in singulis singularis ».

XII. Cilicio asperrimo ad carnem semper induebatur,
usum femoralium omnino non habebat, nisi cum apud

---

60. Ac 4, 32.

61. À la suite d'Évagre le Pontique (fin du IVe siècle), Jean Cassien
dresse une liste de huit vices « qui font au genre humain la guerre » : gourmandise, fornication, avarice, colère, tristesse, acédie, vaine gloire, orgueil
(*Collationes* V, 2 : SC 42, p. 190). Ce passage sur les huit béatitudes ou vertus d'Isarn intervient après le récit de son combat contre le diable, ce qui est
dans l'esprit de Jean Cassien qui identifie les péchés du moine à des tentations diaboliques. On pourrait chercher à opposer les huit béatitudes aux
huit vices de Jean Cassien, puisque ce dernier écrit dans les *Collationes* V,
23 : « à tout vice expulsé succède la vertu contraire » (SC 42, p. 214). Jean
Cassien en dresse bien une liste, mais celle-ci est incomplète. Voici les cou-
ples opposés qu'il présente : *castitas / concupiscientiae uel fornicationis
spiritus* ; *patientia / furor* ; *tristitia mortem operans / salutaris et plena gaudio tristitia* ; *fortitudo / acedia* ; *humilitas / superbia*. Nous retrouvons ainsi
trois de nos béatitudes : *castitas, humilitas* et *patientia. Vanae gloriae
contemptus* s'oppose bien entendu à la *uana gloria. Misericordia* peut trouver son opposé en *furor* (= *ira*). Les trois autres béatitudes ne sont pas sur

ceux qui sont les sentines des vices ne craignent pas non plus d'être souillés par la contagion de la louange humaine.

XI. Mais en risquant, malgré mon inexpérience en la matière, un éloge des mérites de cet homme bienheureux, je crains de faire plutôt injure à l'ensemble de ses vertus que d'être capable d'en exposer ne fût-ce qu'une seule comme il conviendrait. Aussi vais-je avancer ce qu'a dit brièvement de lui un très grand ami des vertus : je veux parler du très saint abbé Odilon de Cluny. En effet, à leur époque, ces deux lumières de la terre étaient comme *un seul cœur et une seule âme*[60]. En dénombrant ses vertus, Odilon disait : « Chez le seigneur Isarn, parmi d'autres qualités, il y en a huit que l'on ne pourrait guère trouver réunies chez un autre[61]. » Si n'importe qui d'autre avait possédé séparément l'une de ces vertus, et qu'elle eût progressé en lui à ce point là, il aurait à juste titre semblé avoir atteint le sommet de la sainteté. En lui ces huit béatitudes, à savoir la chasteté, l'humilité, la miséricorde, la patience, le jeûne, les veilles, les prières, le mépris de la vaine gloire, s'additionnent de manière si parfaite que, lorsqu'on les considère une par une, il se révèle en chacune d'elles comme un être singulier.

XII. Il se revêtait toujours d'un cilice très rugueux à même la peau et n'utilisait jamais les caleçons[62], si ce n'est

---

le même plan. *Ieiunia, uigiliae, orationes* sont cependant, comme les autres vertus chez Jean Cassien, les moyens qu'il convient d'utiliser pour arriver au but fixé : la pureté du cœur et, à la fin, le royaume des cieux (cf. en particulier *Collationes* I, 7 : SC 42, p. 84).

62. La *Règle* de saint Benoît accorde le droit d'enfiler les *femoralia* à l'occasion du voyage des moines. Cf. A. DE VOGÜÉ, « Aux origines de l'habit monastique », cité *supra* p. 22-23 n. 45, notamment p. 13, 15-16. Benoît d'Aniane en fait un élément permanent de l'habit du moine, tandis que Cluny en fait une obligation pour les prêtres et les diacres. Cette prescription, que l'on trouve dans les coutumes de Cluny, sera rappelée par Pierre le Vénérable (pour celui-ci, les *femoralia* devaient être en lin). Elle est considérée comme une des principales modifications apportées à l'habit monastique par Cluny. Dans la première moitié du XIe siècle, Adalbéron de Laon définit les *femoralia* comme un pantalon allongé jusqu'au bas des jambes et qui se colle à elles. On aurait donc ici l'opposition entre deux usages, celui de Cluny et celui, plus conservateur, de l'abbé de Saint-Victor.

Cluniacum semel eum femoralibus et staminio sanctus
Odilo uiolenta caritate uestiuit, quę Massiliam rediens
ilico deposuit. Solebat autem eum beatus Odilo, dum
simul recumberent, amica quadam contentione uocare
ypochritam, eo quod speciem humanę communisque
conuersationis prętenderet, et se ultra omnes fere homines fame et erumnis uariis cruciaret.

XIII. Factum est autem ut uirtutum eius fragrantiam
plurimi odorantes eius se cuperent institui disciplinis.
Primi ergo sub eo conuersi Dodo et Rainaldus, et ab eo
ceu par turturum aut duo pulli columbarum Domino
oblati, tantam gratię illius exuberantis ac primitiuę benedictionis eius traxere pinguedinem, ut eorum admiran-
dam sanctitatem, antiquis per omnia patribus comparan-
dam, plurimis certum sit miraculis claruisse. Et Dodo
quidem iam magistrum ad beatam uitam glorioso fine
secutus est. Uenerabilis autem Rainaldus, nihil sic coti-
die ut dissol | ui et cum Christo esse desiderans, hactenus   12r
nobis uirtutum magistri fidelissimus testis seruatus est.
Hos ex diuersis terris subsecuta ueneranda posteritas ex
satis modico immensum in breui gregem Domino confe-
cerunt. Inter quos multi quoque nobilium, cęlestis uitę
amore succensi, pręclara seculo suę conuersionis exempla tradidere. Tunc etiam Pontius Arelatensis archiepiscopus, nec multo post et successor eius, totius tunc

---

63. Il s'agit sans doute d'un désaccord réel. L'objet de la discussion est
la légitimité d'un pieux mensonge. Dans la tradition, deux points de vue
s'affrontent : celui d'Augustin qui, en particulier dans son *De mendacio*
écrit en 395, condamne tout mensonge, et celui de Jean Cassien qui consacre toute une conférence à l'élaboration d'une théorie du mensonge légitime
(cf. *Collationes*, XVII : SC 54, p. 248-284). Le mensonge est en particulier
légitime quand il s'agit de taire son jeûne et de cacher son abstinence (XVII,
21, p. 270). C'est précisément ce genre d'hypocrisie que pratique Isarn.

64. Il est possible que ce moine, encore vivant, soit celui dont l'auteur
de la *Vita* tient beaucoup d'informations, cité aux chapitres XXVI et XXVII,
voire, sous le nom de *Rainoardus*, aux chapitres XXIV et XXV.

une fois, à Cluny, lorsque, avec une violence dictée par l'amour, saint Odilon le vêtit de caleçons et d'une chemise en laine qu'une fois rentré à Marseille il enleva immédiatement. Cependant, lorsqu'ils mangeaient ensemble, dans une sorte de dispute amicale[63], le bienheureux Odilon avait l'habitude de l'appeler hypocrite parce qu'il donnait l'apparence d'un comportement humain et ordinaire, alors que, plus que la quasi totalité des hommes, il s'infligeait la torture de la faim et de divers tourments.

XIII. Or il arriva que de très nombreuses personnes, parce qu'ils respiraient le parfum de ses vertus, désiraient être formées par son enseignement. Ainsi, les premiers convertis sous sa direction, Dodon et Rainald[64], par lui offerts à Dieu comme un couple de tourterelles ou deux jeunes colombes[65], profitèrent tellement de la grâce surabondante de Dieu et de la bénédiction des premiers-nés[66] d'Isarn que leur admirable sainteté, comparable en tous points à celle des anciens Pères, s'illustra par de très nombreux miracles avérés. Dodon a déjà suivi son maître jusqu'à atteindre la vie bienheureuse par une fin glorieuse. Quant au vénérable Rainald, qui ne désire chaque jour rien d'autre que de *s'anéantir et d'être avec le Christ*[67], il nous a été conservé jusqu'à présent comme très fidèle témoin des vertus du maître. Une postérité vénérable, venant de diverses régions, les suivit et transforma en peu de temps pour le Seigneur un modeste troupeau en troupeau immense ; parmi eux, de nombreux nobles aussi, embrasés par l'amour de la vie céleste, transmirent au siècle les brillants exemples de leur conversion. Alors également, Pons, archevêque d'Arles[68], et peu après son successeur, un ornement unique

---

65. Cf. Lc 2, 24 : « par turturum aut duos pullos columbarum. »

66. La *primitiua benedictio*, où *primitiuus* signifie « premier né dans la foi » (cf. Rm 16, 5 ; He 12, 23) est à mettre en rapport avec le fait que Dodon et Rainald sont les « premiers convertis » (*primi conuersi*).

67. Ph 1, 23 : « desiderium habens dissolui, et esse cum Christo. »

68. Pons de Marignane, archevêque d'Arles (1005-1029).

Prouincię unicum deçus, Raiambaldus sub eodem patre
sanctę se regulę summiserunt.

XIIII. Sed et illum qui, ueluti Saulus, multa patientia
primo supportatus, flagellatus est ut corrigeretur, deiec-
tus est ut leuaretur, qui coactus ad conuersionem non
parum postea fructificauit, silere non debeo. Adalardus
quidam erat secularis pompę ferus homo nimis et pessi-
mus. Is cuiusdam prędii, quod iuris monasterii erat,
Lagninas nomine, rusticos iniquis exactionibus frequen-
tius affligebat, porcos uidelicet, arietes cęteraque id
genus suis usibus commoda ab eis corrogans. Si uero non
darentur, uiolenter abripiens. Qui cum a uiro Dei blande
commoneretur ut se ab iniuriis monasterii tempe | raret,   12v
pro nihilo reputans, multo efferatius in prędictos rusticos
se agebat. Aliquando igitur sancto uiro in eodem prędio
posito, assunt nuncii cum graui querimonia referentes,
quod prędo ille sacrilegus pręfatam uillam pridie depre-
datus, nunc etiam reliquias quę supererant in sua

---

69. Raimbaud de Reillanne, archevêque d'Arles (1030-1069).

70. J.-P. POLY, *La Provence et la société féodale*, p. 181, n. 64, identifie
cet *Adalardus* à *Adalbertus / Adelbertus* surnommé *Ferus* (CSV 552, 1044,
cité comme témoin), également mentionné dans une charte du cartulaire de
Lérins (CL 3, vers 1024-1028). Ce serait le même *Adelbertus* que celui qui
abandonne des mauvaises coutumes (*asenarias et boarias et alberguarias*)
sous l'abbatiat de Bernard (1064-1079), à la suite d'un grand plaid où la
mémoire d'Isarn est évoquée (CSV 605, voir J.-P. POLY, *La Provence et la
société féodale*, p. 133, n. 13). Cette dernière identification n'est toutefois
guère cohérente, d'un point de vue chronologique, avec la conversion
d'Adalard sous l'abbatiat d'Isarn, que rapporte la *Vita*. On pourrait tout aussi
bien identifier l'*Adalardus* de notre récit avec celui d'une charte originale de
Saint-Victor datant des années 1030, selon laquelle un viguier nommé
Adalard donne son corps *ad conuersionem Dei* à l'abbaye de Saint-Victor
(Arch. dép. Bouches-du-Rhône, 1 H 13/51, éd. M. LAUWERS, « Cassien, le
bienheureux Isarn et l'abbé Bernard », p. 234).

71. *Lauguias*. Lagnes, Var, ar. Draguignan, c. Comps, com. Trigance ;
diocèse de Riez. Saint-Victor y contrôle diverses possessions et y a une
cella et l'église Saint-Julien. Cf. CSV 613, vers 1015-1020, *carte de
Lagnenas* : donation / restitution à Saint-Victor de la vallée et de l'église

de toute la Provence de ce temps, Raimbaud[69], se soumirent à la sainte *Règle* sous ce même père.

XIV. Mais je ne dois pas taire non plus le nom de celui qui, tel Saul, fut en un premier temps supporté avec une grande patience, fouetté afin qu'il se corrigeât, renversé afin qu'il se relevât, et qui, poussé à la conversion, donna ensuite suffisamment de fruits. Un certain Adalard était très adonné aux vanités du siècle ; c'était un homme fort cruel et très mauvais[70]. Cet homme affligeait très fréquemment par d'injustes prélèvements les paysans d'un domaine nommé Lagnes, qui appartenait à la juridiction du monastère[71], c'est-à-dire qu'il exigeait toujours d'eux des porcs, des béliers ou d'autres choses de ce genre pour ses besoins. Et si on ne les lui donnait pas, il les arrachait par la force. Alors qu'il était exhorté avec douceur par l'homme de Dieu à s'abstenir de commettre des injustices envers le monastère, loin d'en tenir compte, il se conduisait encore plus sauvagement envers lesdits paysans. Ainsi un jour, tandis que le saint homme se trouve dans ce domaine, des messagers se présentent en exposant d'énergiques réclamations, selon lesquelles ce voleur sacrilège avait la veille dépouillé ledit village[72] et était là maintenant pour consommer dans ses festins tous les restes qui subsistaient. Alors, tout l'entou-

---

Saint-Julien de Lagnes (voir E. MAGNANI SOARES-CHRISTEN, *Monastères et aristocratie*, p. 214, 218) ; CSV 615, vers 1020 : donation de l'autel Saint-Julien de *Lagninas* par Almerade, évêque de Riez ; CSV 697, 1098 : confirmation des églises appartenant à Saint-Victor dans le diocèse de Riez, parmi lesquelles l'*ecclesia Sancti Juliani de Lagninas*. Après avoir évoqué les vertus d'Isarn au sein de la communauté marseillaise, la *Vita* évoque son action et ses miracles dans le réseau monastique qui s'est constitué autour de Saint-Victor : à ce propos, voir la note complémentaire III, p. 116-125.

72. Nous traduisons le terme *uilla* par village. Dans le cas de Lagnes, dit *prœdium* quelques lignes plus haut, il désigne une agglomération humaine se distinguant par sa morphologie mais surtout par le statut monastique du pouvoir qui s'y exerce, c'est-à-dire un village ecclésial (cf. Yann CODOU, « Le paysage religieux et l'habitat rural en Provence de l'Antiquité tardive au XIIe siècle », *Archéologie du Midi Médiéval*, 21, 2003, p. 31-67, en part. 51-53).

conuiuia consumpturus adesset. Tunc uero tota familia quę cum uiro Dei erat fremere, inclamare, lanceas uel sudes corripere, hostem protinus cum auxiliis circummanentium petitura, ferocius discursare. At ille fremibundum, expanssis manibus, in exitu seipsum opposuit, uehementer omnibus minitans et contestans ad id facinus egressuris, nisi se prius interfecto, exitum non patere. Cumque furentium animos confregisset atque illi de eius nimia simplicitate causarentur, fertur dixisse : « Quomodo quidem nec tantę festiuitatis gloriam – dies enim dominica erat – nec nostram pręsentiam reueritus, tam superbe insanire pręsumpsit ? Ultionem dominicam non euadet ! ». Tunc ad ipsum prędonem, qui eum ad suum colloquium deducerent, pacificos nuncios misit. Qui dum adesset, eum mox ad epulandum secum inuitat, suum proprium apparatum illi apponit, plene refectum in | iuriarum blande commonet ut se de cetero corrigat adhortatur. His ita gestis, ad aliam mansionem, quę Petra Castellana dicitur, quo intenderat ire progreditur. Post discessum autem hominis Dei mox Adalardus, ibidem adhuc manens, in utero ad instar parturientis uexari cępit ; accitoque celerrime Nortaldo quodam monacho, cum se inualescente nimium cruciatu crederet ilico moriturum, sanctę religionis habitum petit, asserens sacratos manu sancti cibos cum execrabilibus, quos de pręda pręsumpserat, cibis confligere eoque conflictu se ad exitum sua uesania dignissimum miserabiliter coartari. Mira res !

13r

---

73. *Petra Castellana.* Castellane, Alpes-de-H^{te}-Provence, chef-lieu d'ar. Prieuré de Saint-Victor ; diocèse de Senez. Cf. CSV 768 à 777. Saint-Victor possède d'anciens biens à Castellane qu'il revendique depuis l'abbé Guifred (CSV 768), mais c'est à partir de 1038 (CSV 773) que commencent les donations / restitutions par la famille de Castellane et notamment Amiel, évêque de Senez (avant 1021-1043) ; en 1043, la donation / restitution de toutes les églises et les terres adjacentes est confirmée par les seigneurs de Castellane et leurs neveux, ainsi que

rage qui était avec l'homme de Dieu de frémir, de pousser
des cris, de saisir des lances ou des épieux, de courir en tous
sens avec rage, voulant aussitôt attaquer l'ennemi avec
l'aide des habitants alentours. Mais lui, pris de frémisse-
ments, les mains écartées, se plaça en personne devant la
sortie, les menaçant tous avec véhémence, affirmant qu'à
moins de passer sur son cadavre, l'accès ne serait pas donné
à ceux qui voudraient sortir pour commettre ce forfait. Et
comme il avait brisé les esprits en fureur, et que les autres
lui reprochaient sa trop grande naïveté, on rapporte qu'il
avait dit : « Comment a-t-il eu le front de commettre une
telle folie, sans même respecter ni la gloire d'une telle fête
(c'était en effet le jour du Seigneur), ni notre présence ? Il
ne pourra échapper à la vengeance du Seigneur ! » Alors, il
envoya des messagers de paix à ce pillard, avec la mission
de le lui amener pour un entretien. Et lorsqu'Adalard fut
arrivé, aussitôt il l'invita à partager son repas et lui servit
des mets préparés pour lui-même. L'ayant parfaitement restauré, il le tança avec douceur pour ses injustices et
l'exhorta à se corriger dorénavant. Cette tâche accomplie, il
poursuivit son chemin jusqu'à un autre séjour, qui s'appelle
Castellane[73], vers lequel il se dirigeait. Mais après le départ
de l'homme de Dieu, Adalard, qui était resté en ce lieu,
commença bientôt à souffrir du ventre, telle une parturiente.
Parce que, torturé par une douleur trop envahissante, il
croyait qu'il allait mourir aussitôt, il fit venir très rapidement Nortald, un moine, et demanda l'habit de la sainte reli-
gion, affirmant que les nourritures consacrées par la main
du saint combattaient les exécrables nourritures qu'il avait
prises en butin, et que ce combat le forçait misérablement à
une fin tout à fait digne de sa folie. Chose admirable !
Aussitôt l'habit revêtu, sur l'heure l'intolérable douleur le

---

l'évêque Amiel (CSV 768) ; enfin, les chartes inédites attestent plusieurs
autres confirmations et / ou nouvelles donations dans la seconde moitié
du XIe siècle (voir E. MAGNANI SOARES-CHRISTEN, *Monastères et aristocratie*, p. 219-220).

Habitu sumpto, statim eadem hora intolerabilis dolor ille
recessit. Uerumtamen toto pęne anno donec plane
domesticus esset, elanguit. Ex quo notum satis factum
est pro salute animę persecutoris sui sanctum orasse
hancque ei uindictam paulo ante minatum fuisse.

XV. Alio tempore ad eamdem Petram Castellanam
cuius nunc memini pergebat, cumque adhuc longior
restaret uia et, clauso iam die, per loca aspera et ignota,
nimbis quoque iter arcentibus, | ulterius tendere consilii   13v
non esset, in castello Baremma quod iuxta erat quęri hospitium iussit. Sed barbaris hominibus cunctis hospitium
negantibus, in quoddam uastum horreum quod in fine
uillę erat, prout res tunc dictabat, se habiturus concessit.
Itaque neque precibus neque precio ullam humanitatem
in eodem castello expertus est, pręter in una paupercula
uidua quę de ouis suis, an etiam de pane nescio, secundum quod potuit, attulit ei benedictionem. In crastino
autem cum ob tantam inhumanitatem uir reuerendus
Amelius Senetiensis episcopus castellum illud – nam ad
eius diocesim pertinebat – excommunicare uellet, multum in excusationem illorum hominum laborans sanctus
uir ne id fieret intercessit. Sed non multo post ultio
diuina secuta est. Ita nanque castellum illud paulopost
igne uastante consumptum est, ut neque unde unus homo

---

74. Allusion à Ep 2, 19 : « sed estis ciues sanctorum et domestici Dei. »

75. La prise d'habit ne suffit pas pour obtenir la guérison totale ; il faut
la profession, prononcée à l'issue d'une année probatoire de noviciat, qui fait
du converti un moine à plein titre, voir note complémentaire IV, p. 126-131.

76. Nous avons adopté systématiquement la traduction « château »
pour le terme *castrum* et son diminutif *castellum*. Dans la grande majorité
des cas, il s'agit d'une agglomération humaine, éventuellement fortifiée ou
située sur une hauteur (comme à Bouc, où la voie publique passe *sub castello*), et son territoire. Sur cette terminologie dans le grand cartulaire de
Saint-Victor, voir *Le village de Provence au bas Moyen Âge*, Aix-en-
Provence, 1987, en part. p. 5-8 et, au regard des données archéologiques,
Y. Codou, « Le paysage religieux et l'habitat rural », cité *supra* p. 37 n. 72.

quitta. Néanmoins, pendant presque toute une année, jusqu'à ce qu'il devînt un véritable serviteur de Dieu[74], il resta malade[75]. Cela nous montre bien que le saint avait prié pour le salut de l'âme de son persécuteur après l'avoir menacé de cette vengeance un peu avant.

XV. Une autre fois qu'il se rendait encore à Castellane, que je viens tout juste d'évoquer, et puisque le chemin était encore assez long, qu'il faisait déjà nuit et qu'il n'était pas conseillé de poursuivre plus avant par des lieux escarpés et inconnus, d'autant que les pluies coupaient la route, il fit demander l'hospitalité dans le château[76] de Barrème[77], qui était proche. Comme tous les habitants, des barbares, lui refusaient l'hospitalité, il dut se retirer, compte tenu des circonstances du moment, dans un vaste grenier qui se trouvait aux limites du village. Ainsi ni les prières, ni l'argent ne lui permirent de bénéficier de la moindre humanité dans ce château, excepté de la part d'une pauvre veuve, qui lui apporta la bénédiction de quelques œufs qu'elle avait, et peut-être aussi du pain, je ne sais, selon ce qu'elle pouvait[78]. Mais le lendemain, alors qu'à cause de tant d'inhumanité le vénérable Amiel, évêque de Senez[79], voulait excommunier ledit château (qui, en effet, appartenait à son diocèse), le saint homme se donna beaucoup de peine pour excuser ces hommes et intercéda afin qu'il ne le fît pas. Mais la vengeance divine ne se fit pas attendre. En effet, ce château fut peu après consumé par un feu ravageur, de telle sorte qu'à la suite de l'incendie, il ne semblait même plus subsister de quoi nourrir un seul homme. Afin de montrer

---

77. Barrème, Alpes-de-H[te]-Provence, ar. Digne, ch.-l. de c.

78. Ce passage est une reprise de Lc 21, 1-4 : « Levant les yeux, il vit les riches qui mettaient leurs offrandes dans le Trésor. Il vit aussi une veuve indigente (*uiduam pauperculam*) qui y mettait deux piécettes, et il dit : "Vraiment, je vous le dis, cette veuve qui est pauvre a mis plus qu'eux tous. Car tous ceux-là ont mis leur superflu dans les offrandes, mais elle, de son dénuement, a mis tout ce qu'elle avait pour vivre". »

79. Amiel de Castellane, évêque de Senez (avant 1021-1043).

cibari posset superesse incendio uideretur. Quod ut se ob uindictam serui sui Dominus fecisse monstraret, domum tantum uiduę quę eum uisitauerat et horreum in quo manserat penitus illesa seruauit.

XVI. Hoc dum fratribus recitarem, unus ex ipsis, Petrus nomine, | uir in monasterio auctoritatis magne per omnia : « Me teste, inquit, in Castro Morario itidem miraculum hoc ordine contigit. Arelate ueniebamus, iamque incipientibus nocturnis tenebris, memorati castri dominum qui Carbonellus, si bene memini, dicebatur adiuimus, domum tantum hospicii domno abbati et his qui secum erant flagitantes, nam cętera omnia necessaria nobis affluenter diximus habundare. Is, exquisitis pro tempore utens ambagibus, in nullo se nobis ualiturum respondit, hunc et cęteri oppidani indifferenter imitati sunt. Repudiatos tandem ab aliis homuncio quidam pauper in perangustissimo tugurio nos excepit. Quid amplius demorer ? Illac denuo paulo post transiens, omnes eiusdem oppidi domos, excepto hospitiolo nostro, non parum

14r

---

80. Il s'agit peut-être du moine Pierre cité dans sept actes des années 1050-1060. Il jouait un rôle important dans la gestion du patrimoine de l'abbaye et est une fois désigné comme camérier. Une charte le montre en rapport avec le lignage des Carbonelle, présentés comme seigneurs du château de Mouriès dans ce chapitre : CSV 191 (non daté), *frater Petrus monachus siue camerarius* conclut un accord avec Nivio et Hugo frères de feu Geoffroy Carbonellus, lesquels lui abandonnent l'héritage de leur frère s'ils meurent sans enfant. Il opère dans différentes dépendances de Saint-Victor : CSV 298, en 1050, le moine Pierre, chargé de la dépendance de Saint-Maximin (Var., ar. Toulon, ch.-lieu de c.), fait l'acquisition de terres contre un cheval ; CSV 264 et 265, en 1055, pour l'obédience de Saint-Hippolyte de Venelles (Bouches-du-Rhône, ar., c. d'Aix), il remet à deux reprises un cheval à des laïcs en échange de terres ; CSV 424, en 1050, à Montjustin (Alpes de Hte-Provence, c. Forcalquier), avec un autre moine de Marseille, il procède à un échange avec un seigneur de Montjustin ; dans le même lieu, à Montjustin, CSV 413, il reçoit une donation en compagnie de l'abbé Pierre (1048-1060) ; enfin, CSV 409, à Montjustin, en compagnie de l'abbé Durand (1060-1064), il reçoit une donation-vente par l'intermédiaire de ses deux caméricrs.

qu'il avait accompli cela pour venger son serviteur, le Seigneur ne préserva totalement intacts que la maison de la veuve qui lui avait rendu visite et le grenier dans lequel il avait demeuré.

XVI. Tandis que je racontais cela aux frères, l'un d'eux, du nom de Pierre[80], homme de grande autorité en toutes choses dans le monastère, dit : « Moi aussi j'ai été témoin à Mouriès[81] d'un miracle semblable qui survint de la manière suivante. Nous arrivions d'Arles, et déjà la nuit commençait à tomber. Nous nous adressâmes au seigneur dudit château, qui s'appelait, si je me souviens bien, Carbonellus[82], demandant simplement une maison pour accueillir le seigneur abbé et ceux qui étaient avec lui, car – lui avons-nous déclaré – nous étions pourvus en abondance de toutes les autres choses nécessaires. Lui, utilisant alors des détours de langage adaptés à la situation, répondit qu'il ne pouvait rien pour nous, et tous les villageois sans exception l'imitèrent. Alors que nous avions été repoussés par les autres, finalement un pauvre petit homme nous recueillit dans une cabane extrêmement exiguë[83]. Pourquoi m'attarder plus longtemps ? En repassant par là peu après, je vis moi-même, à mon grand étonnement, toutes les maisons de ce

81. *Castro Morario*. Mouriès, Bouches-du-Rhône, ar. Arles, c. Eyguières ; diocèse d'Arles. Cf. CSV 159, 1073 : donation / vente de terres et marais à assécher par un large groupe d'hommes d'Arles *in ciuitatem Arelatensi, in territorio de Moreriis*. *Cella* dans le privilège pontifical de 1079 (CSV 843). Mouriès passe ensuite aux mains de l'archevêque et de l'abbaye de Montmajour.

82. *Carbonellus*. Nom d'un lignage des environs de Tarascon. Cf. CSV 182, datée de 1052, où Pierre, Geoffroy et Hugo Carbonellus, fils de Nivio, donnent la moitié de la condamine qu'ils ont près d'Avignon ; CSV 181 non datée, où Geoffroy Carbonellus, fils de Nivio, donne toute sa part d'héritage dans la *uilla* de Loubière (Bouches-du-Rhône, ar. Arles, com. Tarascon, lieu-dit). Le moine Pierre veilla à ce que l'abbaye récupère les biens de Geoffroy Carbonellus à sa mort (CSV 191).

83. Voir Lucain V, 505-677, où le pauvre Amyclas reçoit dans sa cabane le grand César. Pour la transmission de cette histoire au Moyen Âge, cf. E. R. CURTIUS, *La Littérature européenne*, cité *supra* p. 16 n. 29, p. 74-75.

admiratus ipse in fauillas redactas uidi. Cumque nullę prorsus eorum quę hominibus erant utilia pręter nudam terram ex aliorum domibus reliquię superessent, hospes noster ex omnibus reculis suis nullam omnino in illo incendio deperisse gaudebat ». In hac igitur re et Domini nostri Ihesu similitudinem in Ysarno, et magni illius Petri in sua Petrus | iste admiratione recensuit : ita namque iste miratus est oppidum, in quo fructum caritatis magister suus frustra quęsierat, conflagrasse sicut magnus ille Petrus miratus est ficum, in qua Dominus Ihesus pridie fructum quęritans non inuenerat, aruisse.

14v

XVII. Tunc idem Petrus monachus addidit nobis etiam hęc : « Mulier quędam, uidua bene religiosa, domina Trancensis castri, ex consuetudine caritatis, unde sancto uiro proprie uestes fierent, telam quotannis ad monasterium deferebat. Quodam igitur tempore ad monasterium ex more properans, sub castello Bocco, ut uia publica fert, transibat. Rainoardus porro, ipsius castri dominus, pro eo quod pater suus, monachus apud nos factus, quasdam proprii iuris terras monasterio dederat,

---

84. Pour Mouriès (chap. XVI), Demandolx (chap. XXI) et Maireste (chap. XXIV), l'auteur utilise le terme *oppidum* en alternance avec *castrum* ou *castellum*. Dans les chapitres où les deux termes sont employés, l'usage d'*oppidum* semble renvoyer à ces lieux en tant qu'habitat (référence aux « maisons », par exemple, dans le chap. XVI) et en rapport avec ses habitants (*oppidani*, dans ce même chap.), tandis que *castrum* désigne plutôt le cadre de l'exercice du pouvoir (*dominus castri* dans les chap. XVI, XXI). Aussi avons-nous adopté pour *oppidum* la traduction de « village ».

85. Dans la ressemblance entre Isarn et Jésus-Christ, il convient de voir une allusion à Gn 1, 26 : *Faciamus hominem ad imaginem et similitudinem nostram* (« Faisons l'homme à notre image et à notre ressemblance »), un verset qui a donné lieu à des exégèses multiples. Une vie sainte, qui est imitation de Jésus-Christ, peut faire ressembler à Jésus-Christ. C'est ce qui se passe avec Isarn qui ressemble tellement au Christ que le miracle qui s'est produit semble en quelque sorte émaner de lui.

86. Cf. Mc 11, 12-14 et 20-21.

87. Trans, Bouches-du-Rhône, aujourd'hui Grand Saint-Jean, com. d'Aix.

village[84], excepté notre petit gîte, réduites en cendre. Alors qu'absolument rien de ce qui est utile aux hommes, excepté la terre nue, n'avait subsisté des autres maisons, notre hôte se réjouissait de ce qu'aucune de ses faibles ressources n'avait disparu dans l'incendie. » Aussi, à cette occasion, notre Pierre releva-t-il à la fois en Isarn une ressemblance avec Notre Seigneur Jésus-Christ et dans son propre émerveillement celui du grand Pierre[85]. Car il s'était étonné que ce village, où son maître avait en vain réclamé le fruit de la charité, fût consumé, comme le grand Pierre s'était étonné que le figuier, sur lequel le Seigneur Jésus avait recherché la veille un fruit qu'il n'avait pas trouvé, se desséchât[86].

XVII. Alors, ce même moine Pierre ajouta aussi pour nous ceci : « Une femme, veuve bien pieuse, dame du château de Trans[87], selon une habitude charitable, apportait chaque année de la toile au monastère, pour que les moines en fissent les habits personnels du saint homme. Un jour qu'à son habitude elle se dépêchait vers le monastère, elle passa au pied du château de Bouc[88], là où passe la voie publique. Or *Rainoardus*[89], le seigneur de ce château, du fait que son père, devenu moine chez nous, avait donné quel-

---

88. Bouc, Bouches-du-Rhône, ar. Aix, c. Gardanne ; diocèse d'Aix. Cf. CSV 250 à 255 : donations *in territorium castri quod uocant Bochum* (253, en 1027) ; *ad castrum nomine Bucco* (252, en 1028) ; donations *in territorio quod pertinet ad castrum nomine Boccum* pour la fondation d'une *cella* (CSV 250, 1030 : « in eodem loco, iuxta supradictam ualleam Seia, dono quemdam mocellum aptum officinis monasterialibus, quem monachi quę sierunt mihi, ad construendam cellam tantummodo, propter habundantiam aquę, ad ortos faciendos... ») ; *tercium de castello uel uilla que dicitur Buccus* (CSV 255 en 1034) ; *de territorio castri quod uocatur Buccus* (254 en 1046) etc. Voir aussi CSV 224, 1098 : confirmation à Saint-Victor des *ecclesie parrochiales de Bucco et de Caprario*.

89. Le seigneur de Bouc est appelé tantôt *Rainoardus*, tantôt *Rainaldus* dans les chartes de Saint-Victor. Cf. CSV 250 où les donateurs sont *Archimbertus*, sa femme *Maiamburga* et leur fils *Rainaldus* et CSV 255, *Carta Rainoardi de Bucco*, où le donateur est *Rainoardus*, fils d'*Archimbertus* et *Maiamburga* ; CSV 251 (sans date), où la veuve de *Rainoardus*, remariée, abandonne tous ses droits à Gréasque (à côté de Bouc) contre 12 sous. Voir E. MAGNANI SOARES-CHRISTEN, *Monastères et aristocratie*, p. 105.

impius in patrem bestiali rabie sepius in nostras iniurias
raptabatur. Is ergo cum satellitibus suis descendens
obuiam femine, cum nomen illa sancti Ysarni dicens, se
ad illum ire telam quam in prꜱentiarum gereret illi obla-
turam prꜱtenderet, ex hoc uehementius instigatus, equos
et omnia quꜱ ferebat uiolenter abripuit. Illa uero pedes
nihilominus ad | monasterium sancti uiri benedictionem   15r
petitura festinauit. Sed mira dispensatione omnipotentis
Dei, prius quam a monasterio illa recederet, raptores eos-
dem a malignis spiritibus crudelissime uexatos, ita ut
seipsos misere laniarent ; et quod dictu quoque horren-
dum est, propriis, ut aiunt, egestionibus fꜱdarentur, uinc-
tos ad pedes beati Ysarni cum illa omni rapina pertrahi
uidet. Tunc omnibus querelis, quibus aduersus monasterium tyrannus infremuerat, prorsus abolitis, orante uiro
Dei, perfectꜱ sanitati celerrime restituti sunt ».

XVIII. Tretis uilla est in qua uicarius quidam,
Redemptus nomine, proterui admodum spiritus domino
suo uicecomiti Massiliꜱ conuiuium paraturus, dextera

---

90. Selon Jean Cassien, l'abbé Moïse, pour avoir eu une parole un peu
dure en discutant avec Macaire, « fut livré à un démon si cruel qu'il portait à sa bouche des excréments (*egestiones*) humains » (*Collationes*, VII,
27 : SC 42, p. 270).

91. L'abbé Moïse est libéré du démon sur intervention de Macaire
qu'il avait offensé : « L'abbé Macaire s'étant mis aussitôt en prière, en
moins de temps qu'il n'en faut pour le dire, le malin esprit, par lui chassé,
se retira » (*ibidem*).

92. Trets, Bouches-du-Rhône, ar. Aix, ch.-l. c. ; diocèse d'Aix. Le Val
de Trets est constitué de terres fiscales allodialisées au profit de la famille
vicomtale de Marseille. Régulièrement, les vicomtes y ont fait des dons à
Saint-Victor, de telle sorte que ce territoire est devenu une zone de forte
association entre la famille vicomtale et le monastère, ainsi qu'en témoignent d'ailleurs à Trets même et dans ses environs (où la présence des
Victorins est attestée : CSV 113, 1008) la cession, en 1054, de l'église
Saint-Étienne (Arch. dép. Bouches-du-Rhône, 1 H 32/147), puis, en 1056,
celle de deux autres lieux de culte, l'église de la Trinité (CSV 112) et
l'église Sainte-Cécile (CSV 567). Dans ce territoire où les moines tiennent

ques terres qui lui appartenaient en propre au monastère, faisant preuve d'impiété envers son père, se laissait souvent entraîner à commettre des dommages à notre encontre avec une rage bestiale. Cet homme, dis-je, vint à descendre avec son escorte au-devant de la femme et comme celle-ci, prononçant le nom de saint Isarn, dit qu'elle se rendait auprès de lui pour lui donner la toile qu'elle portait en ce moment même, il fut fort énervé par ces paroles et lui arracha violemment ses chevaux et tout ce qu'elle transportait. Quant à elle, elle se hâta néanmoins à pied vers le monastère pour demander la bénédiction du saint homme. Mais, par une merveilleuse disposition de Dieu tout-puissant, avant même de quitter le monastère, elle voit ses voleurs très cruellement tourmentés par des esprits malins au point de se déchirer eux-mêmes – et, chose horrible à dire, ils s'étaient, à ce qu'il paraît, souillés de leurs propres déjections[90] –, enchaînés et traînés aux pieds du bienheureux Isarn avec tout leur butin. Tous les différends que le tyran avait entretenus avec le monastère furent alors totalement réglés et, à la suite de la prière de l'homme de Dieu[91], ils retrouvèrent très rapidement leur bonne santé. »

XVIII. Trets[92] est un domaine où un certain viguier, du nom de Redemptus, d'un esprit tout à fait impudent, devant préparer un festin pour son maître le vicomte de Marseille,

---

de plus en plus, dans les années 1050, à marquer leur présence, une certaine publicité est donnée aux consécrations d'églises contrôlées par les Victorins : M. LAUWERS, « Consécration d'églises, réforme et ecclésiologie monastique », p. 109. En 1079, la bulle pontificale de confirmation des principales possessions victorines recense quatre *cellae* dans le Val de Trets, dont une à Trets même : autant dire qu'il s'agissait d'un espace stratégique dans le rééquilibrage des pouvoirs à l'époque de la rédaction de la *Vita Isarni*, comme le montre bien le conflit entre les moines et le viguier *Redemptus*, voire plus tard encore, comme l'atteste la bulle de confirmation des possessions et droits victorins dans le Val de Trets par Alexandre III (CSV 846-847, 1173 et 1169). Voir E. MAGNANI SOARES-CHRISTEN, *Monastères et aristocratie*, p. 192, 197 ; F. MAZEL, *La noblesse et l'Église*, p. 56, 93 fig. 9, 95 ; Id., « L'invention d'une tradition », p. 345-346.

leuaque, quaqua poterat, hac occasione impias manus
ferens, de iure monasterii rustici unius uaccam rapuit. Qui
rusticus ad monasterium currens beati patris aures mise-
randis eiulatibus saciauit. Die uero altera, et ipse
Redemptus uicarius monasterium, ad sanctos martyres
oraturus intrauit. Cui facta, sed non perfecta oratione, tem-
plum egredienti coram sancto patre Ysarno qui pro rustico
in | tercessurus exierat, miser rusticus ad pedes prostratus   15v
est. Ille uero infelix, diabolico ut erat spiritu actus in
furiam nullaque sancti prępsentis reuerentia flexus, pede
rusticum sub mento feriens, supinauit. Sanctus autem uir,
nihil omnino locutus, totum caput obuolutus cucullo,
ęcclesiam protinus ingressus est. At infelix Redemptus,
ascenso uelociter equo, priusquam monasterii cimiterium
posset egredi, diuina animaduersione terribiliter in sacri-
lego pede percussus est. Cumque multa medicaminum
genera dolori adhibita nullo modo succurrerent, intolerabi-
les cruciatus ultra ferre non sustinens, die tandem tertio,
nullum alium qui sibi facere id uellet inueniens, propriis
manibus arrepto dolabro pedem impiissimum detruncauit.
Qua ex re omnipotens et benignissimus Dominus manifes-
tissime uerum esse declarauit quod seruis suis promiserat,
dicens : Qui uos tangit, tangit pupillam oculi mei, dum
pedem pessimum, qui pulsando rusticum sanctum uirum
in corde tetigerat, tanta districtione percussit.

   XVIIII. Sed hęc iam terribilia relinquamus et iocun-
demur | in prosperis. Natalis dominici solemnitas immi-   16r
nebat et mare nimiis agitatum procellis nullam omnino
piscaturę copiam relaxabat. At in ipsa uigilia uir quidam

---

93. Jeu de mots : pour dire « la prière faite », on attendrait la formule
oratione completa (qui est d'ailleurs utilisée au chap. x) ou encore *oratione
impleta, expleta*. En écrivant : *facta, sed non perfecta oratione*, l'auteur a
recours à une paronomase qui lui permet un effet de style, tout en ajoutant
à un constat temporel un jugement dépréciatif sur la prière concernée.

porta à cette occasion ses mains impies partout où il pouvait, à gauche comme à droite, et déroba la vache d'un paysan qui relevait du droit du monastère. Le paysan courut au monastère, où il fatigua les oreilles du bienheureux père de plaintes dignes de pitié. Or le lendemain, le viguier Redemptus entra aussi dans le monastère pour prier auprès des saints martyrs. Le malheureux paysan se jeta aux pieds de Redemptus qui, sa prière faite mais non parfaite[93], sortait de l'église et se retrouvait en présence du saint père Isarn, lui-même sorti pour intercéder en faveur du paysan. Mais l'infortuné Redemptus, poussé à la folie par un esprit diabolique, et nullement ému par la révérence due au saint qui était présent, frappa du pied le menton du paysan, en le renversant : le saint homme, sans proférer une seule parole, la tête complètement enveloppée dans son capuchon, entra aussitôt dans l'église. L'infortuné Redemptus, quant à lui, après avoir rapidement enfourché son cheval, vit son pied sacrilège frappé d'un châtiment divin avant même d'avoir pu sortir du cimetière du monastère. Et puisque tout ce qu'on put utiliser de remèdes contre sa douleur ne le secourait en aucune manière, et qu'il ne pouvait plus supporter ces souffrances intolérables, finalement le troisième jour, il saisit de ses propres mains une hache et, ne trouvant personne d'autre qui voulût le faire à sa place, trancha le pied très impie. C'est en frappant avec une telle sévérité ce pied très méchant qui, en frappant le paysan, avait touché le saint homme au cœur, que le Seigneur tout-puissant et très bienveillant montra très manifestement la vérité de ce qu'il avait promis à ses serviteurs en disant : *Celui qui vous touche touche à la pupille de mes yeux*[94].

XIX. Mais laissons à présent ces faits terribles et réjouissons-nous de choses heureuses. La fête de la Nativité du Seigneur approchait, et la mer très agitée par les bourrasques n'offrait absolument aucune pêche. Mais, la veille même de

---

94. Za 2, 8 : « qui enim tetigerit uos tangit pupillam oculi eius. »

ob patris anniuersarium, ipso die a fratribus celebratum, magnorum piscium, quos usquequaque collegerat copiosam multitudinem, contra quam in ea temporum facie sperari poterat, aduehens, ęchonomorum animos non mediocriter sustulit. Deliberatum continuo atque sancitum est ut, tanquam uere a Domino missa benedictio, ob honorem summę festiuitatis in diem crastinum seruaretur. Tum Martinus quidam ex obędientia quam regebat gratia festiuitatis adueniens, casu uidens pisces, auditoque decreto, urbane quidem, sed tamen plusculo, quam nominis huius uirum decuerat – nam longe ab illo summo Martino hęc, ut arbitror, Martini huius distabat oratio – causam uentris agendam suscepit : « Heu, inquit, tantus hodie conuentus aduenientium fratrum, itineris labore simul et hiemis insolentia fessus, apposita insuper tot tantorumque piscium temptatione, contra morem huius domus caritatiua refectione fraudabitur ! Quę ra | tio festiuitatis gratia seruari pisces, cum labor uię et   16v
inedia gratiam festiuitatis excludant ? » Hęc uir sanctus audiens et clementi affectu compassionis uotum perorantis exaudiens, accitis ęchonomis, omnes pisces protinus coqui iubet. Illis contra nitentibus, non debere asserit nimis sollicitos esse de crastino, pręsertim in natiuitate illius qui docuerit de crastino non cogitandum. Expensis

---

95. Un moine Martin est cité dans trois chartes du cartulaire de Saint-Victor, entre 1034 et 1060. CSV 430, en 1034, *Carta de Valle Clusa* (Vaucluse, c. Isle-sur-la-Sorgue, com. Vaucluse) : « Martinus, indignus monachus, scripsit, domno abbate iussus » (Isarn aux mains duquel est remis *totam parochiam de ipso castro uel uillam*) ; CSV 312, en 1055, *Carta de Cucurone* (Vaucluse, ar. Apt, c. Cadenet) : « ecclesiam in comitatu Aquensi, in territorio Cucuronis, quam Martinus, sancti Victoris cenobii monachus, consecrare deposcit » *;* CSV 689, en 1059, *Carta de Mirabello* (Vaucluse, ar. Apt, c. Gordes, com. Murs) : « in manu Martini monachi dedimus. »

96. Sur le réseau des prieurés de Saint-Victor, voir la note complémentaire III, p.116-125.

Noël, un homme soulagea beaucoup les soucis des économes en apportant pour l'anniversaire de son père, célébré ce
jour-là par les frères, un très grand nombre de gros poissons
qu'il avait ramassés un peu partout, contrairement à ce que
l'aspect du temps laissait espérer. On délibéra aussitôt et,
telle une véritable bénédiction envoyée par le Seigneur, on
décida de les garder pour le lendemain, en honneur de la
grande fête. Alors un certain Martin[95], venant, pour la fête,
d'un prieuré qu'il dirigeait[96], vit par hasard les poissons.
Après avoir pris connaissance de la décision, il se mit à plai-
der la cause du ventre, certes poliment mais tout de même
avec un peu plus d'aplomb que ce qui aurait convenu à un
homme de son nom, car le propos de ce Martin, à ce que je
crois, l'éloignait beaucoup du grand Martin[97]. « Hélas, dit-il,
un si grand rassemblement de frères arrivés aujourd'hui,
éprouvés par la fatigue du chemin ainsi que par la rigueur de
l'hiver, soumis en outre à la tentation par de si nombreux et
si gros poissons, sera privé, contre la tradition de cette maison, d'un repas charitable[98] ! Est-il bien raisonnable de garder les poissons pour la fête, alors que la fatigue de la route
et la privation de nourriture effacent l'agrément de la fête ? »
Après avoir entendu cela, le saint homme, exauçant avec une
affectueuse et clémente compassion le vœu de celui qui en
avait fait la demande, convoque les économes et leur
demande de faire cuisiner aussitôt tous les poissons. Comme
ces derniers s'y opposent, il affirme qu'ils ne doivent pas
trop se préoccuper du lendemain, surtout lors de la Nativité

---

97. Tout ce récit s'inspire et se démarque à la fois de récits de miracles concernant saint Martin, mais également saint Cuthbert et Odilon de
Cluny : voir la note complémentaire V, p. 131-144.

98. Façon plaisante de montrer comment le devoir d'hospitalité met
provisoirement un terme à l'austérité. Voir l'exemple d'un ancien qui
reçoit Jean Cassien, dans les *Institutions cénobitiques*, v, 25 : « L'un des
anciens, alors qu'il m'exhortait pendant le repas à manger encore un peu
plus et que je lui disais ne plus le pouvoir, me répondit : pour moi, j'ai déjà
dressé six fois la table pour divers frères qui arrivaient (*aduenientaculibus
fratribus*) et j'ai encore faim ; et toi, qui manges maintenant pour la première fois, tu dis que tu ne peux plus » (SC 109, p. 235).

igitur piscibus ob amorem istius pusillanimis Martini,
magnanimi illius Martini uir sanctus exempla prosequi-
tur. Unum e fratribus piscandi gnarum, huius cognomine,
multis precibus obsecratum ad mare mittit ut quaquauer-
sum littora inspiciat, sicubi forte quocumque modo uel
ad modicum intrare possit exploret. Non defuturum cle-
mentissimum Ihesum omniaque de largitate eius sperare
docet. Tunc frater Martinus, benedictione patris armatus,
uespertinas laudes celebrantibus aliis, ipse, quantum ad
se pro obędientia ilico moriturus ac pro fratribus animam
positurus, ascenso carabo, furibundum mare uix duobus
sociis comitatus inuadit. Finita uero sinaxi, pater Ysarnus
more suo secretum petit pro salute fi | lii periculo expo-
siti et aliorum refectione totis pręcordiis cum multa effu-
sione lacrimarum benignitatem Saluatoris implorat. Mox
igitur fratri Martino in ipso introitu a summa Trinitate
missi permaximi tres delfini occurrunt. Ille, tanquam
unum Dominum in Trinitate colens, unum tridenti ferro
mira fiducia percutit unoque ictu fauces ei penitus dese-
cat. Miroque modo, qui multas naues retibus ualidissi-
mis inuolutus et ad mortem percussus facile dissipat,
eum Martinus piscem absque retibus captum paruo iniec-
tum carabo, sui pęne oblitus, ad terram portat. Quo in
facto beatum patrem Ysarnum magno Martino ualde

17r

---

99. Cf. Mt 6, 34 : « Nolite ergo solliciti esse in crastinum. » Dans la
conférence XVII, 21 (SC 42, p. 270), Jean Cassien et son ami Germain ont
un comportement sensiblement différent puisqu'ils remettent au lendemain
leur modeste repas quotidien (*refectionem procrastinare disponentibus*).

100. Cf. Jn 15, 13 et 1 Jn 3, 16.

101. Selon un règlement, tardif par rapport à notre texte (1230), en
faveur de l'abbaye de Saint-Victor, les gros poissons pêchés, dauphins et
alias beluas marinas, doivent être remis au monastère, quels que soient le
lieu et le moment de la prise (CSV 917). En 1089, le pape Urbain II avait
confirmé les droits de l'abbaye sur le port et les pêcheries de Marseille
(CSV 839). Voir Georges JEHEL, « Les implantations monastiques sur le littoral méditerranéen (Ligurie, Provence, Languedoc) et leurs relations avec

de celui qui a enseigné qu'il ne fallait pas penser au lende-main[99]. Quand on eut consommé les poissons pour l'amour de ce Martin pusillanime, le saint homme suivit donc l'exemple du magnanime Martin. Il envoie en mer l'un des frères, expert en l'art de la pêche, qui s'appelle aussi Martin, après l'avoir instamment prié d'inspecter le littoral de tous côtés pour voir s'il est possible d'une façon ou d'une autre d'aller ne fût-ce qu'un peu en mer. Il lui enseigne que le très clément Jésus ne lui fera pas défaut et qu'il faut espérer tout de sa largesse. Alors, pendant que les autres célèbrent les vêpres, le frère Martin, armé de la bénédiction du père, prêt pour sa part à mourir sur-le-champ par obéissance et à don-ner sa vie pour les frères[100], accompagné seulement de deux compagnons, monte dans la barque, et affronte la mer furieuse. Une fois l'office terminé, le père Isarn se retire, selon son habitude, et implore de tout son cœur, en répan-dant beaucoup de larmes, la bonté du Sauveur pour le salut de son fils exposé au péril et pour la restauration des autres. À peine est-il entré en mer que trois immenses dauphins, envoyés par la très haute Trinité, vont à la rencontre du frère Martin[101]. Celui-ci, comme quelqu'un qui honore un seul Dieu en la Trinité, frappe, avec une admirable confiance, un seul d'entre eux avec un fer à trois dents, et d'un seul coup lui tranche entièrement la tête. De manière étonnante, Martin, une fois capturé sans filets ce poisson qui, lorsqu'il est emprisonné dans des filets très solides et frappé à mort, détruit facilement plusieurs bateaux, le jette sur sa petite bar-que et le porte à terre, avec une quasi indifférence à son pro-pre sort. À propos de cette histoire, je pourrais dire que le bienheureux père Isarn fut très semblable au grand Martin, sauf que le dauphin de ce Martin dépassa le brochet non seu-lement par sa taille, mais aussi par sa très utile significa-tion[102]. En effet, le poisson de Martin fut pris à l'usage du

---

la mer à travers quelques exemples », *Histoire médiévale et archéologie*, 16 (= *Les religieux et la mer*), 2004, p. 193-208.

102. Voir la note complémentaire V, p. 131-144.

similem dixerim, nisi quia delfinus istius Martini eso-
chem non solum corpulentia, sed et significantia ualde
utili superauit. Martini enim piscis ad solius Martini
usum, in aquis dulcibus, simpliciter aut non tanta signifi-
cans, retibus captus est. At uero delfinus noster ex tribus
communiter occurentibus ferro tridenti, mari commoto, a
tribus uiris in uespera Natiuitatem dominicam pręcur-
rente, ob refectionem fratrum communem, sine retibus
unus percus | sus et captus, illum satis apte significat,   17v
qui, tota quidem cooperante Trinitate, ipse tamen solus
in mundi uespera, tanquam a tribus uiris, a tota uidelicet Trinitate, tridenti quoque ferro, tanquam ex una triplicis peccati nostri sententia, nullis peccatorum funi-
culis irretitus, seculo seuiente percussus, ut nos in illo
renasceremur et illius corpore omnes, quotquot sumus
in una ęcclesia fratres, reficeremur, occubuit. Ita beati
uiri miranda piscatio et pręsentis fuit erumnę blanda
consolatio, et ad ęternas delicias solida et mera et uisibi-
lis quodammodo prędicatio. Et illos tunc pręsentes semel
refecit edulio corporis, et quotiens recitabitur recreabit
posteros alimonia mentis.

XX. Quędam monasterii possessio Marignana dicitur,
in qua uir Dei receptus hospitio ad introitum ęcclesię in

---

103. L'auteur expose ici, d'une manière plaisante (nous sommes dans
le registre de la *iucunditas*) et inattendue, le mystère de la sainte Trinité. Il
s'agit de montrer que « trinité » et « unité » sont compatibles. Les trois
dauphins constituent un troupeau unique, mais un seul d'entre eux meurt ;
le trident, un fer à trois dents, constitue un seul instrument, mais avec trois
composantes ; les trois hommes sont ceux de l'apparition de Mambré, qui
symbolisent traditionnellement la Trinité : « Ayant levé les yeux, voilà
qu'il (Abraham) vit trois hommes qui se tenaient debout près de lui »
(Gn 18, 2) ; le péché originel commis par Adam est certes unique, mais il
est triple parce qu'il met en scène trois personnages : le serpent, la femme
et l'homme (Gn 3). Le prononcé du jugement unique (*una… sententia*)
concernant notre triple péché (*triplicis peccati nostri*) est décrit dans Gn 3,
14-19. Le rapport de la triple malédiction qui y est évoquée avec la Passion

seul Martin, en eau douce, dans des filets, d'une façon simple ou moins riche en signification. Au contraire, notre dauphin, l'un des trois qui sont arrivés ensemble, fut frappé seul
et capturé sans filet à l'aide d'un fer à trois dents, dans la mer
déchaînée, par trois hommes, le soir précédant la Nativité du
Seigneur, pour le repas commun des frères. Il symbolise de
manière tout à fait appropriée celui qui, coopérant certes
avec l'ensemble de la Trinité, mais, seul au soir du monde,
mourut comme frappé par trois hommes, c'est-à-dire par la
Trinité tout entière, et aussi par un fer à trois dents, c'est-à-
dire par la sentence unique de notre triple péché[103], sans
avoir été pris dans les filets des pêcheurs, dans le déchaîne-
ment de la cruauté du monde, celui donc qui mourut afin de
nous faire renaître en lui[104] et de nous restaurer dans son
corps, tous autant que nous sommes, frères dans une seule
Église. Ainsi la pêche miraculeuse[105] du bienheureux homme
fut une douce consolation pour les peines présentes, et une
annonce ferme, pure et en quelque sorte visible des délices
éternelles. Une seule fois elle restaura par une nourriture
charnelle ceux qui étaient alors présents, mais chaque fois
qu'elle sera racontée, elle réconfortera la postérité par une
nourriture spirituelle.

XX. Une des possessions du monastère s'appelle
Marignane[106]. L'homme de Dieu y avait reçu l'hospitalité ;

---

du Christ n'est pas évident ; ce n'est pas en vertu, mais à la suite de ce
jugement que, selon l'interprétation paulinienne, aura lieu la mort du
Christ et la rédemption.

104. Cf. 1 P 1, 23 et Jn 3, 3.

105. Cf. Jn 21, 4-13 (*miranda piscatio*).

106. Marignane, Bouches-du-Rhône, ar. Istres, c. Martigues, com.
Saint-Victoret ; diocèse d'Arles. Église Saint-Victor (cf. CSV 214, 1018),
cella, aujourd'hui sur le territoire de la commune de Saint-Victoret à côté
de Marignane. Cf. CSV 208, en 1022, *in territorio Marignane* : restitution
de l'église Saint-Hermès et de ses biens relevant de Saint-Pierre ; CSV
209, en 1029, *quartam partem uille Marignane* ; CSV 210 ; CSV 211, en
1045, *in castro uel uilla quę nuncupant Marignana* ; CSV 213, en 1045,
in ualle Marignana ; CSV 219, en 1031 : « Ego Pontius, gratia Dei,
Arelatensis archiepiscopus, omnibus nostrę prouidentię subiectis notum
fieri volo, quod, quadam die, abbas monasterii sancti Victoris, Isarnus

contiguo diuersorio dormiebat. Erat autem nox in diem dominicam terminanda, ob cuius noctis reuerentiam simul et beati martiris Victoris, in cuius honore eadem ęcclesia sacrata erat, multa tunc ex more circummanentium manus cum suis luminaribus excubabat. | Clericus ergo ad cuius eadem ęcclesia curam pertinebat sumptam unius feminę tunc forte absentis candelam ad caput uiri Dei tota nocte cremandam fixit. Quod cum mulier deforis reuersa a conuigilantibus didicisset, animositate feminea exardescens : « Sancto, ait, Uictori, non abbati cuilibet, candelam paraui », citatoque gradu diuersorium in quo uir Dei quiescebat absque ulla reuerentia ingressa candelam rapuit, eoque impulsu extinctam, frustra per omnia ęcclesię luminaria cursitans, illuminare nequiuit. Tunc omnes qui aderant, magna admiratione permoti, miseram mulierculam grandi fremitu et multimodis increpationibus terrent, eam non posse uiuere diuinitus asserentes quę sanctum Dei tam stulte, tam impudenter iniuriare pręsumpserit. At illa infelix, accepto tandem ab eisdem consilio, ad ipsum locum unde stulte asportauerat candelam, solo satis punita metu, tremula reportauit. Quo facto nutu diuino ita candela eadem, uidentibus cunctis, ardere mox cepit acsi minime extincta fuisset. In quo duplici miraculo admirandum circa hunc uirum Dei omnipotentis fauorem merito prędicarim, qui | glorioso martiri suo deuotum lumen huic tam euidenter maluit deseruire.

18r

18v

---

nomine, cum suis monachis, in uilla quę uocatur Mariniana, adiit serenitatem culminis nostri, deposcens gratiam nostrę sublimitatis, ut in cibos seruorum Dei, suorum scilicet monachorum, concedere sibi deberemus aliquam partem in captura piscium, quę pertinet ad nostram diocesim, de ipso ponte qui est situs inter stagnum et mare. Quod nos ut audiuimus, peticioni eius libenter annuimus, ut eorum orationibus participemus aliquatenus... » ; CSV 455, en 1031, *in obędientia sancti Uictoris quę est iuxtam uillam Marignanę.*

il dormait à côté de l'entrée de l'église dans le logis contigu des hôtes. C'était la nuit du samedi au dimanche, et, par respect pour cette nuit et pour le bienheureux martyr Victor en l'honneur duquel cette église était consacrée, une grande foule d'habitants des alentours veillait comme d'habitude avec ses luminaires. Or, le clerc qui desservait cette église plaça au chevet de l'homme de Dieu un cierge susceptible de brûler toute la nuit, qu'il avait pris à une femme qui s'était justement absentée. Lorsque la femme, revenue de l'extérieur, l'eut appris de ceux qui veillaient ensemble, elle dit, s'enflammant d'une agressivité toute féminine : « J'ai apporté le cierge pour saint Victor, non pas pour un quelconque abbé » ; et d'un pas rapide, elle entra sans aucun respect dans le logis où se reposait l'homme de Dieu, s'empara violemment du cierge, qui s'éteignit sous le choc et que, courant en vain d'un luminaire de l'église à l'autre, elle ne put rallumer. Alors tous ceux qui sont présents, frappés d'une grande stupéfaction, terrifient la pauvre bonne femme en poussant de grands cris et en lui lançant des invectives de toutes sortes ; ils affirment sous l'inspiration divine qu'elle ne pourra continuer de vivre parce qu'elle a osé si stupidement, si impudemment injurier le saint de Dieu. Cette malheureuse, après avoir enfin écouté leurs conseils, rapporta, tremblante, le cierge à l'endroit même d'où elle l'avait stupidement enlevé : la peur, à elle seule, l'avait suffisamment punie. À la suite de cela, le même cierge, par ordre divin, à la vue de tous, commença aussitôt à brûler comme s'il ne s'était jamais éteint. À propos de ce double miracle, c'est à bon droit que je proclamerais qu'il faut admirer la faveur du Dieu tout-puissant envers cet homme, à qui il a si manifestement préféré destiner le luminaire dédié à son glorieux martyr.

XXI. Castellum, quod de Mandolis dicitur, diuina animaduersio multis annis continuis crebro fulgure miserabiliter punierat. Unde factum est ut eius habitatores nimium territi, cęlesti plaga seuiente, diuinum medicum implorare cogerentur. Isnardus ergo, castelli dominus, multis supplicationibus sanctum uirum adorsus est ut uel aquę quam ipse sacrasset uti remedio mereretur. Quod dum ille, multas excusationes suo more prętendens, omnimodis recusaret, uix tandem fratrum qui secum erant, ineuitabili importunitate uiolenter quodammodo ab eo extortum est respersumque ex eadem aqua oppidum usque hodie ab omni fulgurum percussione, Domino miserante, saluatum est.

XXII. Apud Massiliam femina quędam, ab annis septem cęca, frequenter sanctos martyres ut sui misererentur orabat, sed sancti martyres familiari suo Ysarno miraculi gloriam concedere maluerunt. Audiuit etenim in somnis mulier uocem dicentem sibi ut ad monasterium tenderet, aqua, un | de pater Ysarnus manus suas lauisset, oculos superfunderet, lumen continuo receptura. Tunc illa lętabunda ad monasterium properans, quibus potuit loqui fratribus uisionem refert. Qui feminę compassi studiose obseruant patrem ut aliquod manuum eius lauacrum furarentur. At ille rem iam per spiritum forsitan edoctus, mox ut lauisset aquam qua erat lotus fundebat in terram. Uerumtamen tandem diligentissimi obseruatores, pio furto potiti, mulieri desideratam aquam tribuunt : illa exinde oculos superfundens, uisum se ilico plene recepisse gauisa est.

---

107. Demandolx, Alpes-de-Hᵗᵉ-Provence, ar. et c. Castellane.
108. *Ysnardu*s. Il est très difficile d'identifier ce personnage au nom très commun. Il s'agit peut-être ici d'un personnage apparenté au lignage des Moustiers ou à la famille de Riez dont on voit plusieurs représentants de ce

XXI. Le châtiment divin avait puni par la foudre de façon pitoyable le château qu'on appelle Demandolx[107], à diverses reprises et plusieurs années de suite. Il s'ensuivit que ses habitants, complètement terrifiés tandis que sévissait la punition du ciel, se réunirent pour implorer le divin médecin. Isnard[108], le seigneur du château, assaillit alors le saint homme de multiples suppliques pour obtenir d'utiliser comme remède ne fût-ce que l'eau qu'il avait lui-même consacrée. Mais Isarn refusait absolument en avançant selon son habitude mille excuses. En fin de compte, cela lui fut arraché de force sous la pression irrésistible des frères qui l'entouraient. Le village aspergé de cette eau fut ainsi préservé de tout coup de foudre jusqu'à aujourd'hui, par la miséricorde du Seigneur.

XXII. À Marseille, une femme, aveugle depuis sept ans, priait fréquemment les saints martyrs d'avoir pitié d'elle[109]. Mais les saints martyrs préférèrent concéder la gloire du miracle à leur familier Isarn. En effet, la femme entendit en songe une voix lui enjoignant d'aller au monastère, de verser sur ses yeux l'eau avec laquelle le père Isarn s'était lavé les mains, afin de retrouver aussitôt la vue. Alors, se hâtant toute joyeuse vers le monastère, elle rapporte sa vision aux frères auxquels elle a l'occasion de parler. Pris de compassion pour la femme, ceux-ci guettent attentivement le père, afin de voler un peu de l'eau avec laquelle il se lavait les mains. Mais lui, peut-être déjà instruit en esprit, aussitôt lavé répandait l'eau par terre. Bref, pour finir, des observateurs très attentifs, après s'être emparés de leur pieux larcin, donnent à la femme l'eau désirée. Celle-ci se la versa ensuite sur les yeux et éprouva la joie d'avoir retrouvé toute sa vue sur-le-champ.

---

nom agir à l'époque d'Isarn autour du mont Cousson. Cf. E. MAGNANI SOARES-CHRISTEN, *Monastères et aristocratie*, p. 247-249.

109. Voir les guérisons d'aveugles dans Mt 9, 27-31 ; 20, 29-34. *Ut sui misererentur* : cf. Mt 9, 27 et 20, 30 : « Miserere nostri… miserere nostri. »

XXIII. In monte, quem Cursonem uocant, pater sanctus aliquando morabatur. Uir autem nobilis quidam ibi iuxta nimiis laterum cruciatibus acerbissime sępius torquebatur. Is simili furto aqua, unde manus sancti lotę fuerant, percepta latera tinxit atque ab omni dolore deinceps perfecte liberatus est.

XXIIII. Me uero ista coram fratribus memorante, Rainoardus quidam, magnę sanctitatis ęstimatione in monasterio uenerabilis, ea quę narraturus sum intulit dicens : « Ego apud ęc | clesiam sancti Mauricii iuxta Marestam oppidum cum domino Isnardo monacho tunc

19v

---

110. *Cursonis*. Mont Cousson, Alpes-de-Haute-Provence, com. d'Entragues, c. de Digne ; diocèse de Digne. Lieu de culte michaélique *in crepidine montis Cursonis*, abritant sans doute une ancienne fondation érémitique (« … quondam fundatę heremeticę uitę… ») liée à la famille des Riez qui y a une nécropole (cf. CSV 753), confié à Saint-Victor et transformé en *cella* sous l'abbatiat d'Isarn (cf. CSV 743 à 756). L'église est qualifiée de *cella* dès 1035 : « ad cellam quę est in monte Cursone in onore sancti Michaelis contructa » (CSV 747) ; une donation non datée (vers 1040) est faite dans le logis monastique, *in cella sancto Michael archangelo* (CSV 751). Voir Marie-Clotilde HUBERT, « La fondation de la cella de Saint-Michel de Cousson », *La Sauvegarde de l'art français*, 5, 1991, p. 111-116 ; E. MAGNANI SOARES-CHRISTEN, *Monastères et aristocratie*, p. 68, 214, 247-249.

111. *Rainoardus*, mentionné aussi au chap. XXV, est peut-être la même personne que le moine nommé Rainald aux chap. XXVI et XXVII. Un Rainald fait partie des cinq moines du prieuré de Saint-Zacharie (Var, ar. Brignoles, c. St-Maximin), mentionné dans une charte copiée du temps de l'abbé Bernard (CSV 102).

112. Ce personnage au nom très commun se distingue du précédent Isnard, seigneur du château de Demandolx, par son état monastique. La distinction dont le narrateur et témoin l'honore signale un moine âgé à l'époque de la rédaction de la *Vie* et vraisemblablement estimé. Le cartulaire de Saint-Victor conserve trois, voire quatre chartes qui pourraient se rapporter à un tel moine. D'abord une charte qui doit être datée entre 1040 et 1047 (CSV 604) par laquelle un *frater Isnardus monachus obediens preceptis Ysarni, sancti patris*, affirme avoir restauré l'église d'Aiguines (Var, ar. Draguignan, c. Aups) dont sont ensuite énumérés les dons reçus de laïcs *in die consecrationis*. Ensuite une charte datée du 1er juillet 1060 par laquelle Saint-Victor reçoit Saint-Martin de la Canourgue : cette charte est rédigée par un *Ysnardus indignus rogitatus monachus* qui souscrit en dessous du texte en lettres majuscules grecques

XXIII. Le saint père demeurait parfois sur le mont Cousson[110]. Il y avait à proximité un noble très souvent tourmenté de douleurs de poitrine, extrêmement vives. Après avoir, à la suite d'un larcin semblable, reçu de l'eau avec laquelle le saint s'était lavé les mains, il s'en aspergea la poitrine et fut ensuite parfaitement libéré de toute souffrance.

XXIV. Tandis que je rappelais ces faits en présence des frères, un certain *Rainoardus*[111], que sa réputation de grande sainteté rendait vénérable dans le monastère, rapporta ce que je vais raconter en ces termes : « Alors que j'étais tout juste adolescent, j'habitais avec un moine, le seigneur Isnard[112], près de l'église Saint-Maurice jouxtant le village de Maireste[113]. Tandis que nous parlions du bruit selon lequel le bienheureux Isarn était arrivé dans la région, le

---

(CSV 832). Enfin, une longue charte datée du 10 avril 1073 et rédigée par le prêtre Guillaume sous la dictée de *Isnardo non digne uocitato monacho*, par laquelle Saint-Victor obtient un lieu dit *Monasterium* dans le *castrum* de Bargemon que les moines de Saint-André d'Avignon avaient laissé tomber à l'abandon (CSV 532). Cette charte se caractérise, comme la précédente, par l'ampleur et le raffinement du préambule évoquant notamment l'antique grandeur de Saint-Victor et divers thèmes caractéristiques des discours de la réforme grégorienne, par le soin presque précieux apporté aux systèmes de datation et par le fait qu'elles sont données dans les lieux ouverts mais sacrés que constituent les cimetières du prieuré de Castellane pour la première et de Saint-Martin de la Canourgue pour la seconde. Si l'on considère que les moines Isnard de ces trois chartes (et éventuellement aussi d'une quatrième datable vers 1055 : CSV 427) sont un seul et unique personnage, il est possible de reconstruire le parcours d'un disciple de confiance de l'abbé Isarn dans les années 1040, qui – grâce à sa culture et à sa défense d'une idéologie de réforme – devint un acteur du développement du réseau et de la réforme en Provence dans les années 1060 et 1070, alors même qu'était mise en chantier la *Vita Isarni* où son apparition prendrait tout son sens. Cf. M. ZERNER, « Les rapports entre Saint-André et Saint-Victor de Marseille », en part. p. 202-204.

113. *Maresta*. Maireste, Alpes-de-H^te-Provence, ar. Digne, c. Moustiers, com. de la Palud-lès-Moustiers (ou La Palud-sur-Verdon) ; diocèse de Riez : église Saint-Maurice, *cella*. Cf. CSV 843, 844, 848, bulles de confirmation des biens de Saint-Victor : *cella Sancti Mauricii de Meiresca* (1079, 1113, 1135).

adolescentulus manebam. Cumque de beato Ysarno, quomodo in terras illas ferebatur aduenisse, colloqueremur, ecce nobis ipse pro foribus adest. Nos uero nullum apparatum receptui eius congruum habentes, perturbari uehementer cępimus atque anxiari. Mensa tamen apposita ad prandium, blande nos consolatus, assedit. Erat nobis tantulum uini, quod uix a tribus ad unam refectionem parcissime communicari posset, sed neque inueniendi plus in tota uicinia nostra ulla spes habebatur. Quid plura ? De benedictione patris confidentes, illud tantillum obtulimus. Ipse ego propinaui, et triginta ferme hominibus, nimium stupens, largissime habundare uidi. Sed quid stupendum si ille qui Christum imitabatur uiuendo eum etiam in miraculis poterat imitari, ut, sicut Christi potentia panes dum comedebantur multiplicauit, ita benedictio istius, cooperante Christo, uinum dum biberetur augeret, cum dicat ipse Dominus : Qui credit in me, opera quę ego facio, | et ipse faciet, et maiora horum faciet. »

20r

XXV. Tunc et istud quoque idem Rainoardus subiecit : « Habebamus uero puerum qui per totum fere annum grauissimis febribus afflictus acerbissime torquebatur, hunc aqua, unde sanctus pater manus lauerat, potauimus et ipsa hora, nobis non parum mirantibus, plene sanatus est. »

XXVI. Sed ad illa nunc memoranda transibo quę, supra nominato uenerabili uiro Rainaldo narrante, cognoui. « Multa, inquibat, de sancto patre Ysarno miranda referri

---

114. Cf. Lc 24, 36 : « Dum autem haec loquuntur, stetit Iesus in medio eorum. » Dans la *Vita* comme dans le récit évangélique, suit une scène de repas. En effet, Jésus se fait donner à manger pour démontrer qu'il n'est pas un esprit (Lc 24, 41).

115. Cf. Mt 14, 13-21.

116. Jn 14, 12 : « Qui credit in me, opera, quae ego facio, et ipse faciet, et majora horum faciet. »

voici là, devant nous, à la porte[114]. Mais comme nous n'avions rien de prêt qui fût convenable pour le recevoir, nous commençâmes à être sérieusement troublés et anxieux. Une fois la table dressée pour manger, il s'assit, après nous avoir réconfortés avec gentillesse. Il nous restait une quantité de vin tout juste suffisante pour se la partager à trois, au cours d'un seul repas, et encore de façon très sobre. En outre, il n'y avait aucun espoir d'en trouver davantage dans tout notre voisinage. Est-il besoin d'en dire plus ? Confiants dans la bénédiction du père, nous lui offrî-mes ce petit peu. Je servis moi-même le vin, et, à ma grande stupeur, je vis qu'il y en avait très grande abondance, pour environ trente hommes. Mais qu'y a-t-il d'étonnant à ce que celui qui imitait le Christ dans sa vie puisse aussi l'imiter dans ses miracles ? De même que la puissance du Christ multiplia les pains pendant qu'on les mangeait[115], de même la bénédiction d'Isarn, avec l'aide du Christ, augmenta la quantité de vin pendant qu'on le buvait ; comme le Seigneur le dit lui-même : *Qui croit en moi accomplira lui-même les œuvres que je fais moi-même, et en accomplira lui-même de plus grandes*[116]. »

XXV. Alors le même *Rainoardus*[117] ajouta aussi : « Nous avions un jeune garçon qui avait été affligé de très graves fièvres pendant presque toute une année et en souffrait très cruellement. Nous lui fîmes boire l'eau avec laquelle le saint père s'était lavé les mains, et, sur l'heure, il fut, à notre grand étonnement, entièrement guéri. »

XXVI. Mais je vais maintenant passer aux faits dignes d'être rappelés, que j'ai appris par le récit du vénérable Rainald nommé ci-dessus[118]. « On peut rapporter beaucoup

---

117. Mentionné au chap. XXIV.

118. *Rainaldus* pour *Rainoardus* ? Selon qu'il s'agit ou non de la même personne, l'expression *supra nominato* renvoie au chapitre précé-dent, XXV (dans ce cas, Rainald = *Rainoardus*), ou plus haut dans le récit, au chap. XIII (où se trouve mentionné un Rainald qui pourrait alors être distinct du *Rainoardus* des chap. XXIV et XXV).

possunt, sed ego sola illa narrabo quibus ipse interfui.
Pandulfus, ait, dicebatur quidam, tam potentia quam omni
fere malignitatis genere uicinos suos facile superans. Is in
domo sua in castello cui nunc ob ipsius piaculi euentum
Tortorio agnomen est – nam prius Sancti Domnini castrum
uocabatur – duorum clarissimorum iuuenum, solidos ab
ipso sperantium, iniuste fraudulento clandestinoque suspen-
dio gulas fregit, eorumque cadauera in uastissimam quan-
dam specum proiecta operuit. Sed non multo post, cum iam
impiissimum facinus | detectum fuisset a monachis qui   20v
apud Crosam Uillam morabantur, ad monasterium ipsum
humanitatis respectu delata atque humata sunt. Post aliquot
igitur dies matronę cuidam, non ualde longe ab eodem
monasterio manenti, in somnis apparentes: "Nosti, aiunt,
Ysarnum abbatem ?". Quem cum illa, sicut et ipsos quoque,
se numquam uidisse responderet : "Nos, inquiunt, sumus
iuuenes illi quos Pandulfus nuper impie suffocauit. Sed
obsecramus te, ut apud Ysarnum abbatem, tercia die hac
transiturum, pro nobis interuenias ut, qui in monasterio eius
caritatis interuentu sepulturam meruimus, unam ex eius ore

---

119. Il s'agit du seigneur de Salernes, dit *dominus Pandulfus nobilis
miles* dans les chartes de Cluny (CLU 2268), fidèle du comte de Provence,
qui disparaît de la documentation après 1023 ou 1027 (cf. J.-P. Poly, *La
Provence et la société féodale*, p. 180).

120. Tourtour, Var, ar. Draguignan, c. Salernes ; diocèse de Fréjus.
Saint-Victor y installa un prieuré : cf. CSV 778, liste des cens en blé dus
par les prieurés de Saint-Victor, xiie siècle, vi *modios, Prioratus de Tortor,
i modium*. L'auteur de la *Vita* lie étymologiquement Tourtour à *tortor*, le
« bourreau ».

121. Saint-Domnin : le nom est attesté dans le cartulaire de Saint-
Victor. Cf. CSV 488 : *territorium de uilla Sancti Domnini* (en 1012). La
confirmation des possessions de Saint-Victor par Innocent II (18 juin 1135)
mentionne un *monasterium… sancti Domini de Tortorio* (CSV 844), de
même que la bulle de Pascal II en 1113 (CSV 848). Le culte du saint titu-
laire demeure attesté au xive siècle à en croire un inventaire des reliques et
des biens de 1339-1340 mentionnant une *Vitam sancti Dompnini in parga-
meno* et une autre *Vita sancti Dompnini incipit* Post ascensionem *et finit*

de faits admirables au sujet du saint père Isarn, disait-il, mais moi, je ne raconterai que ceux auxquels j'ai assisté personnellement. Il y avait un certain Pandulf[119], affirmait-il, dont on disait qu'il surpassait facilement ses voisins, tant en puissance qu'en presque toute espèce de méchanceté. Dans sa maison, à l'intérieur du château auquel on a donné le nom de Tourtour[120] à cause de son forfait – le village, en effet, s'appelait auparavant Saint-Domnin[121] –, il étrangla par pendaison contrairement au droit, frauduleusement et secrètement, deux très nobles jeunes gens, qui lui réclamaient de l'argent[122], et fit dissimuler leurs cadavres en les jetant dans une très vaste caverne. Mais peu de temps après, quand ce crime sacrilège fut découvert par les moines qui demeuraient à Villecroze[123], ils furent transportés et inhumés au monastère même, par souci d'humanité. Quelques jours après, ils apparurent en songe à une dame qui demeurait non loin du monastère. "Connais-tu l'abbé Isarn ?" dirent-ils. Comme elle répondit qu'elle n'avait jamais vu Isarn, pas plus qu'eux-mêmes, ils lui dirent : "Nous sommes ces jeunes gens que Pandulf a étranglés récemment d'une manière impie. Et nous te supplions d'intervenir pour nous auprès de l'abbé Isarn qui passera par ici au troisième jour[124]. Puisque sa charité l'a fait intervenir pour que nous méritions une sépulture au monastère, que la même charité nous fasse obtenir une messe dite de sa bouche. Selon la

---

adiutorem, cité par D. Nebbiai-Della Guarda, *La bibliothèque de l'abbaye de Saint-Victor*, p. 229.

122. D'après le contexte, il est probable que les deux jeunes gens réclamaient à Pandulf une somme que celui-ci leur devait. Il ne s'agirait donc ni de mendicité, ni d'extorsion de fonds, mais de remboursement de dette.

123. Villecroze, Var, ar. Draguignan, c. Salernes ; diocèse de Fréjus. Important prieuré de Saint-Victor soutenu par les donations des Pontevès-Salernes : cf. CSV 488 à 523, 778 (liste des cens en blé dus par les prieurés de Saint-Victor, XIIe siècle, *Prioratus de Villa Crosa*). Voir E. Magnani Soares-Christen, *Monastères et aristocratie*, p. 229-231.

124. C'est-à-dire dans deux jours ; ici, la référence au « troisième jour » est évidemment une figure renvoyant au Christ, ressuscité *tertia die*.

missam eadem caritate mereamur. Hęc enim super nos
diuini iudicii lata sententia opportet ut, cum ob iniustam
necem nostram supernę pietatis uiscera moueantur, peccatis
tamen nostris impedientibus, ab ingressu regni, donec ipse
pro nobis missam celebret, excludamur." Quod cum
matrona die tercia, sicut ei reuelatum fuerat, transeunti uiro
Dei pro defunctis supplicans enarrasset, ille non se esse
dignum qui defunctos soluere possit respondit. | Mox   21r
tamen ad Uillam Crosam ueniens, eadem femina prose-
quente et nobis exorantibus, pro absolutione iuuenum missam celebrauit. » Hinc ergo datur intelligi quantum nunc
apud Deum uir iste possit, in cuius adhuc uiuentis manu
iudicium suum esse de mortuis ipsius sententia iudicis
declarauit.

XXVII. Sed ad ornamentum cęterarum uirtutum
mirabiliter huius sancti mentem prophetię quoque spiritus illustrauit, quod euidenter ostendimus si unam rem
gestam, quam nobis adhuc idem uenerabilis Rainaldus
retulit, proferamus. « Ego, inquit, obędientiam cui
Lagninas nomen est procurabam. Per id tempus quendam
nostrum hominem, de Castello Duplo redeuntem, undique insurgentes latrunculi supra dicti Pandulfi equo protinus deiecerunt. Isdem diebus domnus abbas apud
Uillam Crosam morabatur, ad quem homo ille propere
ueniens, equi ablati damnum et susceptas iniurias cum
ingenti gemitu exponit. Qua propter continuo me domnus abbas ad Pandulfum, qui longiuscule aberat, cum
uerbis supplicibus mittens ipsemet uxoris eius quę apud
Tortorium tunc manebat pro | equo rogaturus frustra col-   21v
loquium petit. Nam illa uiro Dei uirulentis, quibus erat
assuefacta, sermonibus, ut talem satis decebat feminam,

---

125. *Lagninas*. Lagnes, voir p. 36 n. 71. Sur la terminologie des
dépendances victorines, voir la note complémentaire III, p. 116-125.

sentence que le jugement divin a portée sur nous, bien que le cœur de la bonté céleste s'émeuve de notre injuste massacre, nous sommes exclus de l'entrée dans le Royaume, parce que nos péchés y font obstacle, tant que lui-même n'aura pas célébré une messe pour nous." La femme raconta tout à l'homme de Dieu qui passa par là le troisième jour, comme cela lui avait été révélé, et elle l'implora pour les défunts ; il lui répondit qu'il n'avait pas le pouvoir d'absoudre les défunts. Mais ensuite, à son arrivée à Villecroze, parce que la femme l'avait accompagné et que nous l'avions supplié, il célébra une messe pour l'absolution des jeunes gens. » Ce fait donne à comprendre tout ce que peut maintenant auprès de Dieu cet homme qui, de son vivant, comme l'a montré la sentence du Juge, eut entre ses mains son pouvoir de juger les morts.

XXVII. Mais, pour rehausser ses autres vertus, un souffle prophétique illustra aussi merveilleusement l'esprit de notre saint, chose que nous montrons clairement en relatant une histoire que le même vénérable Rainald nous a encore rapportée. « J'avais la charge, dit-il, de l'obédience de Lagnes[125]. À cette époque, un de nos hommes qui revenait de Châteaudouble[126] fut soudain renversé de cheval par des voleurs à la solde du susnommé Pandulf, qui avaient surgi de tous les côtés. En ces jours-là, le seigneur abbé séjournait à Villecroze, et cet homme, venu en hâte, lui exposa avec force gémissements le dommage causé par le vol de son cheval et les autres préjudices qu'il avait subis. C'est pourquoi, aussitôt, le seigneur abbé m'envoya, avec des mots de supplication, auprès de Pandulf qui se trouvait un peu plus loin, et pour formuler sa demande au sujet du cheval, lui-même sollicita en vain une entrevue avec son épouse, qui résidait alors à Tourtour. Elle répondit à l'homme de Dieu par des propos virulents dont elle était coutumière et qui convenaient bien à une telle femme, et lui ôta absolument tout

---

126. Châteaudouble, Var, ar. Draguignan, c. Callas.

respondens, omnem ei funditus, quantum in se erat, spem
recuperationis abscidit. Pandulfus autem, re iam cognita,
me, ut estimo, pręsentiens aduenturum, per multa diuer-
ticula ne a me inueniretur aufugit. Tandem ergo, magis
quia nihil profeceram quam labore itineris fatigatus et
complutus – nam tota die me copiosus imber attriuerat –
ad domnum abbatem reuersus sum. Ille uero plena me
alacritate reficiens, ad aurem mihi postmodum quasi
familiare quid locuturus accedit. "Confortare, inquit,
quia quocunque deductus sit equus noster, huc nobis
hodie reducetur. Uerumtamen ad domum tuam festinantius
redi, ne maiora tibi obueniant pręuideto, et maxime porcos
tuos tota die diligenti cura seruari pręcipito." Certus igitur
iam de recuperando equo, sed nec minus certus, quia non
ab re porcos asseruari pręceperit, lętus et sollicitus
confestim redii opportunas custodias uniuersę substantię
nostrę et porcis ma | xime delegaui. Sed quę contra dia-   22r
bolicos homines, siue humanos, ut ita dixerim, diabolos
custodela pręualeat ? Nisi enim Dominus custodierit
ciuitatem, frustra uigilat qui custodit eam. Tota siquidem
die in propinqua silua supra dicti latrunculi delituere.
Inclinata uero iam uespera, nobis pęne securis, nihilque
minus quam tale aliquid putantibus, exeuntes de silua
porcos cum suffragio imminentis noctis raptu subitaneo
surrepturi occurrunt. At ubi humana custodia subuenire
non poterat, diuina non defuit : nam continuo in loco
quisque quem ceperat quasi statua fixus obstupuit.
Cumque a se mutuo cum admiratione cur morarentur
inquirerent atque ad rapiendum porcos alius alium horta-

127. Ps 126, 1.
128. Cf. la femme de Loth en Gn 19, 26.
129. Cf. les anges, hôtes de Loth, qui s'en prennent aux habitants de
Sodome qui viennent les agresser en Gn 19, 11 : « percusserunt caecitate » ; et surtout 2 R 6, 18 : « caecitate percussitque eos Dominus ».

espoir de récupérer le cheval, pour autant que cela dépendît d'elle. Quant à Pandulf, déjà mis au courant et prévoyant d'après moi mon arrivée, il s'enfuit de cachette en cachette pour m'empêcher de le trouver. À la fin, fatigué davantage par le fait que je n'avais rien obtenu que par l'effort du chemin, et trempé – toute la journée, une forte pluie m'avait transpercé –, je m'en retournai auprès du seigneur abbé. Et lui, me réconfortant avec grande joie, s'approcha alors de moi, pour me dire d'une manière presque familière quelque chose à l'oreille : "Courage, dit-il, quel que soit l'endroit où notre cheval a été conduit, il nous sera ramené ici aujourd'hui même. Retourne cependant chez toi le plus vite possible, veille à ce qu'il ne t'arrive plus grave encore, et surtout, donne l'ordre de garder tes porcs toute la journée avec grand soin." Donc, certain déjà de récupérer le cheval, mais non moins certain que ce n'était pas sans raison qu'il avait ordonné de surveiller les porcs, je m'en retournai aussitôt, à la fois joyeux et soucieux, et j'organisai la garde qui convenait pour tous nos biens et en particulier les porcs. Mais quelle sorte de garde pourrait l'emporter contre des hommes diaboliques, ou plutôt, pourrais-je dire, des diables humains ? Car *celui qui garde la cité veille en vain si le Seigneur ne la garde pas*[127]. Toute la journée, les voleurs restèrent bien cachés dans les bois voisins, mais à la tombée du soir, quand nous étions presque rassurés et que nous pensions à tout sauf à cela, ils sortent des bois et accourent pour essayer de s'emparer par surprise des porcs, à la faveur de la nuit tombante. Mais là où une garde humaine n'aurait pu suffire, la garde divine ne fit pas défaut : en effet, aussitôt, ils furent frappés de stupeur et restèrent tous figés sur place comme des statues[128]. Et comme ils se demandaient entre eux avec étonnement pourquoi ils ne bougeaient pas et qu'ils s'incitaient l'un l'autre à s'emparer des porcs, tous se dirent frappés d'une cécité soudaine[129] et murmurèrent tout bas qu'enchaînés par la juste malédiction du bienheureux père Isarn, ils allaient périr sur le champ pour servir d'exemple à

retur, repentina se cęcitate perculsos omnes confessi
sunt, ac beati patris Ysarni iusta maledictione obstrictos
in exemplum sese omnium pessimorum submurmurant
ilico perituros. Tunc dictantibus cogentibusque angustiis,
salubre consilium nacti, confessi errorem, solo sese diui-
nam oraturi clementiam sternunt, equum ipsa die reddi-
turos deuouent et correctio | res de reliquo iam futuros, si   22v
sancti uiri meritis cęlitus sibi oculorum lumina redderen-
tur. Quid plura ? Oratione completa, mox receptis ad ple-
num luminibus, certatim domum properant, impium
latrocinium pietatis furto commutant. Equum enim quem
in manus scelestissimę dominę iam tradiderant pio furto
subripiunt et cum omnibus quę pręfato homini nostro
cum illo abstulerant ad beatum uirum eadem hora sese
proripiunt. De porcis et cęcitate repente incussa et
excussa seriatim omnia replicant seque cum suis omnibus eius dantes arbitrio satisfactione humili ueniam
rogant. Quos uir sanctus, indulta uenia, de correctione
uitę attentius commonet : si se corrigerent, prospere uic-
turos, si uero negligerent, ante ipsius anni terminum
infami nota denunciat puniendos. Utramque conditionem
euidens rerum probauit euentus : nam duo correcti uitam
suam prospere transegere ; tres autem reuersi ad uomitum – quinque enim omnes fuerant – ante completum
annum calamitatis suę fędum spectaculum cunctis dede-
runt. Nam uni effossi oculi, pedes alii truncati sunt, | ter-   23r
tius uero, coniuncto in se utroque supplicio, duplicata
infelicitate multatus est. » Quod igitur equum ipsa die
reddendum prędixit, quod eadem die porcos diligentius
custodiri pręcepit, quod eisdem latrunculis, uel correctis
prosperum, uel incorrectis eiusdem anni tristem exitum

---

130. Pr 26, 11 : « sicut canis qui reuertitur ad uomitum » ; 2 P 2, 22 :
« canis reuersus ad suum uomitum. »

tous les méchants. Alors, sous la dictée et la contrainte des circonstances, après avoir pris une résolution salutaire et avoué leur erreur, ils se jettent à terre pour implorer la clémence divine, font le vœu de rendre le cheval le jour même et de mieux se comporter dorénavant, si le ciel leur rend la vue par les mérites du saint homme. Que dire de plus ? Leur prière achevée, la vue aussitôt pleinement retrouvée, ils se hâtent à qui mieux mieux vers la maison et changent le larcin impie en vol pieux. En effet, par un vol pieux, ils s'emparent du cheval qu'ils avaient déjà remis entre les mains de la dame très scélérate. Et, sur l'heure, ils se précipitent vers le bienheureux Isarn avec le cheval et tout ce qu'ils avaient pris à notre homme. Ils racontent à la suite tout ce qui s'est passé au sujet des porcs et comment ils ont subitement perdu et retrouvé la vue et, s'en remettant avec leurs biens à son jugement, ils lui demandent pardon par cette humble réparation. Après leur avoir pardonné, le saint homme les exhorte instamment à corriger leur vie : s'ils se corrigent, ils vivront dans la prospérité, mais il leur annonce que, s'ils sont négligents, ils seront punis avant la fin de l'année par une marque d'infamie. L'issue visible des événements confirma l'alternative. En effet, les deux hommes qui se corrigèrent passèrent leur vie dans la prospérité ; les trois autres – car ils étaient cinq en tout –, *revenus à leur vomissure*[130], donnèrent à tous le spectacle horrible de leur malheur avant que l'année fût écoulée : l'un eut les yeux arrachés, un autre les pieds coupés, quant au troisième, il fut puni d'un double malheur, car il subit les deux supplices à la fois. Le fait qu'Isarn ait prédit que le cheval serait rendu le jour même, qu'il ait conseillé de garder les porcs avec une vigilance particulière ce jour-là, qu'aux larrons qui se corrigeraient il ait annoncé une fin d'année heureuse et à ceux qui refuseraient de le faire une fin d'année funeste, tout cela révèle la merveilleuse grandeur de son don prophétique. Mais dans le fait que les larrons sur le point de voler les porcs furent aveuglés mais qu'ils recouvrèrent la vue après s'être humiliés, nous retrou-

denunciauit, propheticę gratię mira celsitudo cognosci-
tur. In eo uero quod latrunculi rapturi quidem porcos
cęcati, humiliati uero illuminati, sunt, haut inmerito
Helisei factum recolimus, qui latrunculos Syrię se capere
uenientes orando diuinitus cęcauit et intra Samariam
captis atque humiliatis integre postmodum lumina refor-
mauit, nisi quod hoc maioris in hac parte fortasse miraculi uideatur, quia quod Heliseus ob tutelam sui ipsius
obtinuit, hoc Ysarnus pro defensandis monachi sui porculis impetrauit et quod ille comminus pręsens in articulo summę necessitatis expetiit in diuinę opis refugium,
hoc iste longius absens, in re non ualde necessaria, a Deo
promeruit in admirandę sanctitatis indicium. Nec ualde
mirandum si prophetarum gloriam in ex | hibendis mira-   23v
culis tam sublimiter habuit, qui prophetarum sanctissimam conuersationem tam excellenter assequi laborauit.
Sed hęc omnia illi sunt penitus reputanda, illi toto rationis
intuitu adscribenda qui in omnibus sanctis suis operatur
et sine acceptione iudicat personarum, qui bona sua dis-
pensare nouit temporibus suis, et in fine sęculi, tanquam
longissimę cuiusdam noctis, licet rariores easdemque
hebetiores stellas proferat, cum tamen opportunum arbi-
tratur, magna etiam nunc plerumque sydera, maximos
quoque interdum promere luciferos nouit.

---

131. Cf. 2 R 6, 13-20. Le parallèle entre Élisée et Isarn comporte des
déformations importantes. Selon la Bible, le roi d'Aram, le roi de Syrie de
notre auteur, constate que le roi d'Israël est sans cesse informé de ses pro-
jets. Il pense donc qu'il y a des traîtres dans son entourage, mais il finit par
apprendre que l'informateur de l'ennemi est le prophète Élisée. Il envoie
une troupe, et non des brigands (*latrunculi*), arrêter le prophète. À la
demande d'Élisée, Dieu frappe, non de cécité (*caecitate*), mais de berlue la
troupe araméenne ; il fausse la vue de ces soldats pour leur faire prendre
une mauvaise direction. Lorsque, sur l'initiative d'Élisée, ils recouvrent
une vue normale, les Araméens se trouvent en Samarie où le roi d'Israël
peut aisément les faire prisonniers. Le miracle a certes pour objet d'empêcher l'arrestation d'Élisée, mais le vrai but de l'opération est politique et

vons bien l'action d'Élisée – qui, par la volonté de Dieu, aveugla, en priant, les larrons de Syrie venus l'enlever, et, en Samarie, après les avoir capturés et humiliés, leur rendit ensuite la vue en intégralité –, à cette différence près que ceci paraît peut-être relever d'un plus grand miracle dans la mesure où ce qu'Élisée obtint pour sa protection personnelle[131], Isarn l'obtint pour défendre les malheureux porcs de son moine ; et, ce qu'Élisée demanda en personne et directement à un moment décisif dans une extrême nécessité, comme un refuge en l'aide divine, Isarn mérita de l'obtenir de Dieu alors qu'il n'était pas sur place, même loin de là, et pour une cause qui n'était pas vraiment nécessaire, comme le signe d'une admirable sainteté. Il ne faut pas trop s'étonner si Isarn eut de façon aussi sublime la gloire des prophètes en faisant voir des miracles, lui qui travailla à imiter avec tant d'excellence la très sainte vie des prophètes. Mais ces miracles doivent être entièrement mis au compte de Celui qui opère en tous ses saints et juge *sans acception de personnes*[132], qui sait dispenser ses biens en leur temps, et qui, bien qu'à la fin des siècles comme à la fin d'une très longue nuit il produise des étoiles plus rares et aussi plus pâles, sait toutefois, quand il le juge opportun, faire briller couramment de grands astres aussi aujourd'hui, et parfois même de temps en temps d'immenses luminaires.

---

militaire. Il ne s'agit pas simplement de protéger Élisée (*ob tutelam sui ipsius*), mais de permettre la défaite des ennemis d'Israël. Conformément à la tradition du genre littéraire du panégyrique, l'auteur de la *Vita* veut mettre en évidence, sans être regardant à propos des moyens employés, la supériorité de son héros par rapport à une figure prestigieuse du désert qui annonce le monachisme futur. Plus un miracle se rapproche de la gratuité, plus il a d'éclat. Obtenir que Yahvé protège son peuple et son prophète est, pour ainsi dire, banal ; faire intervenir Dieu pour la protection de petits cochons (*porculis*) relève de l'exploit.

132. Cf. Rm 2, 11 : « Non enim est acceptio personarum apud Deum. » Il y a dans ce passage une théologie du miracle développée dans l'œuvre de Jean Cassien : 1. Le véritable acteur du miracle est Dieu. 2. C'est la *uirtus* du saint qui est à la source des *uirtutes*, c'est-à-dire des miracles. 3. La *uirtus* du saint compte plus que ses *uirtutes*.

XXVIII. Sed ad ea quę de sancto uiro adhuc nar-
randa cognouimus ueniamus. Frater quidam iuxta sę-
culum nobilis, de ciuibus Massilię, nomine Georgius,
regularem sub eo uitam fuerat professus. Huic uir
Domini, cum claustrum forte pertransiens eum sicut et
cęteros fuisset intuitus, per quendam sibi familiariter
adhęrentem mandauit ut quas uersabat inutiles cogitatio-
nes corrigeret : mortiferum enim esse quod cogitaret. At
ille cum gaudio et uerecundia nimium | admiratus, de   24r
cętero melius saluti suę consuluit, attestatus quod ea
hora qua uir Dei ante fratres transiit rediturum se ad
seculum pertractarit.

XXVIIII. De equo cui insidere idem uir Domini
consueuerat, tota fere Prouincia conclamante, didicimus id
quod nunc ponemus. Dederat misericors Dominus nimię
fragilitati eius equum fortissimum quidem uiribus et
magna uectandi suauitate pręcipuum. Ad hunc si quis alius
ascensurus accederet, intolerabili pęne se ferocitate totius
corporis iactatione hinniens fremensque distendebat.
Quotiens uero sanctum patrem Ysarnum appropiare
conspiceret, tanta se mansuetudine componebat ut quasi
sponte sessuro terga offerre uideretur. Si quis autem ei
forte alius insideret, uelut indignabundus totus in rabiem
uertebatur. Cum autem illum subueheret, ceu asellum
mitissimum se prębebat. Cumque uir sanctus, utpote qui
totam prope noctem orando uigilauerat, crebrius dormita-
ret, ac ueluti casurus, ut fit, in partem alteram pendulus
uacillaret, equus lapsurum | esse illum metuens, prout   24v
poterat, in latus sese oppositum deflectebat, eoque modo
quamdiu sanctum quidem dormitare sentiret ; quo exper-
gefacto, mox erecto corpore, ita ut nullus decentius, ince-
debat. Quod si sub arbore transeundum erat, cuius forte
ramusculi pręsidentis oculis nocituri putarentur, aut cir-
cumire arborem, aut si id pro densitate plerunque silue

XXVIII. Mais venons-en à ce que nous savons digne d'être encore raconté de ce saint homme. Sous son abbatiat, un frère, qui dans le siècle était noble, citoyen de Marseille, du nom de Georges, avait fait profession de vie monastique. L'homme du Seigneur, qui en traversant par hasard le cloître ne lui avait pas prêté plus d'attention qu'aux autres, lui fit dire par quelqu'un de son proche entourage de corriger les pensées inutiles qu'il agitait : ce qu'il pensait était, en effet, mortifère. Celui-ci, alors rempli d'un vif sentiment d'admiration accompagné de joie et de respect, prit par la suite de meilleures résolutions pour son salut, attestant qu'au moment où l'homme de Dieu passait devant les frères, il songeait à retourner dans le siècle.

XXIX. Nous allons exposer maintenant ce que nous avons appris au sujet du cheval que l'homme du Seigneur avait l'habitude de monter, et que proclame presque toute la Provence. Eu égard à son extrême fragilité, le Seigneur miséricordieux lui avait donné un cheval aussi vaillant par sa puissance que remarquable par sa grande douceur quand il le transportait. Mais si quelqu'un d'autre s'approchait pour le monter, le cheval se dressait en hennissant et en frémissant, avec une fougue à peine maîtrisable, en ruant dans tous les sens. En revanche, chaque fois qu'il voyait le saint père Isarn s'approcher, il se composait un abord si doux qu'il semblait lui prêter son dos presque spontanément pour lui permettre de s'y asseoir. Et si d'aventure quelqu'un d'autre faisait mine de vouloir le chevaucher, il devenait furieux, tout entier rempli d'indignation ; mais lorsqu'il portait Isarn, il se montrait aussi calme qu'un petit âne. Parce que le saint homme, vu qu'il avait veillé presque toute la nuit en prière, s'endormait fréquemment et vacillait d'un côté à l'autre, en risquant, comme cela arrive, de faire une chute, le cheval, de crainte qu'il ne glissât, se penchait du côté opposé tant qu'il le pouvait, et ceci aussi longtemps qu'il sentait le saint dormir ; quand il se réveillait et dès qu'il se tenait droit, le cheval se mettait à avancer avec une dignité à nulle autre pareille. S'il devait passer sous un arbre dont on pouvait penser que les

non proficeret, ibidem immobiliter, donec subsequentium
obsequio iuuaretur, immorari eodemque modo in omni
ambiguo transitu factitare. Tanta uero interdum cautela per
angustissimos asperrimarum rupium anfractus aut palus-
tris uię passus incognitos contra spem omnium pertransi-
bat, ut angelico eum ministerio crederes eductari. Sicut
enim male gradientis et terrena cupientis Balaam opposi-
tus angelus et contra uoluntatem eius impediebat, et contra
insipientiam eius edocebat asellam, ita iuste incedentis et
angelorum contubernia desiderantis Ysarni non absurde
credi potest equum ab angelo, ubi uię flagitabat necessitas,
fuisse directum, ubi innocua iusti exposcebat requies, quo-
modo se ageret fuisse | instructum.   25r

   XXX. Sed quoniam ad prosequenda cętera quę de
sancto patre multa supersunt non sufficio, quia et grauissima quędam michi necessitas, ut scitis, inest, et nimia
quoque temporis artor angustia, de glorioso saltem eius
fine ad ędificationem eorum qui hęc lecturi uel audituri

---

133. Cf. Nb 22, 22-30. La comparaison entre Balaam et Isarn se fait à
l'avantage de ce dernier. Balaam est un personnage ambigu. Selon le commentaire *ad locum* de la *Bible de Jérusalem* : « Récit ancien très coloré, pour
qui Balaam est un devin des bords de l'Euphrate qui reconnaît Yahvé pour
son maître et bénit Israël. Mais les traditions plus récentes considèrent
Balaam comme un ennemi, contraint par la toute-puissance de Dieu de bénir
Israël contre sa volonté… ». En revanche, l'ânesse de Balaam et le cheval
d'Isarn sont des « personnages » positifs. L'ânesse a une mission religieuse
et reçoit ses instructions directement de l'ange de Dieu (*angelus… edocebat
asellam*) : elle doit empêcher Balaam d'avancer sur le mauvais chemin. Rien
de proprement merveilleux dans le cas du cheval d'Isarn, qui, à la manière
de Bucéphale, le cheval d'Alexandre, fait corps avec son maître au point de
former une seule et même personne. Le mouvement général que l'auteur de
la *Vita* nous met sous les yeux doit cependant beaucoup au texte biblique :
« Or l'ânesse vit l'Ange de Yahvé posté sur la route, son épée nue à la main ;
elle s'écarta de la route à travers champs. Mais Balaam battit l'ânesse pour
la ramener sur la route. L'Ange de Yahvé se tint alors dans un chemin creux,
au milieu des vignes, avec un mur à droite et un mur à gauche. L'ânesse vit
l'Ange de Yahvé et rasa le mur, y frottant le pied de Balaam. Il la battit

rameaux allaient blesser les yeux de celui qui était en selle,
ou bien le cheval contournait l'arbre, ou bien, s'il n'y réussissait pas à cause de l'épaisseur des taillis, il restait immobile
jusqu'à ce qu'il reçût l'aide obligeante de sa suite ; il faisait
de même à chaque passage difficile. Parfois, contre toute
attente, il réussissait à passer à travers des anfractuosités
rocheuses très étroites et très abruptes, ou par des chemins
marécageux inconnus, avec une telle prudence qu'on aurait
pu croire qu'il s'en sortait grâce au service d'un ange. De
même, en effet, qu'un ange faisait face à Balaam qui prenait
un mauvais chemin et recherchait les biens terrestres, retar-
dait celui-ci contre sa volonté, mais en revanche faisait comprendre à l'ânesse la stupidité de son maître[133], de même il
n'est pas absurde de croire à propos d'Isarn, qui empruntait
le bon chemin et désirait partager la vie commune des anges,
qu'un ange dirigeait son cheval quand la difficulté du trajet le
rendait nécessaire, et qu'il lui apprenait comment faire quand
l'innocent repos du juste l'exigeait.

XXX. Mais puisque je ne suis pas à même de continuer à
raconter les nombreuses actions qu'il reste à relater sur le saint
père, parce que, comme vous le savez, d'une part une très
lourde nécessité me presse[134], et, d'autre part, pressé par le
manque de temps, je traiterai du moins de sa fin glorieuse pour
l'édification de ceux qui liront ou écouteront[135]. Et, confiant

---

encore une fois. L'Ange de Yahvé changea de place et se tint en un passage
resserré, où il n'y avait pas d'espace pour passer ni à droite ni à gauche.
Quand l'ânesse vit l'Ange de Yahvé, elle se coucha sous Balaam. Balaam se
mit en colère et battit l'ânesse à coups de bâton. » Pour un exemple d'usage
de la figure de Balaam dans un texte hagiographique, cf. Lynda L. COON,
« Historical Fact and Exegetical Fiction in the Carolingian *Vita S. Sualonis* »,
Church History, 72, 2003, p. 1-24, en part. p. 13-19.

134. 1 Co 9, 16 : « necessitas enim mihi incumbit. »

135. À ce point de la *Vita* commence donc le récit de la maladie et de
la mort du saint qui occupe ainsi presque un quart du texte. Il s'agit d'une
proportion comparable à celle des autres textes hagiographiques des XIe-
XIIe siècles. Sur ces textes, cf. Patrick HENRIET, *La parole et la prière au
Moyen Âge. Le Verbe efficace dans l'hagiographie monastique des XIe et
XIIe siècles*, Bruxelles, 2000 (*Bibliothèque du Moyen Âge*, 16), en part.
p. 287-352, qui renvoie à la bibliographie antérieure.

sunt scribam, et ad consummationem omnium uirtutum
suarum quomodo exemplo boni magistri fratres suos qui
erant in mundo in finem dilexit, et quomodo pro eis animam suam posuit diuina ope confisus enarrabo. Cum
enim per longum militię suę cursum incredibili austeri-
tate uitę et immensis ieiuniorum uigiliarumque cruciatibus continue se martyrem declarasset, hoc etiam a Deo
promeruit quo duplicis martyrii gloria triumpharet, ut in
ipso mortis articulo, sicut Abraham patriarcha filium
uocatus obtulit nec occidit, ita iste seipsum ad martyrium
uocatus offerret et cum parata esset uoluntas, deficiente
tamen percussore, uictor in pace quiesceret. Ut autem
totius facti ratio clares | cat, primum quę factum causa   25v
pręcessit aperiam.

XXXI. Pagani Linirense monasterium peruadentes,
dispersis aliis, multos ex fratribus captiuos ad Ispanias
traduxere. Tunc reliqui fratres, congesta, prout facultates
tulere, pecunia, pro redimendis captiuis ad Ispanias ali-
quos ex se mittere statuerunt. Sed homines quibus omnia
illic ignota erant, quid facerent ? Sese cum pecuniis post

---

136. Cf. Jn 10, 15 : « animam meam pono. »

137. Cf. Gn 22.

138. Être vainqueur malgré l'absence d'un bourreau signifie être assimilé à un martyr qui reste l'idéal parfait de la sainteté. Exposant sa vie
pour racheter des captifs, Isarn devient « vainqueur sans bourreau », ce qui
l'assimile en quelque sorte au grand saint Victor.

139. Les termes *peruadere / inuadere* sont récurrents pour qualifier les
entreprises menées contre les biens et les lieux ecclésiastiques, depuis le
droit romain : voir en particulier le *Code Théodosien* 2, 1, 3 ; 2, 4, 5-6 ; 2,
26, 1 ; 2, 29, 1-2 ; 4, 18, 1 ; 4, 22, *passim* ; 8, 12, 1. Cf. Élisabeth MAGNOU-
NORTIER (dir.), *Aux sources de la gestion publique*, t. 2 : *L'*invasio des villae
ou la villa *comme enjeu de pouvoir*, Villeneuve-d'Ascq, 1995 (*Collection
UL3*) ; William ZIEZULEWICZ, « The Roman Law Background to a Synodal
Decree banning Lay Donation of Ecclesiastical Properties (Roman Synod
1059) », *Zeitschrift der Savigny-Stiftung für Rechtsgeschichte. Kanonistische
Abteilung*, 82, 1996, p. 35-51.

140. Le pluriel *Ispanias* ou *Yspanias* renvoie aux représentations clérica-
les de la fragmentation politique qui affecte la péninsule ibérique depuis la

dans l'aide divine, je raconterai en détail comment, pour l'accomplissement de toutes ses vertus, à l'exemple du bon Maître il aima jusqu'à la fin ses frères qui étaient dans le monde, et comment pour eux il donna sa vie[136]. En effet, parce qu'il s'était illustré comme martyr continûment, tout au long de son service, à travers l'austérité inouïe de sa vie et les immenses souffrances de ses jeûnes et de ses veilles, il mérita aussi que Dieu, pour le faire bénéficier du triomphe et de la gloire d'un double martyre, l'appelât à s'offrir au martyre à l'article de la mort : de sorte que, tel le patriarche Abraham qui fut appelé à offrir son fils unique mais n'eut pas à le tuer[137], lui-même fut appelé au martyre et s'y offrit, et parce que sa volonté y était prête, il reposa en paix, vainqueur malgré l'absence de bourreau[138]. Mais pour éclairer le déroulement de toute l'action, je vais d'abord dévoiler quelle cause l'a précédée.

XXXI. Lorsqu'ils mirent le monastère de Lérins à sac[139], les païens dispersèrent les uns et emmenèrent beaucoup d'autres frères captifs en Espagne[140]. Alors ceux qui restaient, après avoir réuni autant d'argent qu'ils pouvaient, décidèrent d'envoyer certains d'entre eux en Espagne pour racheter les captifs[141]. Mais que pouvaient-ils faire, ces

---

déposition du dernier calife omeyyade en 1031 (et dont l'auteur de la *Vita* semble être bien informé, comme en témoigne la suite du récit), notamment à la séparation radicale (très nette dans les discours des clercs) entre la future Catalogne et le reste de la péninsule (les Espagnes, précisément) constituant un monde étranger, sans loi et sans foi. Le privilège de Grégoire VII pour Saint-Victor, en 1079, fait commencer la liste des biens confirmés par deux monastères *in Ispaniis* (CSV 843). Sur les évolutions de la représentation de l'*Hispania* dans les discours cléricaux, cf. Michel ZIMMERMANN, « Rejet et appropriation de l'*Hispania* dans la Catalogne médiévale (Xᵉ-XIIᵉ siècles) », dans Pierre CHASTANG (dir.), *Le passé à l'épreuve du présent. Appropriations et usages du passé du Moyen Âge à la Renaissance*, Paris, 2008 (*Mythes, critique et histoire*), p. 139-167, et Thomas DESWARTE, « Une chrétienté hérétique ? La réécriture de l'histoire de l'Espagne par Grégoire VII », *ibidem*, p. 169-205. Sur la destruction de Lérins par les Sarrasins, voir la note complémentaire VI, p. 144-152.

141. La notion de *facultates* renvoie aux possessions (trésor et biensfonds) pouvant être mis au service d'une cause. Dès l'Antiquité tardive, autorités ecclésiastiques et civiles ont permis l'utilisation des biens

alios tradere possent, nam de reuersione nulla spei ratio
se prębebat, sed et fratribus captiuis non subuenire a
seruorum Dei moribus extraneum uidebatur, insanie uero
habebatur simillimum, ubi nec consulendi aliis, nec eua-
dendi sibi consilium suppeteret, ex superfluo se iniectare
periculo. Sed post multos animorum fluctus uicit tandem
ratio pietatis et, deputatis Deo omnibus curis, facta est
pars caritatis superior. Uisum igitur eis est quoniam
sancti Uictoris possessiones Yspaniis coniunctę sunt, uti
patris Ysarni consilium petant, quatinus aliquem de suis
in illis partibus notum secum mitteret, per quem sibi et in
re familiari, si necessitas ingrueret, consuleretur et apud
| collimitaneos principes accedendi, ut negotio uidelicet   26r
succurrerent, facultas aliqua pręstaretur. Tunc sanctus
uir, languore graui et continuo eodemque extremo adac-
tus, ex multo iam anni spacio lecto sese concesserat. At
illa mens eius sanctissima, penes quam periclitari non
nouerat negotium caritatis, in qua ualida, ut mors, arde-
bat dilectio, cui soli, iam emortuo corpore tota, uiuebat,
pro tanti destructione monasterii et captiuitate fratrum
amarrissime gemens, seipsum iturum, seipsum diligentius omnia procuraturum, ac pro fratribus omnia subitu-
rum spopondit. Mox igitur lecto exurgens, huc illucque

---

ecclésiastiques pour le rachat des captifs : Ambroise, *De Officiis*, II,
c. 28, § 137 et 142 ; *Code* 1, 2, 21 ; *Epitome* de Julien, *const.* VII, 39 et
CXI, 416. Le rachat des captifs au moyen des biens d'Église devint une
sorte de *topos* particulièrement fréquent dans l'hagiographie épiscopale
(cf. notamment la *Vita* d'Hilaire d'Arles par Honorat de Marseille, 11 :
SC 404, p. 117). Les textes autorisant ce rachat (notamment celui
d'Ambroise) se retrouvent dans toutes les collections canoniques
jusqu'au XIIᵉ siècle.

142. À l'époque d'Isarn, l'expansion patrimoniale de Saint-Victor
au-delà du Rhône et vers la péninsule ibérique n'en est qu'à ses débuts.
Cette projection en direction du Languedoc et de la Catalogne renvoie
davantage à l'époque des abbés Bernard et Richard ; le récit de la *Vita*
viendrait en quelque sorte la légitimer par cette référence à l'action

hommes pour qui tout là-bas était inconnu ? Ils n'auraient
pu que se livrer eux-mêmes, après les autres, avec l'argent,
car aucun espoir raisonnable de retour ne se présentait.
Mais ne pas venir en aide à des frères captifs semblait aussi
étranger à la façon de se conduire des serviteurs de Dieu.
Toutefois, cela ressemblait fort à de la folie de se jeter en
vain dans le danger, quand on ne voyait ni comment être
utile aux autres, ni comment s'en tirer soi-même. Après
bien des hésitations, finalement le principe de piété l'emporta, et une fois tous leurs soucis remis à Dieu, le parti de
la charité triompha. Ils décidèrent donc, puisque Saint-
Victor avait des possessions limitrophes de l'Espagne[142], de
demander conseil à leur père Isarn pour lui faire envoyer
avec eux l'un des siens qui fût connu dans ces régions, qui
prendrait soin d'eux et de leurs biens, si la nécessité s'en
faisait ressentir, et qui leur fournirait quelque possibilité
d'accès auprès des princes voisins pour se faire aider dans
leur négociation. À cette époque, le saint homme, sous la
contrainte d'une maladie grave et sans rémission, et même
fatale, s'était résigné à passer une longue partie de l'année
alité. Mais son esprit très saint, sous la garde duquel le
devoir de charité ne pouvait courir aucun danger, dans
lequel brûlait un amour aussi fort que la mort, pour lequel
seul il vivait, alors que son corps s'éteignait, gémissant très
amèrement sur la destruction d'un si grand monastère et la
captivité des frères, l'engagea à partir lui-même, à s'en
occuper lui-même très consciencieusement et à tout supporter pour les frères. Quittant donc le lit, il se promenait çà et
là et faisait semblant d'avoir complètement recouvré la

---

héroïque de leur saint prédécesseur. Sur cette expansion catalane, voir
Paul AMARGIER, « Rapports de la Catalogne et des vallées du Labéda
avec Saint-Victor de Marseille », *Bulletin philologique et historique*,
1969, p. 359-371 ; Id., *Un âge d'or du monachisme*, p. 101-107 ;
E. MAGNANI SOARES-CHRISTEN, *Monastères et aristocratie*, p. 254-256 et
262-254, qui souligne l'interruption de l'expansion catalane entre 1052
et 1069, date du rattachement de Ripoll ; G. AMMANNATI, « Saint-Victor
di Marsiglia e la sua espansione nell'area pirenaica ».

deambulabat ac se optime conualuisse simulabat. Sed ut
de sententia hac in monasterio leui quodam susurrio
pręsentiri aliquid cepit, quantus ilico dolor omnium qui
compererant corda perstrinxerit, quanta querimoniarum
agmina, quanta fletuum obiecerint flumina, nemo facile
explicare potest. Bona siquidem uoluntas eius abrogari
iure non poterat, uerum ad expletionem operis | corpus-　　26v
culum eius non posse sufficere referebant, denique
sapientem nihil ultra uires pręsumere sed uires suas ad id
quod aggreditur oportere metiri, omnia uero cum consilio facienda. Id autem nullius esse consilii ut sibi com-
missas oues desereret, alienas non inuenturus quęreret,
ipse quoque exul in medio itineris absque solatio fratrum, tanquam unus quilibet de populo, moreretur, et in
re quidem castigabili leuius ferendum errorem, hoc uero
factum, postquam ipse moreretur, nulla esset pęnitentia,
nulla correctio secutura, sed et captiuos absque morte eius
multis aliis modis redimi posse, innumerabiles enim eate-
nus fuisse liberatos, quorum nullus eius labore, nedum
morte, liberatus sit. Qua re cum et ipse certe non sufficе-
ret et ex hoc maiora propemodum pericula timerentur et
de redimendis captiuis multę uiderentur alię suppetere
rationes, illum debere melioribus consiliis cędere ac defe-
renda captiuis ope modis aliis cogitare. Tunc ille ab spi-
ritu sancto uerba mutuatus : « Apostolico, | inquit, uobis　　27r
exemplo respondeo. Quid facitis affligentes spiritum
meum ? Non facio animam meam preciosiorem quam

---

143. Cf. Jn 10, 12 : « dimittit oues. »

144. Ac 21, 13 : « Tunc respondit Paulus et dixit : "Quid facitis flentes et
affligentes cor meum ?" ». Le contexte de ce passage n'est pas sans rapport avec
celui du récit de la *Vita* : « À ces paroles, nous nous mîmes, avec ceux de l'endroit, à supplier Paul de ne pas monter à Jérusalem. Alors il répondit :
"Qu'avez-vous à pleurer et à me briser le coeur ? Je suis prêt, moi, non seulement à me laisser lier, mais encore à mourir à Jérusalem pour le nom du
Seigneur Jésus" » (Ac 21, 12-13). Voir la note complémentaire VII, p. 153-158.

santé. Mais quand un début de rumeur laissa présager cette résolution au monastère, il est bien difficile d'exposer quelle douleur étreignit aussitôt le cœur de tous ceux qui l'apprenaient, quels bataillons de plaintes, quels fleuves de larmes lui furent opposés. Si on ne pouvait certes pas légitimement révoquer sa bonne intention, on lui faisait valoir pourtant que son pauvre corps ne supporterait pas jusqu'au bout l'entreprise, et en outre que le sage ne devait présumer en rien de ses forces, mais les mesurer au regard de ce qu'il entreprend et tout faire avec discernement. Or c'était faire preuve d'absence de tout discernement que de quitter les brebis[143] qui lui avaient été confiées et d'en chercher d'autres qu'il n'avait aucune chance de trouver ; quant à lui, il mourrait en exil au milieu de son voyage, loin de la consolation des frères, comme le premier fidèle venu. Et si dans une situation amendable une erreur n'aurait guère prêté à conséquence, en la circonstance, en revanche, il n'y aurait de place ni pour le repentir ni pour une réparation, tandis que les captifs, eux, pouvaient être rachetés par bien d'autres moyens qui lui épargneraient la mort ; innombrables, en effet, étaient ceux qui avaient été libérés jusque-là, et parmi eux pas un ne l'avait été par ses efforts, et à plus forte raison par sa mort ! C'est pourquoi, puisque lui-même ne suffirait certainement pas à la tâche, et que de ce fait ils craignaient des dangers presque encore plus grands, et qu'ils voyaient qu'on pouvait trouver beaucoup d'autres possibilités pour racheter les captifs, il devait se ranger à de meilleurs avis et réfléchir à d'autres moyens de porter secours aux captifs. Alors Isarn empruntant ces mots à l'Esprit-Saint, dit : « Je vous réponds à l'exemple de l'Apôtre : *Pourquoi affligez-vous mon esprit ?*[144] Je ne fais pas plus grand cas de mon âme que de ma vie[145]. Il convient, en effet,

---

145. Cf. Jn 12, 25 : « Qui amat animam suam, perdet eam ; et qui odit animam suam in hoc mundo, in uitam aeternam custodit eam. » Le texte scripturaire joue sur le mot *anima*, l'auteur de la *Vita* remplace le deuxième *anima* par *me*.

me. Magis enim Saluatorem quam uos audire decet,
cuius exemplo et pręcepto instructus, non solum ad
Ispanias ire pro fratribus, sed et seruituti me ipsum subi-
cere, insuper et animam dare paratus sum. Me autem et
domum istam et quęcumque me acturum dispono non
meę prudentię sed omnipotenti Deo custodienda et
prouidenda committo. Ipse quippe non dormit neque dor-
mitat qui custodit Israhel, qui nisi nos custodierit, in
uanum uigilant oculi nostri. Sic denique nos et nostra
melius custodimus, si dominica pręcepta seruamus, cui
seruire non solum custodiri sed etiam regnare est. Quod
si mori contigerit, o me felicem, si tali morte beari
meruero ! Potens est quidem Dominus sine me suos libe-
rare captiuos, sed si per me nunc sibi complacuit, tanto
magis nunc concurrere debeo quanto me hactenus nihil
simile fecisse cognoui. Quapropter omnia proicientes in
Dominum, quo nos ille uocat alacriter properemus. Uos
autem, uiscera mea, carissimi filii mei, confortamini in
| Domino et pro nobis orate. » Talia fatus, omnes obsis-   27v
tentium querelas grandi auctoritate interim compescuit,
simul et morbi magnitudinem, immo ipsam pene iam
pręsentem mortem, preciosę mortis amore superauit.
Tunc priusquam ex rumore patria turbaretur aut acrius in
eum iterum fratrum tumultus assurgeret, silenter iubet
subito iumenta parari ac se Domino et orationibus fratrum commendans, illis communi prece prosequentibus,
iter arripuit. Cumque uelut inuitatus ad regnum maturius
incedere festinaret, consuetis nimium uexatus angustiis,
tam miserabiles subito clamores efferebat acsi spiritum

---

146. Cf. Jn 10, 11 : « animam suam dat. »
147. Cf. Ps 120, 4 : « ecce non dormitabit neque dormiet qui custodit
Israhel. »
148. Cf. Ps 126, 1 : « nisi Dominus custodierit ciuitatem, frustra uigilat
qui custodit eam. »

que j'écoute le Sauveur plutôt que vous ; instruit par son exemple et son commandement, non seulement je suis prêt à me rendre en Espagne pour les frères, mais aussi à me soumettre moi-même à la servitude et à donner ma vie[146]. Je me confie moi-même et cette maison, et tout ce que je me dispose à faire, non à ma sagesse, mais à la garde et à la providence de Dieu Tout-Puissant. Car *il ne sommeille, ni ne somnole, lui, le gardien d'Israël*[147] : s'il ne nous garde pas, c'est en vain que nos yeux veillent[148]. En fin de compte, nous nous garderons mieux, nous et nos biens, si nous observons les commandements du Seigneur ; le servir, c'est non seulement être gardé, mais aussi régner ! Et si j'avais la chance de mourir, que je serais heureux de bénéficier d'une telle mort ! Bien sûr, le Seigneur a le pouvoir de libérer les captifs sans moi, mais si maintenant il lui a plu d'agir par mon intermédiaire, il me faut d'autant plus lui prêter mon concours que je sais que jusqu'à présent je n'ai rien fait de semblable. C'est pourquoi remettons tout entre les mains du Seigneur et hâtons-nous vivement d'aller là où il nous appelle. Quant à vous, ô fils chéris de mes entrailles, réconfortez-vous dans le Seigneur et priez pour nous. » Par ces paroles, il fit taire pour un moment toutes les récriminations de ses opposants par sa grande autorité, et en même temps il triompha de la gravité de sa maladie, et même de la mort déjà presque présente, par amour d'une *précieuse mort*[149]. Avant donc que la région ne soit troublée par la rumeur, ou que ne surgisse à nouveau une plus grande révolte des frères contre lui, il ordonne discrètement qu'on prépare aussitôt ses montures et, se recommandant au Seigneur et aux prières des frères, qui l'escortaient de leur prière commune, il prit la route. Tandis qu'il se hâtait d'avancer plus vite vers le Royaume comme s'il y était invité[150], il fut très tourmenté

---

149. Allusion au Ps 115, 15 : « pretiosa in conspectu Domini mors sanctorum eius. »

150. Dans les *Collationes* VI, 2, Jean Cassien précise que la mort violente des saints trouve sa récompense dans le ciel.

foret ilico redditurus. Tunc uero socii, eo in terram deposito, immensis lacrimis lugere, pectora infeliciter tundere, seque qui de morte sua illi parerent homicidas crudelissimos inclamare. Ita ille dupliciter et suis uidelicet calamitatibus et suorum assidue torquebatur querelis, qui, refocilato paulisper spiritu, ut sociorum męrores abstergeret, uniuersos dolores suos, quomodocumque poterat, intra | semetipsum tacite deglutiens, ipsorum animos lepidis sermonibus serenabat, sed mox dolorum uiolentia superatus, identidem repetere sepius cogebatur. Ex quibus patenter ostenditur quanto caritatis incendio flagrans peregrinationem illam inuaserit, tenuerit, consummarit, cum tot usquequaque aduersantes offremerent et ipse nihilo sertius infatigabilis perduraret. Transmisso autem Rodano, continuo fama de aduentu eius per omnes circumcirca patrias pręuolans, in cunctis urbibus, castellis, uicis et uillis obuiam illi populos aggregabat. Omnes quippe tam sancti hominis uisu et benedictione se sanctificari credebant, ille uero se felicissimum reputabat qui eum hospitio suscipere uel quocum-

28r

---

151. *Refocillare spiritum* est une expression biblique : Jg 15, 19 ; Jd 7, 7 ; 1 S 16, 23.

152. Sur Saint-Michel del Fai (Vallès Oriental), voir DHGE 16 (1967), col. 400-402 (A. Pladevall-Font) et Antonio PLADEVALL-FONT, « Saint-Miquel-del-Fai, prieuré victorin catalan », *Provence historique*, 16, 1966, p. 347-360, ainsi que P. AMARGIER, « Rapports de la Catalogne et des vallées du Labéda avec Saint-Victor de Marseille », cité *supra* p. 81 n. 142. Il s'agit d'un monastère familial fondé sur un lieu de culte michaélique après 997, date à laquelle Gombaud, viguier de Besora (v. 990-v. 1054), concède les terres comtales de Sant Miquel del Fai, que Ramon Borrell et Ermessende lui avaient cédées, *ad domum sancti Michaelis archangeli cenobii… sub nostra gubernatione et tuitione, ad honorem uel edificationem iam memorato archangelo*. Sur ce don caractéristique des fondations de l'aristocratie curiale en imitation des fondations comtales, cf. Borja DE RIQUER I PERMANYER & Josep Maria SALRACH (dir.), *Història. Política, Societat i Cultura dels Països Catalans*, t. 2 : *La formació de la societat feudal. Segles VI-XII*, Barcelone, 1998, p. 114 et 165 ; E. MAGNANI SOARES-CHRISTEN, *Monastères et aristocratie*, p. 254-255 ; Martin AURELL, *Les*

par les désagréments habituels et poussa soudain des cris si pitoyables qu'on aurait cru qu'il allait rendre l'esprit sur-le-champ. Alors ses compagnons, après l'avoir déposé à terre, de pleurer avec force larmes, de se frapper misérablement la poitrine, et de se traiter eux-mêmes de très cruels assassins parce qu'ils lui avaient obéi sur la question de sa mort. Il était ainsi doublement tourmenté, par ses propres malheurs bien sûr, mais aussi par les plaintes continuelles des siens, car, reprenant peu à peu ses esprits[151] et ravalant secrètement en lui-même, comme il le pouvait, toutes ses douleurs pour dissiper le chagrin de ses compagnons, il rassurait leurs esprits par de doux propos, mais bientôt, vaincu par la violence de ses douleurs, il était contraint de répéter encore et toujours les mêmes propos. Il en ressort clairement quelle charité brûlante le consumait quand il entreprit, accomplit et termina ce voyage : il avait rencontré partout tant d'oppositions, et il n'en demeurait pas moins fermement infatigable. Or, après sa traversée du Rhône, la nouvelle de son arrivée, qui le devançait immédiatement dans toutes les régions environnantes, rassemblait les populations à sa rencontre dans toutes les villes, les châteaux, les bourgs et les villages. Tous, en effet, pensaient être sanctifiés par la vue et la bénédiction d'un homme si saint ; mais celui qui avait l'honneur de le recevoir comme hôte ou de mettre d'une manière ou d'une autre à son service une partie de ses ressources se considérait comme le plus heureux des hommes. Finalement, ils parviennent avec les plus grandes difficultés jusqu'à une possession de Saint-Victor nommée Fai[152], où a

---

noces du comte. *Mariage et pouvoir en Catalogne (785-1213)*, Paris, 1995 (*Histoire ancienne et médiévale*, 32), p. 247-248. L'église est consacrée avant 1006. Le 15 octobre 1042, Gombaud, qui n'avait cessé de doter sa fondation, concède le monastère à Saint-Victor de Marseille (CSV 1051) auquel il avait déjà assigné, en 1041, un legs testamentaire de 5 onces d'or (CSV 1048). La charte de donation confirme la situation du prieuré *in excelsi rupe positam et ispam uocant Speleam*, typique des sanctuaires michaéliques. Le fonds de Saint-Victor de Marseille conserve un petit dossier de 9 chartes sur ce monastère, cf. CSV 1044-1052.

que modo de suis ministrare facultatibus mereretur. Tandem ad possessionem quamdam sancti Uictoris, Alfalium nomine, ubi in specu amęnissima perpulchrum et satis habile monasterium in honore sancti Michahelis archangeli constructum est, summa difficultate perueniunt. Ibi iam ęgri | tudine nimium confectus pater sanctus ex toto decubuit. Tunc aduentus eius rumore respersi Barcinonę consul Raimundus Berengarii et uxor eius Elisabeth et Gumbaldus uir consularis, illuc se suaque offerentes, principes scilicet maximi totius regionis, accederant, peccata propria detegunt, patronumque illum sibi apud Deum fieri deprecantur. Quos ille multum sermonibus diuinis ędificans, id eis protinus pęnitentię munus iniunxit ut, quibuscunque iuste possent modis, tam potentię minis quam ingenii uiribus, et censu et prece captiuos monachos Domino Deo restituerent, ac nobile quondam Linirense monasterium, nunc inique ab impiis destructum gentibus, ad honorem Domini restaurarent. Quod si facerent, remissionem illis peccatorum, si se corrigerent, a Domino facile pollicetur, seque pro eis

---

153. Sur les cultes michaéliques en Occident et leurs localisations rupestres : Pierre BOUET, Giorgio OTRANTO & André VAUCHEZ (dir.), *Culte et pèlerinage à saint Michel en Occident : les trois monts dédiés à l'archange*, Rome, 2003 (*Collection de l'École française de Rome*, 316).

154. Raimond Bérenger Ier (1035-1076). Cf. M. AURELL, *Les noces du comte*, cité *supra* p. 86-87 n. 152, *passim*. Sur Élisabeth († 1050), sa première épouse, cf. *ibid.*, *passim* ; M. Aurell mentionne l'hypothèse (p. 55, n. 2) d'une possible origine provençale et de liens avec l'archevêque d'Arles, Raimbaud de Reillanne, et Saint-Victor de Marseille, mais l'écarte au profit d'une origine barcelonaise.

155. Sur Gombaud de Besora (v. 990-v. 1054), frère de l'évêque et abbé Oliba, disposant de biens dans le Vallès et le Penedès, allié aux comtes de Barcelone (il fait notamment partie de l'entourage de la comtesse Ermessende de Carcassonne, épouse de Ramon Borrell) et investi dans la lutte contre les musulmans (le 16 août 1041, se préparant à partir au combat, il rédige un testament dont l'un des principaux bénéficiaires est le monastère du Fai) : A. PLADEVALL-FONT, « Saint-Miquel-del-Fai, prieuré

été construit dans une très belle grotte un monastère magni-
fique et en tout parfait, en l'honneur de l'archange saint
Michel[153]. Là, déjà épuisé par sa grave maladie, le saint père
s'effondra complètement. La rumeur de son arrivée étant
parvenue jusqu'à eux, le consul de Barcelone Raimond
Bérenger et sa femme Élisabeth[154], ainsi que Gombaud[155],
homme de rang consulaire, c'est-à-dire les plus grands princes de toute la région, se hâtent vers ce lieu pour s'offrir eux-
mêmes et leurs biens[156], dévoilent leurs péchés et le prient de
se faire leur défenseur auprès de Dieu. Et Isarn, les édifiant
grandement par les paroles de l'Écriture, leur imposa aussitôt comme œuvre de pénitence de restituer au Seigneur Dieu
les moines captifs, par tous les moyens possibles et appro-
priés, aussi bien par les menaces de leur puissance que par
les forces de la persuasion, par l'argent et par la supplication,
et de restaurer, pour l'honneur du Seigneur, le monastère de
Lérins jadis illustre et maintenant injustement détruit par des
peuples impies. Et s'ils le faisaient, il leur promettait qu'ils
obtiendraient facilement du Seigneur la rémission de leurs
péchés, si du moins ils se corrigeaient, et de prier pour eux
de tout son cœur. Alors, inspirés par Celui qui arme les rhinocéros d'une corne de puissance de ce genre pour leur permettre de dompter l'esprit des barbares[157], et qui par de tels

---

victorin catalan », cité *supra* p. 86 n. 152, p. 355-356 ; Ramon D'ABADAL,
L'abat Oliba bisbe de Vic, la seva epoca, 3e éd. Barcelone, 1962
(*Biblioteca biogràfica catalana*, 30), p. 105-106 ; M. AURELL, *Les noces
du comte*, cité *supra* p. 86-87 n. 152, p. 235-237.

156. *Se suaque offerentes* : il s'agit d'une expression forte, fréquemment
utilisée, au XIe siècle, pour qualifier la conversion et / ou la profession du
moine. Cf. Charles DE MIRAMON, *Les « donnés » au Moyen Âge. Une forme
de vie religieuse laïque, vers 1180-vers 1500*, Paris, 1999 (*Histoire*), p. 30-45
(chap. « *se et sua reddere* »). Voir la note complémentaire IV, p. 126-131.

157. L'auteur de la *Vita* s'inspire ici du *Livre de Job*, en particulier :
*Numquid uolet rinoceros seruire tibi aut morabitur ad praesepe tuum, num-
quid alligabis rinocerata ad arandum loro tuo aut confringet glebas ual-
lium post te ?* (Jb 39, 9-10). Depuis Grégoire le Grand au moins (*Moralia
in Iob*, 31, 1-7 : CCSL 143B, 1549-1555), le rhinocéros-licorne est une
figure de la *potestas* : un animal monstrueux qui, à l'extérieur de l'Église,
se déchaîne contre celle-ci, mais qui, une fois converti, sert l'*Ecclesia* et

totis uisceribus precaturum. Tunc aspirante illo, qui rino-
cerotas huiusmodi cornu potentię ad edomandos barbarorum animos armat, et per tales uectes amarissimo tur-
bulentoque gentium mari | terminos ponit, ad omne   29r
uotum eius sese promptissimos offerunt. Nec mora, statim Raimundus comes et uxor eius ad urbem Deniam
Alaio regi legatos suos una cum monacho qui captiuos
recognosceret dirigunt, ut omni instantia monachos repe-
tant. Quos si reddere rex paganus contemneret, omnia
prorsus fędera pacis ruptum iri atque inreconciliabile
terra marique bellum agitandum esse denuncient. Eadem
ęque regi Dertose Agalifo per suos nuncios una cum
monacho Gumbaldus mandat, nam is ad Gumbaldi
potentiam magis respondere uidebatur. In his uero dua-
bus ciuitatibus omnes captiui monachi tenebantur. Cum
igitur non impune sibi cessurum maioraque multo laturos
sese dispendia, si secus ac petebatur res fieret, certius
edocti utrique reges uiderent, consilio tandem saniori

---

peut être utilisé pour piétiner ses ennemis (cf. Philippe Buc, *L'ambiguïté du
Livre. Prince, pouvoir et peuple dans les commentaires de la Bible au
Moyen Âge*, Paris, 1994 [*Théologie historique*, 95], p. 254, n. 44). Le motif
de la corne du rhinocéros, appliqué aux grands laïcs, est bien attesté dans
l'hagiographie clunisienne : *Vita Geraldi*, 1, 8 (PL 133, 687) ; *Epitaphium
Adelheidis* (MGH SS 4, 636 : la sainte Adélaïde a capturé le rhinocéros,
c'est-à-dire le roi, Otton Ier, et l'a fait œuvrer pour le Christ). Cette image
cultivée par les moines clunisiens a donné son titre à l'ouvrage de Barbara
H. ROSENWEIN, *Rhinoceros Bound : Cluny in the Tenth Century*,
Philadelphia, 1982 (*The Middle Ages series*). Sur l'usage du *Livre de Job*
dans la *Vita Isarni*, voir la note complémentaire VII, p. 154-158.

158. L'idée selon laquelle le Créateur enferme la mer dans des limites
est également attestée dans le *Livre de Job* : outre Pr 8, 29 29 (« quando
circumdabat mari terminum suum et legem ponebat aquis ne transirent
fines suos »), voir Jb 26, 10 (« terminum circumdedit aquis ») et Jb 38, 10
(« circumdedi illud terminis meis et posui uectem et ostia »). Voir la note
complémentaire VII, p. 154-158.

159. Vers 1010, le chef esclavon Mujahid réussit à organiser un
petit État autour de Dénia et des Baléares, repris par son fils Alì, sans
doute l'Alaïus de notre texte (1044-1076), et qui se caractérise par un

verrous place des limites à la mer amère et turbulente des
païens[158], ils s'avancent, parfaitement prêts à accomplir la
totalité de son vœu. Sans attendre, le comte Raimond et son
épouse envoient aussitôt leurs émissaires, accompagnés
d'un moine qui puisse reconnaître les captifs, dans la ville
de Dénia auprès du roi Alaïus, pour réclamer les moines
avec la plus grande insistance[159]. Et si le roi païen dédai-
gnait de les rendre, ils devaient notifier que tous les pactes
de paix seraient rompus sur le champ et qu'une guerre irré-
médiable serait entreprise sur terre et sur mer. Gombaud
également confie la même mission au roi de Tortosa,
Agalif[160], par l'intermédiaire de ses émissaires accompagnés d'un moine, car celui-ci semblait relever davantage
du pouvoir de Gombaud. C'est en effet dans ces deux cités
que tous les moines étaient tenus captifs. Alors, les deux
rois, convenablement informés, voyant qu'ils ne s'en sorti-
raient pas impunément et que de nombreuses personnes
auraient à supporter de plus grands préjudices si l'affaire se
déroulait autrement qu'on ne le demandait, se rallient finalement à la décision la plus sensée : ils recrachent la proie

développement politique et économique de la ville ainsi qu'une riche
vie culturelle : cf. María Jesús RUBIERA MATA, *La taifa de Denia*,
Alicante, 1986.

160. On est fort mal renseigné sur la taïfa de Tortosa, sinon d'un point
de vue numismatique (cf. Antonio PRIETO Y VIVES, *Los reyes de taifas.
Estudio histórico-numismático de los musulmanes españoles en el siglo v
de la hégira [XI de J. C.]*, Madrid, 1926). Il s'agit, tout comme l'émirat de
Dénia (cf. note précédente), d'une des petites principautés musulmanes
autonomes (taïfas), nées autour des villes de l'Andalus oriental de la dés-
organisation du pouvoir central cordouan. Sur ces petits États et leurs relations avec les principautés chrétiennes voisines, cf. David J. WASSERSTEIN,
*The Rise and Fall of the Party-Kings. Politics and Society in Islamic Spain,
1002-1086*, Princeton, 1985 ; Jean-Claude GARCIN, *États, sociétés et cul-
tures du monde musulman médiéval*, t. 1, Paris, 1995 (*Nouvelle Clio*),
p. 57-80 ; B. DE RIQUER I PERMANYER & J. M. SALRACH (dir.), *Història.
Política, Societat i Cultura dels Països Catalans*, t. 2, cité *supra* p. 87
n. 152, en part. Philippe SÉNAC, « La Catalunya musulmana », p. 310-327
(p. 323 sur les rapports entre le comte de Barcelone et la taïfa de Tortosa)
et Pierre GUICHARD, « Les ciutats i l'activitat comercial », p. 348-363
(p. 349-350 sur Tortosa).

cędentes prędam innocuam reuomunt captiuosque fratres
non absque dolore grandi restituunt. Nec minori pęne
miraculo quam si ex internis luporum forte uisceribus,
postquam iam | introrsus absorptę penitus mansęque   29v
fuissent, illesę raperentur oues. Tunc naui honerarię cum
diuersis mercimoniis Barchinonam tendenti legati recep-
tos imponunt, ipsi terrestri uia reuertuntur. Cumque de
recuperatis fratribus sancto patri gaudium nunciassent,
euestigio alii subsecuntur, qui repetitos in mari pagano-
rum fraude fratres assererent ac in Siciliam transportari
et ibi sine ulla retractatione uenditum iri. Tunc sanctus
pater, tanquam uulnere lętali uiscera transforatus ad animum, doluit iamque omni humana spe destitutus, ęcclesiam lacrimosus ingreditur atque ad illum, de quo non
frustra sperare didicerat, omne id quod magnitudo sibi
doloris parturiebat effudit. Cum igitur a mane usque ad
horam circiter nonam flens coram Domino perorasset,
hilarissimo uultu ad consolandos fratres egrediens :
« Exultate, inquit, in Domino, cantate ei et psallite ei,
narrate omnia mirabilia eius. Uicta sunt enim humana
pręsidia, dissipata sunt consilia principum, hostilis ad
tempus calliditas | superauit, ut Dei magnalia copiosius   30r
celebrarentur nec totum sibi humana prudentia reputaret.
Uoluit enim mirificare misericordias suas Dominus et
saluos fecit sperantes in se. Laborent hostes, insaniant
quantum licet, nullus enim de captiuis nostris detrahetur.
Omnes nobis in proximo Dominus reddet. » Resumpta
igitur spe ad Dominum, cuncti corda suspendunt, aure

---

161. Allusion à Jon 2, 11, où Dieu dit au poisson de vomir Jonas :
« euomuit Ionam in aridam. »
    162. Ps 95, 3 : « narrate in gentibus gloriam eius, in uniuersis populis
mirabilia eius. »
    163. Ac 2, 11 : « magnalia Dei. »

innocente[161] et restituent les frères captifs non sans un grand
ressentiment. Ce ne fut pas un miracle moins grand que si
des brebis avaient été arrachées indemnes des profondeurs
des entrailles de loups après avoir déjà été englouties à l'intérieur et y être restées au plus profond. Alors les émissaires embarquent ceux qu'ils ont récupérés sur un navire de
commerce, chargé de marchandises diverses, qui se dirigeait vers Barcelone ; quant à eux, ils rentrent par voie terrestre. Après qu'ils eurent annoncé au saint père la joie
d'avoir récupéré les frères, d'autres arrivèrent sur leurs pas
pour dire que les frères avaient été repris en mer par la traî-
trise des païens, qu'ils avaient été transportés en Sicile, où
ils seraient vendus sans discussion possible. Comme s'il
avait les entrailles transpercées par une blessure mortelle, le
saint père éprouva alors un chagrin qui affecta son esprit.
Ayant désormais perdu tout espoir dans les hommes, il entre
en pleurs dans l'église et il déverse, devant Celui dont il
savait qu'on n'espérait pas vainement en lui, tout ce que sa
grande douleur avait fait naître en lui. Après avoir donc prié
en pleurs devant le Seigneur sans s'arrêter, du matin jusqu'à
la neuvième heure environ, le visage rayonnant d'une
grande joie, il sort pour rassurer ses frères en disant :
« Exultez dans le Seigneur, chantez et psalmodiez pour lui :
racontez toutes ses merveilles[162]. Car les résistances des
hommes ont été vaincues, les décisions des princes annu-
lées, la ruse de l'ennemi l'a momentanément emporté pour
que les *grandeurs de Dieu*[163] n'en fussent que davantage
célébrées et que la sagesse humaine ne s'attribue pas tout.
En effet, le Seigneur a voulu magnifier les œuvres de sa
miséricorde[164] et il a sauvé ceux qui espéraient en lui. Que
les ennemis peinent, qu'ils déraisonnent autant que faire se
peut, aucun de nos captifs ne sera soustrait, le Seigneur
nous les rendra tous bientôt. » Donc, après avoir repris
espoir, tous élèvent leurs cœurs vers le Seigneur et tendent

---

164. Cf. Ps 16, 7 : « mirifica misericordias tuas. »

semper sollicita quando eis et ex qua parte promissa
prospera nuncientur. Interea pagani, dromoni captiuis
impositis, secundis flatibus ad Siciliam tendunt. Sed cum
iam longius assportati essent, aura contraria uiolentis eos
flatibus ad Hispanias subito reportauit. Cumque per
nouem continuos dies nimio labore confectos post initia
prospera similis eos aduersitas ad littora quę reliquerant,
reuoluisset, fertur ipsos dixisse paganos aut in eadem
naui summi Dei oratores esse aut alibi pro illis qui in
naui ferebantur orari seque haut dubie orationibus impe-
diri. Interim legati, pręfatorum principum ad reges supra
dictos remissi, dominos suos | turpissima fraude irrisos   30v
grauiter conquerentur, et nisi captiui, quocunque traiecti,
ubicunque uenumdati aut reconditi, sani continuo reduc-
antur, nullius pecunię, nullius hominis, nullius tergiuer-
sationis interuentu secutura mala posse redimi, contes-
tantur. Tunc illi, grauissimo constricti articulo, ad nauem
protinus mittunt captiuos omnes, si adhuc forte non tran-
sierint, balneis et dapibus recreatos, nouis mutatoriis
decoratos, absque ullo dolo reddi iubent. Dominicę
resurrectionis dies illuxerat cum desperata captiuis nun-
ciata et facta libertas est digno sane iudicio ut qui in diebus passionis dominicę cum Domino fuerant passi resurrectionis etiam tempore congauderent et, sicut ipsa olim
die Christus Dominus, pro humano genere oblatus, suos
captiuos ab inferis, superata morte, reduxerat, ita etiam
nunc pater Ysarnus, qui amore et exemplo Domini Ihesu

---

165. La tempête évoquée par l'auteur de la *Vita* est inspirée par celle
du livre de Jonas. Dans les deux cas, il y a sur le navire des gens de reli-
gions différentes. Ceux qui ne sont pas juifs dans un cas, et ceux qui ne
sont pas chrétiens dans l'autre finissent par reconnaître la puissance du
Dieu qui n'est pas le leur, d'où la notion de *summus deus*, qui correspond
à la déclaration que fait Jonas devant les marins non-juifs en Jon 1, 9 :
« Hebraeus sum et Dominum Deum caeli ego timeo qui fecit mare et aridam. » Sarrasins et non-Juifs reconnaissent la toute-puissance du Dieu qui

constamment l'oreille dans l'attente de savoir quand et de quel côté leur sera annoncée la nouvelle espérée. Pendant ce temps, les païens qui avaient embarqué les captifs sur leur navire se dirigent vers la Sicile grâce à des vents favorables ; mais, alors qu'ils avaient déjà été poussés assez loin, un vent contraire les ramena brusquement vers l'Espagne par des rafales violentes. On raconte qu'ils étaient épuisés par neuf jours ininterrompus d'efforts considérables et qu'une telle adversité, survenue après des débuts favorables, les avaient ramenés sur la côte ; les païens eux-mêmes disaient que soit il y avait sur ce navire des gens qui priaient le Dieu très haut[165], soit on priait ailleurs pour ceux que le navire transportait, et que, sans doute possible, ces prières les arrêtaient. Entre temps, les émissaires des princes cités plus haut, renvoyés auprès des rois susdits, se plaignent amèrement de ce que leurs seigneurs aient été ridiculisés par une très honteuse tromperie et préviennent que, si les captifs, où qu'ils aient été emmenés et où qu'ils aient été vendus ou cachés, n'étaient pas immédiatement ramenés sains et saufs, aucune somme d'argent, aucun homme ni aucune tergiversation ne pourrait intervenir pour racheter les maux qui s'en suivraient. Alors, contraints par cette situation très grave, ils envoient aussitôt quelqu'un sur le navire et ordonnent que tous les captifs, si d'aventure ils n'avaient pas encore débarqué, réconfortés par des bains et des repas et parés de nouveaux vêtements, soient rendus sans la moindre ruse. Le jour de la Résurrection du Seigneur s'était levé, lorsque la liberté dont on avait désespéré fut à la fois annoncée et accordée aux captifs : c'est par une décision vraiment appropriée que ceux qui, le jour de la Passion du Seigneur, avaient souffert avec le Seigneur, partageaient aussi sa joie au moment de la Résurrection ; et de même qu'autrefois ce jour là, le Seigneur Christ, offert pour le

---

n'est pas le leur. Il est normal que les allusions à Jonas, figure du Christ ressuscité, précèdent l'évocation du jour de Pâques qui va suivre. Voir *infra*, p. 157.

se pro fratribus obtulerat, eadem ipsa die per uirtutem
eiusdem Domini nostri captiuos fratres a dominio minis-
trorum inferni, uicta eorum feritate, liberaret. Rece | ptis   31r
igitur fratribus, ex totis precordiis, ex totis anime uiribus
erumpens in gaudia simul et lacrimas nec se ab eorum
amplexibus et osculis saciare ualens, pro ereptione fratrum et restauratione dissipati monasterii, et quia ipsum
Dominus harum rerum ministrum idoneum deputasset,
inexplicabiles omnipotenti Deo uir sanctus gratias retulit. Tunc supra dictis principibus cum multa gratiarum
actione ualefaciens, cum diuinis eos ualde instruxisset
eloquiis, cum summo fauore omnium et digna prosecu-
tione, tam egritudine quam meritis auctus, iam equitare
non ualens, uix in lecto uectus, Massiliam repedauit ubi
deuotione ineffabili tam a fratribus quam a multis occur-
rentium undique populorum turbis exceptus, ita uniuerse
Prouincie gaudium fecit, tanquam si Dominus post lon-
gissimas tenebras ablatum solem terris flentibus reddi-
disset. Tunc ergo et labore uie et ualetudinis molestia
fractus, completa uictoria cuius desiderio in hoc seculo
tenebatur, iam ex toto affectu dissolui cupiens et esse
cum Christo, morbo ad extrema cogente, cepit in dies
acrius | exerceri. Ut uero etiam superhabundantis   31v
patientie merito non careret, tantis tunc ferme quatuor
mensibus dolorum stimulis agitatus est ut uix unquam se
in latus alterum, nisi aliorum manibus reclinaret, beni-
gnissime diuino agente iudicio, ut cum filiis quos pro
caritatis officio desolatos reliquerat pater optimus redderetur, martyrii tamen gloria que promptissime uoluntati
eius, non euitato sed uicto persecutoris incendio – cum

---

166. Cf. Ml 4, 2 : « sol iustitiae. »

167. Ph 1, 23 : « desiderium habens dissolui, et esse cum Christo. » On
trouve déjà cette citation scripturaire plus haut (cf. p. 35 n. 67).

genre humain, avait ramené ses captifs des enfers, après
avoir vaincu la mort, de même, maintenant, le père Isarn
aussi, qui par amour et suivant l'exemple du Seigneur Jésus
s'était offert pour ses frères, ce même jour précisément, par
le pouvoir de notre Seigneur, avait libéré les frères captifs
de l'empire des serviteurs de l'enfer, après avoir vaincu leur
cruauté. Ainsi le saint homme, après avoir accueilli les frères, de tout son cœur et de toute la force de son âme, explosa
de joie et, en même temps, éclata en larmes sans parvenir à
se rassasier de leurs embrassades et de leurs baisers, et il
rendit sans fin grâce à Dieu tout-puissant d'avoir libéré les
frères, d'avoir restauré le monastère détruit et d'avoir été
envoyé par le Seigneur comme le serviteur adéquat pour
remplir cette mission. Alors, il fit ses adieux aux susdits
princes en les remerciant vivement, après les avoir bien ins-
truits par des paroles de l'Écriture. C'est accompagné du
plus grand enthousiasme de tous et d'une digne escorte que,
grandi tant par sa maladie que par ses mérites, incapable
désormais de monter en selle et transporté avec peine même
sur un lit, il regagna Marseille. Là, accueilli avec une ferveur indescriptible, et par les frères et par la foule des fidèles accourant de partout, il fit la joie de la Provence entière,
comme si le Seigneur, après de très longues ténèbres, rendait à la terre en larmes le soleil qui lui avait été enlevé[166].
Alors, brisé par la fatigue du voyage en raison de son état
de santé, maintenant qu'il avait parachevé la victoire dont le
désir l'avait retenu dans ce siècle, souhaitant désormais de
tout cœur *mourir et être avec le Christ*[167], tandis que la
maladie le menait à sa dernière extrémité, il se mit à être
éprouvé plus durement de jour en jour. Mais, pour ne pas
être privé du mérite d'une patience surabondante, il fut
alors agité par les atteintes de la douleur pendant presque
quatre mois, au point qu'il ne pouvait se retourner ni d'un
côté ni de l'autre sans l'aide de mains d'autrui. Dans sa très
grande bonté, le jugement de Dieu faisait ainsi en sorte que,
au moment même où cet excellent père était rendu à ses fils

mortem ipse ultro peteret, sed pęne morientem mors
fugeret –, paulominus aderat, per acerbissimę et longissimę ęgritudinis patientiam suppleretur. Quo temporis
spacio toto spiritu in orationem, in lacrimas, in desiderium futurorum assidue currens, quis cogitare, nedum
edicere ualeat quantum profecerit, quantum creuerit,
quam perfectum uirtutum omnium ędificium cumularit,
cum ipsam momentis omnibus non iam a longe minan-
tem sed pręsentem mortem certissime sentiret, sentiendo
tanquam homo aliquatenus timeret, timendo cunctas
animę infirmitatis clarius cerneret, in multitudine autem
infirmitatum ad omnipotentis | medici gratiam omnibus
uiribus, omnibus intentionibus, totis desideriis orando
medullitus fugeret, in oratione autem ipsum clementis-
simi Ihesu uultum et omnia salutis humane misteria
contemplatus confortaretur, reficeretur, epularetur, acsi
de gaudio Domini iam sui iocundaret, speque certissima
solidaretur. Si facinorosus, si flagitiosus, si criminosus
quilibet tanto se spacio pęnitens ita fleuisset, sanctus cre-
deretur, sed et latro sub ipso exitu in momento uno glo-
riam meruit. Quantas igitur putamus glorias, quot coro-
nas tam immunis a crimine, tot refertus uirtutibus, tot et
tantis adustus angustus, tanta et tam diuturna patientia, in
fine maxime probatus sanctus iste promeruerit, cum iam
cęlestem eius mentem, utpote in extremo agone nulla ter-

32r

---

168. Cf. Mt 25, 21 : « intra in gaudium Domini tui. »

169. Cf. Lc 23, 39-43.

170. Cf. Jb 13, 27 : « probauit me quasi aurum quod per ignem transit » ; Jr 6, 27 : « probatorem dedi te in populo meo robustum » ; Ps 16, 3 :
« probasti cor meum » ; Pr 17, 3 : « sicut igne probatur argentum et aurum
camino ita corda probat Dominus » ; Sg 3, 6 : « tamquam aurum in fornace
probauit illos » ; Rm 5, 3-4 : « non solum autem, sed et gloriamur in tribu-
lationibus, scientes quod tribulatio patientiam operatur. Patientia autem
probationem ; probatio uero spem. » La notion de *probatio*, qui signifie
« épreuve », s'applique aussi bien au martyr qui doit affronter la mort

qu'il avait laissés désolés pour accomplir son devoir de charité, la patience qui était la sienne devant sa très dure et très
longue maladie remplaçait la gloire du martyre, un peu
moins présente à sa volonté toute prête parce qu'il n'avait
pas évité mais vaincu le feu du persécuteur. En effet, alors
que lui-même avait spontanément cherché la mort, c'est la
mort qui le fuyait au moment où il mourait presque. Tout le
temps qu'il s'adonnait assidûment de tout son esprit à la
prière, aux larmes, au désir des choses futures, qui serait
capable d'imaginer et encore plus de dire combien il a progressé, combien il a grandi et quelle fut la perfection de
l'édifice de toutes les vertus qu'il a construit, puisqu'à tout
moment il sentait avec certitude la mort elle-même, non pas
comme une menace lointaine mais proche, qu'en la sentant,
il la craignait comme un humain, qu'en la craignant, il
voyait plus clairement toutes les infirmités de son âme, que
dans la multitude de ses infirmités, il se réfugiait auprès de
la grâce du Médecin tout-puissant, en priant de toutes ses
forces, de toute sa volonté et de tous ses désirs, et qu'en
priant, contemplant le visage même du très clément Jésus et
tous les mystères du salut des hommes, il était réconforté,
restauré, refait comme s'il se réjouissait déjà *dans la joie de
son Seigneur*[168], et affermi par un espoir très sûr ? Si quelque
criminel, débauché ou malfaiteur avait, en faisant pénitence,
pleuré sur lui-même de la sorte durant un tel laps de temps,
on le prendrait pour un saint ; mais d'ailleurs même un lar-
ron a mérité la gloire céleste en un seul instant au moment
même de sa mort[169]. Quelles gloires et combien de couron-
nes pensons-nous donc qu'a méritées ce saint à ce point
dépourvu de péché, rempli de tant de vertus, brûlé et brisé
par tant et de tels tourments, par une patience si grande et si
longue, mis très fortement à l'épreuve à la fin de sa vie[170],
alors qu'aucune ambition terrestre, ni aucune ombre d'im-

---

qu'au moine qui doit lutter contre les tentations des démons. Dans ce dernier contexte, Jean Cassien cite Pr 17, 3 dans les *Collationes* VII, 25. Voir
la note complémentaire VII, p. 153-158.

renę cupiditatis ambitio, nulla aut perrarissima immun-
dicię macula, nulla hypocriseos admixtura fedaret ? Sed
iam totum se in cęlum sustolleret, iam choros cęlestium
miraretur, iam in uitam pene saliretur. | Et iam diu pręuisa   32v
et desiderata dies aduenerat, qua uirtutum suarum pręmia
recepturus ad supernę retributionis brauium uocabatur.
Tunc collectis undique sanctorum filiorum turmis, cum
ad mundi contemptum et ad amorem cęlestium sacris eos
monitis et illis suis sermonibus igneis animasset, fidelis-
simo pastori Domino Ihesu creditas oues commendans,
sumpto diuino uiatico, tota propemodum carne
consumpta, sanctissimam illam et Deo dilectam animam,
psallentibus et plorantibus discipulis, gaudentibus et tri-
pudiantibus angelis, octauo kalendas octobris, ipsa
eadem post annum die qua ad Yspanias se pro fratribus
daturus exierat, ad desideratum diu uitę ęternę fontem,
solutus carne, lętus emisit. Erat autem annus tunc ab
incarnatione Domini millesimus quadragesimus octauus
sepultusque est in precioso uase marmoreo, in septen-
trionali parte templi, ubi assiduis miraculis glorificatur a
Domino Deo nostro cui est gloria, laus et imperium per
infinita secula seculorum. Amen.

   Explicit.

171. Cf. Ph 3, 14 : « ad brauium supernae uocationis Dei. »
   172. Il y a ici une opposition nette entre *sacris* et *suis*. Voir la note
complémentaire VII, p. 153-158.

pureté, ou alors extrêmement rare, ni aucune once d'hypocrisie n'entravaient son esprit déjà aux cieux, comme il est
naturel lors d'un dernier combat ? C'est qu'il s'élevait déjà
tout entier vers les cieux, qu'il contemplait déjà les chœurs
célestes, et qu'il avait déjà presque franchi le seuil de la vie
éternelle. Et voilà qu'était arrivé le jour depuis longtemps
prévu et désiré où, pour recevoir les récompenses de ses
vertus, il était appelé à obtenir le prix de la rétribution
céleste[171]. Après avoir réuni de partout la foule de ses saints
fils, il les exhortait au mépris du monde et à l'amour des
cieux par des recommandations tirées de l'Écriture et par
ses propres paroles enflammées[172], et recommandait au très
fidèle pasteur, le Seigneur Jésus, les brebis qui lui avaient
été confiées[173]. Muni du divin viatique, toute sa chair étant
presque consumée, alors que ses disciples psalmodiaient et
pleuraient, que les anges se réjouissaient et dansaient de
joie, le 8 des calendes d'octobre, tout juste un an après, jour
pour jour, qu'il fut parti en Espagne afin de s'offrir pour les
frères, libéré de la chair, heureux, il rendit sa très sainte âme
chérie de Dieu à la source de vie éternelle qu'il désirait
depuis longtemps. C'était l'année de l'Incarnation du
Seigneur 1048. Il fut enseveli dans un précieux sarcophage
de marbre[174], dans la partie septentrionale de l'église où, par
d'incessants miracles, il est glorifié par notre Seigneur Dieu
à qui vont la gloire, la louange et le pouvoir pour les siècles
des siècles. Amen.

  Fin.

---

173. Cf. Jn 10, 1-21.
174. Sur l'erreur de datation (1048 au lieu de 1047) et ce sarcophage,
voir la note complémentaire I, p. 103-109.

Fig. 6 : Dalle funéraire de l'abbé Isarn
(Saint-Victor de Marseille ; photo : Ph. Groscaux,
LAMM, UMR 6572, Université de Provence / CNRS)

NOTES COMPLÉMENTAIRES

I. Le tombeau et l'épitaphe de l'abbé Isarn

Le tombeau d'Isarn est évoqué à deux reprises dans le texte hagiographique : dans le prologue, qui mentionne un *monumentum* situé parmi d'autres *memorias sanctorum*, et dans le chap. XXXI, à la fin de la *Vie*, où l'on raconte qu'Isarn a été enseveli « dans un précieux sarcophage de marbre (*in precioso uase marmoreo*), dans la partie septentrionale de l'église ». Les deux mentions de la *Vie* semblent faire référence au tombeau d'Isarn encore visible aujourd'hui à Saint-Victor de Marseille. Il s'agit de l'une des premières tombes à gisant de l'Occident médiéval, constituée d'une dalle funéraire, sans doute conçue pour être insérée dans le sol, sur laquelle est gravée une longue épitaphe en lettres capitales, couvrant le corps de l'abbé dont seuls la tête et les pieds sont sculptés. Le texte, composé de distiques élégiaques avec rimes léonines au pentamètre, fait l'éloge du « pieux et bienheureux abbé »[1] :

---

1. Nous modifions la traduction proposée par R. Favreau, J. Michaud & B. Mora, *Corpus des inscriptions*, t. 14, cité *supra* p. 17 n. 31, p. 99-102, n° 55.

Sacra viri clari / sunt hic sita patris Isarni
Membra suis studiis / glorificata piis
Quæ felix vegetans / anima provexit ad alta
Moribus egregiis / pacificisque animis
Nam redimitus erat / hic virtutis speciebus
Vir Domini cunctis / pro quibus est hilaris
Quæ fecit docuit / abbas pius atque beatus
Discipulosque suos / compulit esse pios
Sic vivens tenuit / regimen sed claudere limen
Compulsus vite est / acriter miserere !
Rexit bis denisque / septemque fideliter annis
Commissumque sibi / dulce gregem Domini
Respuit octobris / terras octavo kalendas
Et cepit rutili / regna subire poli

Ajout sur la bordure supérieure, avant la première ligne :

† obiit anno MXLVIII indictione I epacta IIII

Inscription sur le bâton en forme de tau :

Virga

Inscriptions sur les bordures semi-circulaires,
à la tête et aux pieds du gisant :

Cerne precor que lex hominis noxa protoplasti † in me defuncto
lector inest misero !
Sicque gemens corde † dic dic Deus huic miserere. Amen

Les membres sacrés d'un homme illustre, notre père Isarn,
Se trouvent ici, glorifiés par son zèle plein de piété :
Heureuse, son âme vivificatrice les éleva jusqu'au ciel,
Par ses mœurs remarquables et son tempérament paisible.
Car celui-ci était paré de toutes les sortes de vertus
Grâce auxquelles cet homme de Dieu est dans la joie !
Pieux et bienheureux abbé, il faisait ce qu'il enseignait
Et il encouragea ses disciples à être pieux.
En vivant de la sorte il exerça le gouvernement, mais il fut
Forcé de franchir le seuil de la vie : prends-le en grande pitié !
Il dirigea vingt-sept années fidèlement et
Avec douceur le troupeau du Seigneur qui lui avait été confié.
Il renonça aux choses terrestres le huit des calendes d'octobre
Et commença à s'élever vers le royaume des cieux étincelants.

Il mourut l'an 1048, indiction 1, épacte 4

Verge

Regarde, je t'en prie, lecteur, comment la loi néfaste du premier
homme pèse sur moi malheureux défunt !
Et ainsi, en gémissant dans ton cœur, dis, dis : « Dieu, prends
pitié de lui. » Amen !

La date de réalisation de ce tombeau a été beaucoup discutée, sans que les analyses stylistiques ou épigraphiques ne permettent d'établir une conclusion assurée. Les historiens de l'art n'ont d'ailleurs pas toujours relevé que le tombeau était mentionné dans la *Vie d'Isarn*, indice qui permet au moins d'en placer l'aménagement entre la mort de l'abbé, en 1047, et la rédaction du récit hagiographique, dans les années 1070[2].

La dalle de marbre, taillée dans un fond de sarcophage antique[3] (fig. 6), représente un monument en quelque sorte intermédiaire entre la pierre inscrite (alors habituelle pour distinguer les sépultures privilégiées) et l'image corporelle du défunt (selon une formule qui allait s'imposer dans les décennies suivantes)[4]. Les vers et l'effigie se rencontrent dans la pierre : ainsi que le suggère Cécile Treffort, le procédé graphique utilisé,

---

2. Parmi les travaux récents : Jacques BOUSQUET, « La tombe de l'abbé Isarn de Saint-Victor de Marseille », *Provence historique*, 46, 183, 1996, p. 97-130, ainsi que la notice de Jean-René GABORIT dans le catalogue de l'exposition *La France romane au temps des premiers Capétiens (987-1152)*, dir. Danielle GABORIT-CHOPIN, Paris, 2004, n° 178 (qui fait cependant l'hypothèse d'une œuvre « de peu postérieure à la rédaction de la vie de l'abbé »).

3. J.-R. Gaborit, qui évoque un fond de sarcophage « d'un type assez répandu aux 2e et 3e siècles mais dont aucun exemplaire n'a été signalé, semble-t-il, à Marseille même », avance que celui-ci aurait pu être importé pour la sépulture de l'abbé. Des exemples de compositions antiques du type de celle du tombeau d'Isarn avaient été donnés par Jean ADHÉMAR, *Influences antiques dans l'art du Moyen Âge français. Recherches sur les sources et les thèmes d'inspiration*, Londres, 1939 (*Studies of the Warburg Institute*, 7), rééd. Paris, 1996, p. 236 (comparaison du tombeau d'Isarn [fig. 88] avec un tombeau gallo-romain trouvé à Saulieu [fig. 87]).

4. Cette image n'est pas sans similitude avec celle d'un autre abbé du Midi de la Gaule, Ansquitil, contemporain d'Isarn, que son successeur à la tête de l'abbaye de Moissac, Durand (1047-1072), fit sculpter sur le pilier central de la galerie orientale du cloître monastique. Si l'image de l'abbé de Moissac ne recouvre pas un tombeau, comme c'est le cas à Saint-Victor, elle n'en constitue pas moins une effigie commémorative, dont la forme et la mise en scène sont proches de celles de la dalle d'Isarn. Cf. Quitterie CAZES & Maurice SCELLÈS, *Le cloître de Moissac*, Bordeaux, 2001.

au milieu de l'inscription, pour étaler les lettres du vers central sur deux lignes rédigées dans un module différent (plus espacé et arrondi), dessine un volume – celui de la dépouille de l'abbé, dont ne sont pourtant visibles que la tête et les pieds[5]. Ce vers, dont le graphisme donne l'illusion de la corporéité en dépit de la surface plane du marbre, évoque l'enseignement de l'abbé Isarn. Le mot ABBAS, situé de manière ostentatoire exactement au milieu de la dalle, est en outre placé, dans le vers, après une césure penthémimère qui contribue à le mettre en évidence.

Sur le corps du défunt – un corps qui guérissait les pèlerins, si l'on en croit l'hagiographe – se trouvait ainsi rappelé l'enseignement de l'abbé et affirmé le caractère exemplaire de sa conduite pour les religieux, ses disciples. En outre, la figuration d'un bâton pastoral en forme de tau, sur lequel se trouve gravé le mot VIRGA, renvoie à l'autorité de l'abbé et à sa fonction de guide. Si ce terme peut renvoyer à la *Règle du Maître*[6], il assimile de manière plus générale l'abbé à Aaron, frère de Moïse. Un acte du grand cartulaire de Saint-Victor qui met en scène l'abbé aux prises avec de grands laïcs atteste qu'il

---

5. Cécile TREFFORT, « Mémoires de chœurs. Monuments funéraires, inscriptions mémorielles et cérémonies commémoratives à l'époque romane », dans Claude ARRIGNON, Marie-Hélène DEBIÈS, Claudio GALDERISI & Éric PALAZZO (dir.), *Cinquante années d'études médiévales. À la confluence de nos disciplines. Actes du Colloque organisé à l'occasion du cinquantenaire du CESCM, Poitiers, 1er-4 sept. 2003*, Turnhout, 2005 (*Culture et société médiévales*, 5), p. 219-232, ici p. 226-227.

6. RM 11, 15-19 : « Cuius ergo honoris ordinatio hæc sit : convocatis hisdem decem fratribus ab abbate, præsente omni congregatione, in oratorio susceptione virgæ decem illis præponantur voce abbatis testimonio scibturæ dicentis : "Reges eos in virga" (Ps 2, 9), hoc est in timoris vigore, item dicente apostolo : "Quid vultis, in virga veniam as vos an in caritate ?" (1 Co 4, 21) Nam et Moses diuinae virga virtutis conmisso sibi populo per profundum maris salutis viam ostendit (Cf. Ex 14, 16-21). Quo indicio virgae causam Dei ante Pharaonem egisse monstratur, ut proiecta de manibus in terra et mutata in bestia, item de bestia readsumpta sacris virga manibus redderetur » (Cf. Ex 7, 8-13).

se servait de la *virga* pour transmettre un bien ou investir d'une charge[7].

La date du décès (MXLVIII), qui est gravée sur la ligne ajoutée au début de l'inscription et pourrait remonter au début du XIIᵉ siècle selon J.-R. Gaborit, est erronée. On sait, en effet, que le successeur d'Isarn, Pierre, a été élu le 1ᵉʳ novembre 1047, tandis que le jour du décès d'Isarn est mentionné dans le texte de l'épitaphe (le 8 des calendes d'octobre) et par un nécrologe de l'Église de Marseille[8] : le saint abbé serait donc mort le 24 septembre 1047. Le millésime erroné de 1048 se trouve déjà dans les dernières lignes de la *Vie d'Isarn*[9].

L'emplacement du tombeau d'Isarn au cours du Moyen Âge reste une question ouverte. S'il se trouvait vraisemblablement associé aux reliques de Jean Cassien et au corps de Guifred, dans la partie de l'église de Saint-Victor où fut également inhumé par la suite l'abbé Bernard (mort en 1079), on hésite selon les siècles à le localiser dans les cryptes ou dans l'église haute. Les travaux entrepris par le pape Urbain V entraînèrent en tout cas d'importants déplacements de reliques[10] : à cette occasion, le 23 mai 1363, la châsse du maître-autel de l'église haute fut ouverte et inventoriée, comme l'atteste en 1444 le protocole du notaire de Marseille Jean Duranti qui énumère les reliques (saint Victor et ses compagnons en tête) retrouvées lors du démontage du maître-autel ; ce même document décrit ensuite une disposition des sarcophages *in ecclesia super arcus qui erant in principio cori*, qui semble renvoyer à la mise en scène consécutive

---

7. CSV 77 (Bref de La Cadière) : « Cumque multi multa icerent, abbas (...) apprehendens uirgam suam, dixit : "In tali conuencione ut loquuti estis, audiente me, uestio uos." Et ita uestiuit [uicecomitem]... »

8. P. AMARGIER, « 966 ou 977 », p. 315, n. 10.

9. On trouve également la date de 1048 dans la petite chronique de Marseille : A. WILMART, « La composition de la petite chronique de Marseille », p. 154.

10. Sur ces déplacements, voir la note complémentaire VIII, p. 158-168.

à la réfection du chœur de l'église supérieure voulue par Urbain V. À droite du chœur, le premier *arcus* supportait trois sarcophages (*vasa*) conservant les corps de l'abbé Bernard de Millau, de l'abbé et évêque Mauron et de l'abbé Guifred, prédécesseur d'Isarn. À gauche, une structure identique soutenait trois autres sarcophages. Enfin, *in capite ecclesie versus partem septentrionalem*, se trouvaient « les corps de saint Isarn, abbé de Marseille et de deux autres »[11]. Une telle topographie et l'organisation d'un culte associant notamment Jean Cassien, Guifred, Isarn et Bernard sont d'ailleurs encore évoquées au milieu du XVIIe siècle[12]. On ne peut exclure qu'un tel aménagement résulte de la volonté de l'abbé Bernard, qui aurait pu faire réaliser la tombe et l'épitaphe d'Isarn – voire celles de Guifred, précédesseur d'Isarn – et prévu pour lui une sépulture dans le même lieu.

---

11. Cette description se trouve dans le registre notarié de Jean Duranti notaire de Marseille au milieu du XVe s. (Arch. dép. Bouches-du-Rhône, 351 E 203, fol. 219v-221r) : Joseph Hyacinthe Albanès la glose d'ailleurs longuement (voir *infra* p. 163). Nous n'aurions pas pu avoir accès à ces documents sans la collaboration de Claude Herrera et de ses collègues des Archives départementales de Bouches-du-Rhône que nous remercions chaleureusement.

12. En effet, selon Jean-Baptiste GUESNAY, *S. Ioannes Cassianus illustratus…*, II, cap. 22, § 10, Lyon, 1652, p. 475-476 : « Ab illo ad S. Cassiani huius monasterii fundatoris, quod nunc uulgo s. Isarni sacellum dicitur, patet aditus. Sub illius ara omnia propemodum eiusdem Cassiani ossa, praeter ea quae suis seposita locis diximus, in sepulchro condita sunt. Aliud insuper altari impositum uisitur, ubi Vuifredi abbatis et huius monasterii restauratoris corpus seruatur, una cum reliquiis s. Isarni huius etiam monasterii abbatis ossibus, quam plurima etiamnum in depellendis praesertim febribus eiusdem celebrantur miracula. Seruatur ibidem insuper Bernardi cuiusdam eiusdem monasterii abbatis corpus. Is sedis apostolicae legatus fuit, et cardinalis tituli S. Petri ad uincula, una cum reliquiis Mauronti huius pariter monasterii abbatis et Massiliensium episcopi. Denique in hoc eodem sepulchro marmoreo duo ex s. Ursulae sociis corpora asseruantur. Notandum autem aduersus hoc sepulchrum, quod ad septemtrionem pertinet, in oblongo marmoreo eiusdem sancti Isarni abbatis effigiem eleganter insculptam esse cum hac epigraphe… »

II. Les « lieux saints » et les « cryptes »
de Saint-Victor à l'époque d'Isarn

L'auteur de la *Vie* relate l'arrivée à Marseille, puis la découverte et la visite du site de Saint-Victor par le jeune Isarn dans les premières années du XIe siècle. Le monastère, où la vie régulière avait été rétablie depuis peu, se trouvait alors « en ruines », écrit-il. Probablement la mention de ruines relève-t-elle, au moins en partie, d'un lieu commun propre à valoriser l'œuvre de refondation de l'abbaye marseillaise que devait entreprendre Isarn. Bien qu'en ruine, Saint-Victor est présenté, dès les premiers chapitres du récit, comme un lieu d'une vénérable antiquité, chargé d'une forte sacralité : les bâtiments monastiques se trouvent entourés de vastes champs funéraires où reposent « saints confesseurs » et « vierges consacrées ». Une charte datée de 1044, peut-être réécrite au moment de sa copie dans le grand cartulaire, décrit en des termes identiques les abords du monastère, qui avait été de fait établi sur l'emplacement d'une nécropole dont certains secteurs étaient sans doute toujours en usage dans le haut Moyen Âge[13]. Selon l'acte du grand cartulaire, à la demande expresse de l'abbé Isarn, la famille vicomtale avait restauré, sur cette zone d'inhumation, l'un des lieux de culte du complexe monastique, l'église Saint-Pierre-du-Paradis, dont le nom indique clairement une fonction funéraire : « située à la porte du monastère », cette église, qui se trouvait alors également « détruite à cause de sa vétusté et tombant en ruines », était appelée « Paradis », parce que s'y trouvaient « de nombreux corps », « ceux des saints martyrs, des confesseurs et des vierges »[14].

---

13. Cf. M. ZERNER, « L'abbaye de Saint-Victor de Marseille et ses cartulaires », p. 203-205 ; M. LAUWERS, « Consécration d'églises, réforme et ecclésiologie monastique », p. 125-126.

14. CSV 32 : « … quatenus hedificaremus ecclesiam in honore sancti Petri, apostolorum principis, que olim uetustate destructa ad nihilum deuenerat et fonitus corruerat. Iccirco uero isdem locus, ad

Les « saints martyrs » de l'acte du grand cartulaire sont évoqués par l'hagiographe : lors de son arrivée à Saint-Victor, Isarn avait déambulé parmi les « sépultures des martyrs », avant de pénétrer en un « sanctuaire intérieur », renfermant des reliques, qui est présenté comme le lieu le plus secret et sacré du complexe monastique. Tandis que les parcours quasiment processionnels effectués par l'adolescent parmi les tombes saintes sont décrits avec le vocabulaire de la « circumambulation » caractéristique des pèlerinages aux lieux saints[15], mais aussi des rites de consécration d'églises, Isarn s'exclame, après avoir « circulé » parmi les tombes : « Dieu bon, que ce lieu est terrible, et moi je ne le savais pas ! Vraiment, ce lieu n'est rien moins que la maison de Dieu et la porte du ciel ! » L'exclamation paraphrase un passage de la *Genèse* (chapitre 28) relatant le songe de Jacob et l'onction par le patriarche d'une pierre qualifiée par lui de *locus terribilis*, « maison de Dieu et porte du ciel ». Les clercs du Moyen Âge voyaient dans la pierre de Jacob une préfiguration des autels et lieux de culte chrétiens, et ce passage de la *Genèse* fut dès lors fréquemment récité à l'occasion des dédicaces d'églises et de leur anniversaire. D'une certaine manière, l'auteur de la *Vie* fait de l'arrivée d'Isarn à Marseille une (re-)consécration métaphorique de Saint-Victor.

---

portam monasterii situs, uocatus est Paradisus, sicut et nos comperimus, quia multorum corporum, uidelicet sanctorum martyrum, confessorum ac uirginum, eodem loca quiescentium, decoratur auxiliis, et suffragatur meritis. Immo etiam uere uocabatur Paradisus et porta Paradisi, quia in diebus Cassiani, sanctissimi patris et doctoris eximii, institutoris huiusmodi sancti Victoris cenobii, tanta nobilitate uiguit et sanctitate floruit apostolice et regularis discipline, ab his sanctis patribus tradite, in qua continentur inserte sanctarum animarum omnes delicie, ut merito et actu et nomine uocatur Paradisus, roris superne gratie illustrus uirtutibus. »

15. Le cas précoce de Rome est mentionné par Vincenzo FIOCCHI NICOLAI, « *Sacra martyrum loca circuire* : percorsi di visita dei pellegrini nei santuari martiriali del suburbio romano », dans Letizia PANI ERMINI (éd.), *Christiana loca. Lo spazio cristiano nella Roma del primo millennio*, Rome, 2000, p. 221-230. Mais le même vocabulaire est utilisé en Gaule par Grégoire de Tours.

Le « sanctuaire intérieur » parcouru par le jeune Isarn (chap. III) renvoie probablement au même espace que les « cryptes des martyrs » mentionnées à propos des nuits passées dans les veilles et la prière par Isarn, désormais abbé, quelques années plus tard (chap. IX). C'est en ce lieu que l'auteur de la *Vie* situe l'affrontement entre le saint et un dragon (chap. X). D'après son récit, les « cryptes » sont disposées en contrebas du « cirque » (*in circo illo*) où s'était rendu, pour y prier, le moine Guillaume, témoin involontaire de la scène. Le terme de « cirque » est difficile à interpréter, et l'hagiographe laisse du reste entendre qu'il s'agit d'une dénomination locale. Si le terme peut renvoyer à la configuration des lieux, aménagés dans une ancienne carrière dont la structure devait être encore visible dans la première moitié du XIe siècle, les archéologues font surtout remarquer que l'emploi du mot conviendrait bien à une architecture à tribunes, du type de celle d'un amphithéâtre[16]. Deux espaces cultuels, reliés par un escalier que mentionne l'auteur, se trouvaient en tout cas superposés. À partir de l'abbatiat d'Isarn, quelques chartes et plusieurs récits du recueil de miracles opérés par saint Victor confirment l'existence de ces sanctuaires organisés sur deux niveaux, église haute et église basse ou « crypte(s) »[17]. L'aménagement (ou réaménagement) de ces deux niveaux attesterait la mise en place de pôles liturgiques différenciés, *basilica* inférieure, remontant au haut Moyen Âge, et *monasterium* supérieur[18].

---

16. M. FIXOT & J.-P. PELLETIER, *Saint-Victor de Marseille. Étude archéologique et monumentale*, p. 293.

17. Voir, par exemple, sous l'abbatiat d'Isarn, CSV 536 : don fait *altari sancte Dei genitricis Marie, gloriosissimeque martiris Victoris, quod est consecratum in cripta et confessione cenobii Massiliensis, domno abbati Isarno ac monachis eiusdem monasterii* ; mais aussi CSV 595, en 1056 ; 704, en 1060 ; 279, en 1064 ; 532, en 1073.

18. M. FIXOT & J.-P. PELLETIER, *Saint-Victor de Marseille. Étude archéologique et monumentale*, p. 294.

Dans les « cryptes », Isarn prie « devant l'autel de la très sainte Vierge Marie et des bienheureux martyrs ». L'auteur de la *Vie* évoque « *les* cryptes » (au pluriel) et, une fois, la « crypte principale » ; dans les actes, le terme, qui apparaît sous l'abbatiat d'Isarn, est toujours employé au singulier, parfois explicité par le mot « confession » pour désigner l'endroit où se trouve l'autel de la Vierge et de saint Victor, c'est-à-dire, vraisemblablement, ce que l'hagiographe nomme la « crypte principale » et que Michel Fixot et Jean-Pierre Pelletier considèrent comme une partie à plan centré du sanctuaire[19]. Selon la *Vie*, que confirment plusieurs chartes, il y avait également dans l'église inférieure, à un autre emplacement, un autel dédié à saint Jean-Baptiste. Il demeure toutefois difficile de restituer avec précision les circulations, passages et ouvertures entre ces différents espaces sacrés au cœur du monastère du XIe siècle.

Il est d'autant moins aisé d'interpréter les indications relatives à la topographie de Saint-Victor que certaines descriptions du texte hagiographique reprennent des récits anciens, notamment les *Passions* de saint Victor. Selon l'un de ces textes, rédigé à Marseille au VIe siècle, les « corps sacrés » du martyr Victor et de ses compagnons avaient été, après leur exécution, pieusement dérobés et cachés au flanc d'une colline, « dans une roche creusée à la hâte ». La *Passion* du XIe siècle mentionne également cette roche, tout en remarquant que celle-ci fut « creusée avec diligence ». Or le *sacrarium* évoqué au début de la *Vie d'Isarn* est également « creusé dans la roche naturelle ». Cette roche creusée paraît correspondre à l'endroit que les archéologues nomment le *cubiculum* antique, sorte de chambre funéraire effectivement aménagée dans le rocher, avant même la construction du complexe paléochrétien, et beaucoup plus tardivement agrandi et transformé en crypte où se rendaient les pèlerins et où l'abbé se plaisait à veiller et à prier. Cette

---

19. *Ibidem*, p. 293.

transformation a pu intervenir après l'arrivée d'Isarn à Saint-Victor, peut-être sous son abbatiat. Dans cette hypothèse, le sanctuaire rocheux et en partie ruiné (?) des premières années du xie siècle aurait donc été réhabilité et voûté dans les décennies suivantes. Quoi qu'il en soit, l'auteur du récit hagiographique n'entend pas rendre compte d'une telle réorganisation architecturale (ni même du déplacement de reliques qui l'aurait accompagné) ; il s'emploie, comme nous l'avons expliqué dans l'Introduction de ce volume, à redéfinir les patronages de l'abbaye marseillaise.

On aura compris que les textes mentionnant les lieux de culte du monastère (*Passions* et *Miracles* de saint Victor, *Vie d'Isarn*, actes du cartulaire) ne sont guère propres à éclairer les archéologues qui peinent à repérer des données matérielles relatives à des édifices ou des aménagements attribuables au xie siècle et a fortiori à l'abbatiat d'Isarn. Il convient même de souligner l'absence de toute allusion, dans la *Vie d'Isarn*, à quelque construction due au saint, à Marseille ou ailleurs, en dépit du motif hagiographique de l'abbé bâtisseur, pourtant bien attesté dans les textes exaltant d'autres abbés du xie siècle, comme les *Vies* d'Odilon de Cluny et de Guillaume de Volpiano. Plus que les réalisations architecturales, notre hagiographe préfère mettre en valeur l'antiquité du site de Saint-Victor, ainsi que les déambulations rituelles et les pratiques dévotionnelles de son héros. Les seuls indices d'un réaménagement des bâtiments cultuels sous l'abbatiat d'Isarn sont la charte (interpolée) de 1044 qui évoque la restauration de l'église Saint-Pierre-du-Paradis, aux portes du complexe religieux, et surtout le pseudo-privilège de Benoît IX qui fait état de la consécration, à la demande d'Isarn, en 1040, d'une église (*ecclesia*, selon le dispositif de l'acte) ou d'un lieu (*locus*, selon l'eschatocole), qui pourrait être une église majeure au sein de l'ensemble monastique[20].

---

20. Comme le remarquent M. Fixot & J.-P. Pelletier, *Saint-Victor de Marseille. Étude archéologique et monumentale*, p. 289, c'est bien cette

Ce dernier texte, assez énigmatique, relate une consécration ou bénédiction présidée par un pape et qualifiée de *trifida*, adjectif inusité et d'interprétation difficile. L'objet de la consécration y est désigné comme « l'église susdite » (*trifida benedictione apostolico privilegio predictam ecclesiam sanctificamus*), ce qui semble renvoyer à l'église prise sous la protection de l'évêque de Marseille au début des suscriptions du même acte (*Pontius uidelicet Massiliensis, cuius tuitione ac patrimonio predicta consistit ecclesia...*)[21]. Bien qu'aucune consécration d'église ne soit rapportée dans la *Vie d'Isarn*, quatre actes copiés dans le grand cartulaire paraissent bien faire allusion à un tel événement, qui aurait eu lieu le 15 octobre 1040. Parmi ceux-ci, deux chartes vicomtales :

- CSV 16, charte datée du 15 octobre 1040 : les vicomtes de Marseille, les frères Guillaume et Foulques, dotent l'église *in honorem sanctorum apostolorum Petri et Pauli et omnium apostolorum in cenobio Massiliensi constructe, die dedicationis eius*.

- CSV 33, charte portant la double date de 1038 et 1048 : le vicomte Foulques et sa femme Odile, *iussu domni Isarni abbatis omnisque congregationis coenobii sancti Victoris*, ont entrepris d'édifier une église *in honore beati Petri apostolorum principis, caeterorumque apostolorum, uidelicet Iacobi, Iohannis, Thome et Bartholomei* et la dotent *in die suae edificationis*. L'un des biens constituant le *sponsalitium* se trouve *ad caput eiusdem ecclesiae sancti Petri*. Les biens sont donnés au monastère de Saint-Victor, ses abbés et ses moines présents et futurs, *cum ipsa ecclesia sanctorum apostolorum Petri et Pauli, Jacobi et Iohannis, Thome et Bartolomei cuius uidelicet ecclesia ipsa iuri et predii sancti Victoris erat, antequam a nobis edificaretur*. L'acte est souscrit par Raimbaud d'Arles, Pierre, Didier de Toulon, deux chanoines et des laïcs.

« charte controversée de 1040 qui a rendu l'abbé Isarn responsable d'une activité décisive dans la structuration architecturale de l'abbaye ». En l'absence de données assurées, les archéologues ne peuvent dès lors guère qu'indiquer « quels vestiges pourraient témoigner d'aménagements qui relèveraient d'une période voisine du temps où s'exerça cet abbatiat, sans plus chercher à forcer la chronologie en l'absence de critères très précis ».

21. Voir M. Zerner, « L'abbaye de Saint-Victor de Marseille et ses cartulaires » ; Ead., « Le grand cartulaire de Saint-Victor de Marseille ».

Deux autres chartes rapportent la donation d'églises par des évêques qui auraient été présents à la consécration du 15 octobre 1040 :

– CSV 769, charte datée du 15 octobre 1040 : don par l'évêque Amiel de Senez des églises de son diocèse ayant un temps appartenu à Saint-Victor et injustement usurpées. L'acte, écrit par le moine Durand et souscrit par Amiel, Pons de Marseille, Raimbaud d'Arles, Pierre d'Aix, Étienne d'Apt, Gaucelm de Fréjus, Benoît d'Avignon, Nectard de Nice, Didier de Toulon, Durand de Vence, est passé *in monasterio Sancti Victoris, idus octobris, die sanctorum apostolorum ecclesiae consecrationis.*

– CSV 795, charte datée du 15 octobre 1040 : don d'églises par l'évêque Durand de Vence. L'acte souscrit par Pons, Raimbaud, Pierre, Benoît, Gaucelm, Étienne, Nectard et Durand est passé *apud Sanctum Victorem, idibus octobris, die sanctorum apostolorum ecclesiae dedicationis, millesimo XL dominicae incarnationis, indictione VIII.*

Il semble donc qu'une cérémonie de consécration, à laquelle participèrent plusieurs évêques de Provence, se soit déroulée à Saint-Victor sous l'abbatiat d'Isarn. Il est cependant difficile d'identifier l'édifice qui fit l'objet de cette consécration et plus encore les travaux que celle-ci aurait couronnés ou lancés.

III. Les dépendances de l'Église victorine, la mobilité des moines et les déplacements d'Isarn

Après avoir évoqué les vertus d'Isarn au sein de la communauté marseillaise, à partir du chapitre XIV, la *Vie* met en scène son action et ses miracles à l'extérieur, dans les dépendances de l'abbaye marseillaise : ces pérégrinations abbatiales non seulement dessinent une géographie des relations entre Saint-Victor et les pouvoirs laïcs à l'époque de la rédaction de la *Vie* mais, par le biais des noms attribués à ces dépendances et des rapports les unissant à Saint-Victor, elles suggèrent aussi l'existence d'un réseau monastique articulé, sinon d'une Église monastique à proprement parler[22].

Si l'on s'en tient pour commencer aux espaces parcourus par Isarn, on constate qu'ils renvoient à un double cadre territorial : d'une part la Provence, célébrée tout au long de la *Vie*, d'autre part les espaces au-delà du Rhône, à savoir le Languedoc, traversé par l'abbé malade et qui sut en reconnaître la sainteté, mais surtout la péninsule Ibérique, en une sorte de projection peut-être destinée à légitimer l'expansion victorine vers l'ouest, parfois critiquée, voire remise en question sous l'abbatiat de Bernard. Tout en célébrant l'ensemble de la Provence, la *Vie d'Isarn* évoque de préférence les terres monastiques et les prieurés les plus éloignés du centre marseillais (cf. fig. 7), c'est-à-dire les plus distants des zones de domination de la famille vicomtale dont les liens avec Saint-Victor s'en trouvent d'ailleurs minimisés. Ainsi la famille de Marseille n'apparaît-elle qu'à l'occasion du portrait extrêmement critique de son agent *Redemptus*, viguier de la principale seigneurie vicomtale, l'ancienne *villa* de Trets. Or ce chapitre (chap. XVIII) vise à stigmatiser les exactions laïques sur les terres sacrées des moines, conformément au discours d'inspiration grégorienne évoquant la « mauvaise seigneurie » des laïcs qui se déploie à Saint-Victor dans le dernier tiers du XIe siècle[23].

Si les lieux parcourus par Isarn dessinent bien une géographie des pouvoirs victorins et plantent le décor d'un nouveau discours anti-seigneurial en défense du *ius monasterii*, force est de constater qu'ils ne constituent pas encore un réseau monastique structuré ou institutionnalisé. On notera, en effet, la variété et le caractère non systématique du vocabulaire utilisé pour désigner les lieux visités par

---

22. Sur ce point, la meilleure mise au point est celle d'E. MAGNANI SOARES-CHRISTEN, *Monastères et aristocratie*, p. 276-283, qui nuance justement, pour le XIe siècle, P. AMARGIER, « *Ordo victorinus Massiliensis* ».

23. F. MAZEL, « L'invention d'une tradition », p. 345-349 ; Id., « Amitié et rupture de l'amitié », p. 82-91.

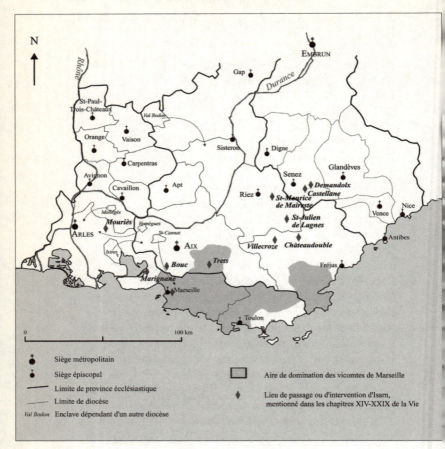

Fig. 7 : Déplacements et interventions
de l'abbé Isarn en Provence, d'après la *Vie*
(CEPAM, UMR 6130, Université de Nice – Sophia Antipolis / CNRS)

Isarn : *prędium* ou *obedientia* pour Lagnes, *mansio* pour Castellane, *obedientia* à propos de la dépendance dirigée par le moine Martin au chapitre XIX[24], *possessio* à propos de Marignane ou de Saint-Michel del Fai, *ecclesia* par exemple pour Saint-Maurice près de Maireste, mais jamais *cella* pourtant attesté dans les actes du cartulaire dès 1034[25]. Quant aux moines se trouvant à la tête de ces dépendances, leur rôle est désigné par un verbe plus que par un substantif de fonction : le moine Rainald désigne sa fonction à Lagnes par le verbe *procurare*[26], tandis que le moine Martin est dit *regere* une obédience. Cette fluidité lexicale reflète probablement le statut embryonnaire au cours du XIe siècle du réseau de Saint-Victor, association informelle de caractère patrimonial et non institutionnel : ce n'est que très progressivement que les dépendances s'articulent de façon plus organisée et obtiennent, vraisemblablement sous l'influence de la chancellerie pontificale, le nom de prieuré, et leurs supérieurs, ceux de prieur et prévôt[27].

---

24. Le terme *obedientia* désigne en général de petits établissements monastiques dans les environs du monastère principal, habités par deux ou trois moines chargés de l'administration des propriétés foncières : cf. CSV 56, 67, 135, 264, 265, 298, 455, 533, 569, 665, 710 (chartes datées des années 1010-1080) ; c'est sans doute aussi le cas de Saint-Maurice de Maireste décrit dans la *Vie* comme habité par deux moines et attesté dans des chartes plus tardives comme *cella* de Saint-Maurice de Maireste.

25. Le terme *cella* apparaît 24 fois dans les actes du grand cartulaire (dont 9 à propos de la *cella* du mont Cousson, CSV 744-747, 749-752 et 756), parfois en association avec un autre terme comme *ecclesia* (CSV 516 à propos de Villecroze, 777), *locus* (CSV 528), *obedientia* (CSV 455, Marignane), *monasterium* (CSV 770).

26. Le substantif *procurator* est celui par lequel sont en général désignés les administrateurs des dépendances dans le dernier tiers du XIe siècle ; voir par exemple l'usage qui en est fait dans la lettre du moine E. à l'abbé Bernard (vers 1070), dont il est question ci-dessous.

27. E. Magnani Soares-Christen, *Monastères et aristocratie*, n. 502, p. 276-281. En général, voir Émile Lesne, *Histoire de la propriété ecclésiastique*, t. 1, Lille, 1910 (*Mémoires et travaux des Facultés catholiques de Lille*, 6), p. 279-290 ; par comparaison avec Cluny, Didier Méhu, *Paix et communautés autour de l'abbaye de Cluny (Xe-XVe siècle)*, Lyon, 2001 (*Collection d'histoire et d'archéologie médiévales*, 9), p. 87-103 ;

Comme cela a été montré pour d'autres réseaux unifiés par la personne d'un multi-abbé, la cohérence du réseau victorin à l'époque d'Isarn (de même encore qu'à l'époque de l'écriture de sa *Vie*) tient en grand part au charisme de l'abbé et à sa présence physique démultipliée au gré de visites régulières que notre texte met abondamment en scène, ainsi que par l'envoi de moines du lieu-centre dans les différents pôles du réseau. Tel Odon de Cluny, Guillaume de Volpiano ou Maïeul, Isarn est un abbé itinérant[28], dont la monture – à la fois moyen de ses incessantes circulations et emblème de l'inversion monastique que l'abbé fait subir aux comportements des aristocrates laïcs – finit d'ailleurs par être héroïsée[29].

Les voyages de l'abbé Isarn dans les dépendances du monastère, en compagnie de moines de confiance qui deviennent ensuite les témoins de l'exercice des vertus abbatiales hors du cloître, méritent d'être mis en relation avec plusieurs lettres expédiées à la fin des années 1060 et dans les années 1070 à l'abbé Bernard, fréquemment retenu loin de Marseille par ses nombreuses missions au service de ces dépendances ou en vue de leur accroissement. Les recteurs des lieux appartenant au réseau victorin lui réclamaient des

---

avec Fleury, Laurent MORELLE, « Que peut-on savoir du temporel de Fleury ? », dans Annie DUFOUR & Gillette LABORY (dir.), *Abbon, un abbé de l'an Mil*, Turnhout, 2008 (*Bibliothèque d'histoire culturelle du Moyen-Âge*, 6), p. 101-149, en part. p. 125-131, et avec les réseaux monastiques de la péninsule italienne, Nicolangelo D'ACUNTO (dir.), *Dinamiche istituzionali delle reti monastiche e canonicali nell'Italia dei secoli X-XII*, Vérone, 2007.

28. Pour comparaisons, voir Alfredo LUCIONI, « Le visite abbaziali nella costruzione della rete monastica fruttuariense tra i secoli XI e XII », dans Frederi ARNEODO & Paola GUGLIELMOTTI (dir.), *Attraverso le Alpi : S. Michele, Novalesa, S. Teofredo e altre reti monastiche*, Bari, 2008 (*Bibliotheca michaelica*, 3), p. 261-277, et Isabelle ROSÉ, « Circulation abbatiale et pouvoir monastique au premier âge féodal (IXe-Xe siècle) », dans *Déplacements de populations et mobilité des personnes au Moyen Âge. Actes du 40e Congrès de la SHMESP, Nice, 4-7 juin 2009*, à paraître.

29. E. MAGNANI SOARES-CHRISTEN, *Monastères et aristocratie*, p. 278-280 ; F. MAZEL, « Amitié et rupture de l'amitié », p. 88-89.

conseils et l'envoi de religieux[30], tandis que, à l'inverse, la *congregatio* des moines marseillais rappelait l'abbé à la *cura monasterii vestri*[31]. L'une de ces lettres, rédigée au nom des religieux de Marseille par le moine E., évoque à la fois un sentiment d'abandon de la part du supérieur qui est absent et l'inquiétude face à la dispersion des forces vives de la communauté, également évoquée par d'autres lettres. Plus que toute autre, la lettre du moine E. souligne les risques encourus par la maison mère quittée par son abbé, mais aussi par tous les moines envoyés dans les *monasteria et loca* éloignés de Marseille *ad exteriora curanda*. À ce tableau d'une communauté privée de ses pasteurs en raison de la multitude des possessions (*numerositas possessionum*), la *Vie d'Isarn* – rédigée probablement à un moment où la communauté marseillaise connaît un tel malaise – oppose le tableau rassurant d'un réseau unifié et pacifié par les voyages de son saint abbé, portrait d'un moine qui *à l'intérieur* (cf. les chap. III à XIII) *comme à l'extérieur* (chap. XIV à XXIX, ainsi que XXX-XXXI) vit pleinement les vertus monastiques. La *Vie* donne également, par la bouche même d'Isarn, une réponse sans appel à ceux qui – tels les moines victorins désespérés de voir l'abbé Isarn prêt à sacrifier sa vie et son troupeau pour sauver les moines de Lérins enlevés au loin – reprochaient à Bernard de vider le centre marseillais des religieux en mesure de « garder le troupeau des frères »[32].

30. C'est le cas de la lettre adressée en 1070 par P. (Pierre, prieur de Camboulazet en Aveyron) à Bernard : Arch. dép. Bouches-du-Rhône, 1 H 54/254, citée par D. NEBBIAI, *La Bibliothèque de l'abbaye de Saint-Victor de Marseille*, p. 51, et M. LAUWERS, « Cassien, le bienheureux Isarn et l'abbé Bernard », p. 230 n. 142.

31. C'est l'expression qui conclut une lettre adressée fin 1068 à Bernard et à la communauté de La Grasse dirigée par l'abbé Dalmas, cf. G. AMMANNATI, « Saint-Victor di Marsiglia », p. 46-50 (commentaire et datation) et 60-63 (édition) ; M. LAUWERS, « Cassien, le bienheureux Isarn et l'abbé Bernard », p. 230 n. 140.

32. Édition, trad. et commentaire de cette lettre, qui n'est pas datée mais peut être rapportée aux environs de 1070, par M. LAUWERS & F. MAZEL, « L'abbaye Saint-Victor », p. 137-141.

Au vu des déplacements de l'abbé et de certains moines, il apparaît qu'à l'époque d'Isarn et à celle de la rédaction de sa *Vie*, ce n'est probablement pas par l'intermédiaire de coutumes écrites que sont diffusés les usages de Saint-Victor[33], mais par leur mise en pratique par l'abbé et par les frères de l'abbaye-centre, ces *monachi* ou *domini Massilienses*, que leur mobilité rendait capables d'introduire dans les nouvelles dépendances les habitudes de vie de Saint-Victor. Cette situation explique d'ailleurs que les prieurs et protecteurs de ces dépendances aient pu réclamer la venue de « Marseillais »[34], que les rebelles à l'intégration aient

---

33. On relève dans les chartes des années 1060-1070 plusieurs références à la vie *secundum institutionem et ordinem monasterii Massiliensis* (charte originale de 1062, citée par P. AMARGIER, « *Ordo Victorinus* », p. 102 et E. MAGNANI SOARES-CHRISTEN, *Monastères et aristocratie*, p. 279), ainsi qu'aux *consuetudines* ou à la *disciplina Massiliensis monasterii*, en général à propos de monastères anciens incorporés pour être réformés et sans jamais que le recours à la médiation de l'écrit puisse apparaître nécessaire puisque les coutumes sont toujours introduites par un abbé et des moines envoyés *ad hoc* : ainsi en 1060, la donation du monastère de Vabres à l'abbé Durand précise : « per omnia tempora de congregatione Massiliensi ponant in monasterio Vabrensi abbatem et quos uoluerint monachos, qui eis obedientes secundum normam regule sancti Benedicti et consuetudines Massiliensis monasterii in eodem loco ad seruicium omnipotentis Dei permaneant » (CSV 827) ; en 1073, l'évêque de Nîmes et le vicomte d'Albi et de Nîmes donnent à l'abbé Bernard le monastère de Castres …*tali tenore ut ibi abbatem et monachos mittant qui regularem ordinem secundum preceptum sancti Benedicti et constitutiones Massiliensis monasterii* (CSV 825) ; en 1080, le monastère de Saint-Savin de Lavedan est donné aux abbés de Marseille pour qu'ils y nomment un abbé *secundum regulam sancti Benedicti et consuetudinem monasterii Massiliensis*, qu'ils en chassent les mauvais moines et y placent des moines *qui monasterium ordinent secundum consuetudines Massiliensis monasterii* (CSV 483) ; en 1087, le monastère Saint-Sever de Roustan est donné à l'abbé Richard aux mêmes conditions (CSV 484) ; en 1091, le monastère de Saint-Michel de Cuxa est donné à l'abbé Richard *ut in eodem monasterio abbatem et abbates et monachos mittant, qui regularem ordinem secundum regulam sancti Benedicti et constitutiones Massiliensis monasterii teneant*… Plus loin l'observance à laquelle est tenu Cuxa est résumée à l'observance de la *Règle* et à l'obéissance à l'abbé de Saint-Victor ce qui souligne bien l'équivalence entre la *consuetudo* de Marseille et l'obéissance à son abbé (CSV 826).

34. Ainsi, dans les années 1060, l'abbé Durand de Saint-Victor s'engage auprès de Raimond, comte de Cerdagne (1035-1068), à envoyer quatre

au contraire refusé leur installation[35] et que la communauté marseillaise se soit inquiétée d'être privée de ses meilleurs frères.

À l'inverse, on peut imaginer que les moines des dépendances ou d'autres fidèles susceptibles de se convertir aux usages marseillais faisaient le voyage, tel l'auteur de la *Vie d'Isarn* qui raconte, dans le prologue, comment lui-même vint à Marseille « pour voir vivre sur terre les chœurs célestes de cette communauté religieuse très réputée » et, un peu plus loin, comment Isarn, visitant les cryptes de Saint-Victor, fut pris du « désir de tout connaître » et se renseigna « sur tout en détail auprès des quelques frères qui, dans ce monastère récemment restauré, avaient commencé à vivre pleinement la règle »[36]. Le récit hagiographique évoque aussi la venue de moines responsables de prieurés à Marseille et au moins une modalité, en apparence formalisée sinon réellement institutionnalisée, de rassemblement des religieux du réseau ou de leurs représentants à travers une allusion à l'existence de pratiques liturgiques communes à tous. Le récit du chap. XIX met, en effet, en scène l'arrivée

---

ou cinq frères pour la réforme du monastère de Vabres (cf. G. AMMANNATI, « Saint-Victor di Marsiglia », p. 60 [édition], p. 50-54 [datation et commentaire]) ; sans doute début avril 1070, Dalmas supérieur du monastère de La Grasse (Aude), récemment donné à Saint-Victor, se plaint à Bernard alors en Catalogne de son absence et de ceux des *domini mei Massilienses* : cf. G. AMMANNATI, « Saint-Victor di Marsiglia », p. 63 (édition), p. 41-46 (datation et commentaire) ; M. LAUWERS, « Cassien, le bienheureux Isarn et l'abbé Bernard », p. 230 n. 141.

35. Voir le cas de la communauté de Vabres entre 1066 et 1079 évoqué par F. MAZEL, « Amitié et rupture d'amitié… », p. 83-84 et M. LAUWERS, « Cassien, le bienheureux Isarn et l'abbé Bernard », p. 228.

36. On rapprochera ces récits de la charte de Saint-Martin de la Canourgue en 1060 (CSV 832) qui après avoir rappelé le passé prestigieux de Saint-Victor à l'époque du bienheureux abbé Cassien ajoute : « nunc etiam, omni seculo iam pene lapso, si non sicut antiquitus, tamen in tantum uiget, ut de quacumque patria in eo, causa religionis, uenientes et actum in eo habitancium cognoscere uolentes accesserint, dicant, cum recesserint, hoc pocius regulariter degere quam cetera monasteria tocius Gallie. » Charte citée par P. AMARGIER, « *Ordo Victorinus* », p. 101-102 et F. MAZEL, « Amitié et rupture d'amitié », p. 83.

d'un certain Martin, venu à Saint-Victor d'un prieuré qu'il dirigeait pour la fête de Noël ; ce frère trouve à Marseille un « grand rassemblement de frères arrivés aujourd'hui, éprouvés par la fatigue du chemin ainsi que par la rigueur de l'hiver ». Ce récit met donc clairement en scène le rôle de certaines récurrences du calendrier liturgique, comme ici la fête de Noël (mais on pourrait parler également de la commémoration des morts : la lettre déjà citée du moine E. à l'abbé Bernard, alors absent, commence par l'évocation des frères défunts), comme occasion d'affluence au monastère-centre et, par là même, comme facteur de centralisation d'un réseau stable[37].

À Saint-Victor comme dans d'autres réseaux monastiques de l'époque, une œuvre telle que la *Vie d'Isarn* pouvait assumer la fonction de mise par écrit de l'identité coutumière. Ce type de récit était probablement mieux adapté qu'une mise en forme normative à la nature du réseau victorin et aux pratiques monastiques du XIe siècle[38]. Même si la *Vie d'Isarn* n'a pas circulé directement, il ne faut négliger ni le rôle éventuel de sa diffusion liturgique[39], ni le rôle conjoint, dans la diffusion des usages marseillais, d'autres produits de l'atelier d'écriture de Saint-Victor, comme le grand cartulaire et les chartes consignant la prise en charge ou la création de prieurés en Provence ou Languedoc, dont les longs préambules ont parfois

---

37. On rapprochera ce récit de l'adoption attestée des usages liturgiques victorins par exemple à Ripoll, cf. E. MAGNANI SOARES-CHRISTEN, *Monastères et aristocratie*, p. 281 et D. NEBBIAI, *La Bibliothèque de l'abbaye de Saint-Victor de Marseille*, p. 47 avec renvoi à la bibliographie.

38. Pour comparaison, voir Lin DONNAT, « Vie et coutume monastique dans la *Vita* de Jean de Gorze », dans Michel PARISSE & Otto Gerhard OEXLE (dir.), *L'abbaye de Gorze au Xe siècle*, Nancy, 1993 (*Lorraine*), p. 159-182. On peut rapprocher cette fonction exemplaire du récit hagiographique de celle des portraits de moines défunts brossés par le moine E. dans sa lettre à l'abbé Bernard, vers 1070, notamment un certain Jean de Toulouse qui, au cours des huit jours que dura son agonie, montra l'exemple et exhorta ses frères à la discipline et au respect de la *Règle* (éd. M. LAUWERS & F. MAZEL, « L'abbaye Saint-Victor », p. 137-141).

39. Outre la diffusion à Ripoll mentionnée ci-dessus, voir V. SAXER, « Les calendriers liturgiques de Saint-Victor ».

peut-être un écho dans les constructions historiographiques sous-jacentes de la *Vie d'Isarn*[40] : on pense en particulier au rôle de Cassien, alors érigé en figure sainte et tutélaire de l'histoire et de l'observance victorines, pour souligner le respect très particulier de la *Règle* de saint Benoît par les moines de Saint-Victor, ainsi que la diffusion par leurs soins de cette *Règle* et des « coutumes du monastère de Marseille »[41]. La lettre par laquelle, en 1070, un prieur réclame l'envoi de livres à l'abbé Bernard pourrait témoigner d'une circulation des écrits constituant une sorte de communauté textuelle à l'échelle de l'Église monastique victorine[42].

En dépit de l'absence d'un coutumier écrit, les moines de Saint-Victor avaient probablement, sinon sous l'abbatiat d'Isarn – gratifié dans le pseudo-privilège de 1040 du titre de restaurateur du *cenobiale studium* en Provence – au moins sous ceux de Bernard et Richard, une conscience vive de leur identité coutumière, construite sur la recomposition du passé monastique et en particulier sur l'exaltation du rôle fondateur de Jean Cassien.

40. Sur ces préambules et les constructions sous-jacentes, cf. M. LAUWERS, « Consécration d'églises, réforme et ecclésiologie monastique » ; M. ZERNER, « Le grand cartulaire de Saint-Victor de Marseille ».

41. Sur le lien entre spécificité des usages marseillais et redécouverte de Cassien, voir les remarques de F. MAZEL, « Amitié et rupture de l'amitié », p. 83-84, M. LAUWERS, « Cassien, le bienheureux Isarn et l'abbé Bernard », p. 222-223, commentant la charte de donation à Saint-Victor du monastère de Vabres, en 1062 (CSV 827) qui évoque dans un long prologue les coutumes (*mores*) et la règle (*regulam*) observées du temps de Cassien dans les monastères gaulois, avant de préciser les modalités d'application dans le monastère réformé de la *normam regule sancti Benedicti et consuetudines Massiliensis monasterii*.

42. « Deinde expeto ut librorum solatio pascere procuretis utilium-que fratrum comitatum prebeatis quo seculi pondus ferre ualear leuius. » Cité par D. NEBBIAI, *La Bibliothèque de l'abbaye de Saint-Victor de Marseille*, p. 51 qui identifie l'expéditeur à Pierre, prieur de Camboulazet en Aveyron.

IV. Récits « antiseigneuriaux » et conversions
au monachisme dans la Vie d'Isarn

Comme l'a justement souligné Florian Mazel, la Vie d'Isarn
« déploie un discours vigoureusement antiseigneurial…»[43].
En ce sens, elle constitue l'une des manifestations d'un
discours général sur la mauvaise seigneurie des laïcs, qui
se développe chez les moines marseillais dans la seconde
moitié du XIᵉ siècle, attestant la crise du système social
antérieur fondé sur l' « amitié » entre moines et laïcs, au
profit de la défense toute « grégorienne » d'une seigneurie
monastique indépendante[44]. Dans la Vie, la dénonciation du
pouvoir seigneurial s'exprime en premier lieu au gré d'un
ensemble de récits qui mettent en scène tantôt la conversion
au monachisme, tantôt, et plus fréquemment, la punition
surnaturelle des mauvais laïcs (chap. XIV à XVIII et XXVI-XXVII).
Parallèlement et d'un bout à l'autre du texte, la Vie brosse
du principal médiateur de ces châtiments divins, l'abbé Isarn,
un portrait en double inversé du miles. Ce portrait oppose,
d'une part et assez traditionnellement, les vertus d'ascèse (en
particulier alimentaire) et de paix du moine aux débordements
des aristocrates violents et gloutons[45] et insiste, d'autre part et

---

43. F. Mazel, « Amitié et rupture de l'amitié », en part. p. 87 pour
la citation.

44. Voir les travaux de F. Mazel qui ont renouvelé l'interprétation de
ce contexte, notamment F. Mazel, « Amitié et rupture de l'amitié », en
part. p. 82-91 dont nous reprenons les analyses.

45. Ce n'est sans doute pas un hasard si, dans le chapitre XIV rapportant
la conversion d'Adalard, le combat entre bien et mal prend la forme de
la lutte douloureuse dans le ventre du mauvais seigneur entre nourritures
sacrées (parce que préparées pour Isarn) et mauvaises nourritures issues
d'exactions (execrabilibus, quos de pręda pręsumpserat, cibis). On relè-
vera notamment l'insistance sur la consommation très emblématique de
poissons par les moines, au cœur des récits des chapitres VIII et XIX ; on
rapprochera cette insistance de la charte dite Carta de ponte (CSV 219)
par laquelle l'archevêque d'Arles Pons accède à la requête présentée par
Isarn et ses moines dans la villa de Marignane : « ut in cibos seruorum Dei,
suorum scilicet monachorum, concedere sibi deberemus aliquam partem in

de façon plus inattendue, sur le réinvestissement par l'abbé d'un des principaux emblèmes de la puissance seigneuriale, le cheval[46]. Monture par antonomase des membres du groupe aristocratique ou de ses représentants, tels la dame du village de Trans en voyage vers le monastère marseillais, le viguier *Redemptus* dont le pied sacrilège est frappé de châtiment « après avoir rapidement enfourché son cheval » ou l'homme de Saint-Victor « soudain renversé de cheval par des voleurs à la solde du nommé Pandulf », le cheval est en conséquence l'objet de toutes les convoitise et exactions, telles celles commises par *Rainardus* qui arrache violemment à la dame de Trans « ses chevaux et tout ce qu'elle transportait » ou par les hommes de main de Pandulf (chap. XVI, XVII, XXVII). À l'inverse, compagnon implicite des pérégrinations de l'abbé qui ne l'abandonne qu'à l'agonie lorsque, « incapable désormais de monter en selle et transporté avec peine même sur un lit, il regagna Marseille » pour y mourir, le cheval d'Isarn est l'objet d'un authentique panégyrique occupant un chapitre à part entière que l'hagiographe dit tenir d'une tradition célèbre dans toute la Provence (chap. XXIX). En somme, l'abbé de la *Vie d'Isarn*, tout comme celui qui se dégage de la pagelle d'élection de l'abbé Bernard de Millau, rassemble les vertus des moines (humilité, patience, obéissance et modestie) et la puissance des rois et des prophètes de l'Ancien Testament selon une rhétorique caractéristique des réformateurs grégoriens visant à exalter l'excellence du mode de vie monastique pour assurer la présence et la domination des religieux dans le monde[47].

---

captura piscium, quę pertinet ad nostram diocesim, de ipso ponte qui est situs inter stagnum et mare… » au motif que « quando quidem, secundum canonum auctoritatem, liceret nobis de rebus episcopii construere monasterium, sed, quia necdum hac potestate uoluimus uti, hoc interim tantumodo, pro elemosina nostri episcopi, in cibos contulimus seruorum Dei, quibus prohibitium est carnibus uesci. »

46. F. MAZEL, « Amitié et rupture de l'amitié », p. 87-89.

47. M. LAUWERS & F. MAZEL, « L'abbaye Saint-Victor », p. 133-137.

En même temps, la possibilité est donnée aux grands laïcs de faire pénitence et d'accéder au salut par le biais d'une correction des mœurs prenant souvent la forme d'un règlement avec les moines ou, plus efficacement encore, d'une conversion à la vie monastique. Le chapitre XIII constitue, conformément à la phrase qui l'introduit, une sorte de préambule aux récits « antiseigneuriaux » ; il exalte de fait le modèle de la conversion aristocratique, notamment de la conversion tardive, comme voie de salut proposée aux laïcs dont les chapitres suivants dressent des portraits très négatifs. Selon les mots de l'hagiographe, à la suite des deux premiers convertis, les jeunes Dodon et Rainald, « une postérité vénérable, venant de diverses régions, les suivit et transforma en peu de temps pour le Seigneur un modeste troupeau en troupeau immense ; parmi eux, de nombreux nobles aussi, embrasés par l'amour de la vie céleste, transmirent au siècle les brillants exemples de leur conversion ». Plus loin, deux récits de châtiments mettent en scène un seigneur converti, voire la conversion d'un mauvais seigneur. Le chapitre XVII rapporte ainsi comment le père de *Rainoardus*, seigneur de Bouc, un certain *Archimbertus* (également connu par deux chartes du grand cartulaire), s'était fait moine à Saint-Victor et « avait donné au monastère quelques terres qui lui appartenaient en propre », provoquant d'ailleurs la fureur de son fils qui se déchaîna contre les moines jusqu'à ce que le châtiment divin ne lui fasse préférer la voie d'un règlement et que les prières d'Isarn ne lui rendent la santé. Quant à la conversion d'Adalard, elle fait l'objet du chapitre XIV qui s'ouvre sur une comparaison très articulée avec le modèle scripturaire par excellence de la conversion tardive, celui de Saul / Paul. L'hagiographe concentre sur Adalard tous les traits du mauvais seigneur : « très adonné aux vanités du siècle », « homme fort cruel et très mauvais », il persécute les paysans et les moines par ses « injustes prélèvements ». Sa conversion à la vie monastique qui le fait devenir « un véritable serviteur de Dieu » n'en est que plus emblématique.

Mais l'efficacité du récit de la conversion d'Adalard – « en un premier temps supporté avec une grande patience, fouetté afin qu'il se corrigeât, renversé afin qu'il se relevât, et qui, poussé à la conversion, donna ensuite suffisamment de fruits » – tient en grande part à sa construction parallèle à celle du récit scripturaire de la conversion de Saul[48], un épisode déjà évoqué dans la *Vie*, bien que de façon implicite, à propos du jeune Isarn se hâtant vers Marseille et prenant l'habit monastique en chemin (chap. III). Tel l'ancien persécuteur du Christ et de ses disciples, Adalard persécute les moines de Saint-Victor par ses exactions ; tel le futur Paul jeté à bas de son cheval et frappé de cécité sur le chemin de Damas, il est frappé de douleurs insupportables qui le poussent à la conversion ; enfin, tel Paul relevé mais guéri à l'issue d'un parcours de conversion, Adalard, immédiatement soulagé, ne recouvre définitivement la santé qu'au moment de sa profession monastique. Cette dernière étape acquiert dans le récit une importance notable qui renvoie à un souci générique d'apologie du statut monastique, mais aussi à la défense plus spécifique de son identité propre liée à la profession et non à la simple prise d'habit : l'hagiographe souligne, en effet, à dessein que si le soulagement des douleurs intervient « aussitôt l'habit revêtu », la guérison définitive est repoussée d'un an, durée de la probation au terme de laquelle la profession fait du converti « un véritable serviteur de Dieu »[49].

Le vocabulaire de la conversion utilisé par l'hagiographe pour évoquer l'entrée de laïcs au monastère s'étend de ces récits à toute forme de soutien apporté aux moines par

---

48. La narration de la conversion de Paul fait l'objet de trois récits dans les *Actes des Apôtres* : Ac 9, 1-19 ; 22, 4-21 ; 26, 9-18.

49. Sur l'importance du débat sur les relations entre profession religieuse et prise d'habit comme vœu implicite, bien illustrée par la réflexion canonique sur la question controversée de la vestition du novice ou de la vestition *ad succurrendum*, voir les remarques de Guido CARIBONI, « *Liber discede*. La libertà di lasciare il noviziato : un aspetto della fortuna della *Regula Benedicti* », dans Gert MELVILLE & Markus SCHÜRER (dir.), *Das Eigene und das Ganze. Zum Individuellen im mittelalterlichen Religiosentum*, Münster, 2002 (*Vita regularis*, 16), p. 393-418.

de grands laïcs. Ainsi, l'aide reçue par Isarn du comte de
Barcelone et son épouse et d'un de ses puissants fidèles,
Gombaud de Besora, pour l'aider à récupérer les moines de
Lérins captifs est présentée comme une œuvre de pénitence
(*pęnitentię munus*) imposée par l'abbé, à l'issue d'une
exhortation de paroles édifiantes, à ces *principes maximi
totius regionis* qui s'étaient « hâtés » vers Isarn « pour
s'offrir eux-mêmes et leurs biens » (*se suaque offerentes*),
une formule forte, fréquemment utilisée au XIᵉ siècle pour
qualifier la conversion et / ou la profession du moine[50]. Ce
n'est d'ailleurs pas un hasard si, dans le même contexte,
l'hagiographe se sert également de l'image traditionnelle
du rhinocéros. Cet animal monstrueux, figure de la
potestas, a en effet un statut ambigu parfaitement adapté
au contexte spécifique de la libération des moines victimes
des païens par le truchement des puissants locaux, mais
aussi au leitmotiv de la conversion des mauvais laïcs : si,
hors de l'Église, le rhinocéros se déchaîne contre elle, une
fois en son sein, il met sa puissance à son service et peut
être utilisé par elle pour piétiner ses ennemis (chap. LVII).

Cette insistance manifeste sur la conversion prend tout
son sens au regard des conversions en cascade de seigneurs
languedociens à Saint-Victor au début des années 1060[51], mais
surtout du parcours de l'abbé Bernard de Millau, et notamment
de la part réservée à sa conversion monastique dans la charte

50. Ch. DE MIRAMON, *Les « donnés » au Moyen Âge*, cité *supra* p. 89
n. 156, p. 30-45.
51. M. LAUWERS, « Cassien, le bienheureux Isarn et l'abbé Bernard »,
p. 235. Sur ce phénomène des conversions collectives ou « en cascade »
caractéristique des XIᵉ et XIIᵉ siècles, on consultera, parmi une abondante
bibliographie: Joachim WOLLASCH, « Parenté noble et monachisme réformateur. Observations sur les conversions à la vie monastique aux XIᵉ et
XIIᵉ siècles », *Revue historique*, 535, 1980, p. 3-24 ; Michel LAUWERS,
« Du pacte seigneurial à l'idéal de conversion : les légendes hagiograpiques
de Simon de Crépy († 1081/82) », dans Id. (dir.), *Guerriers et moines.
Conversion et sainteté aristocratiques dans l'Occident médiéval (IXᵉ-XIIᵉ
siècle)*, Antibes, 2002 (*Collection d'études médiévales de Nice*, 4), p. 559-
588, ici p. 569-570.

originale rapportant son élection abbatiale, le 19 décembre 1064. La décision de Bernard de vivre *regulariter* dans un monastère y est, en effet, présentée comme l'issue d'un parcours de conversion (*a seculis actibus conuersus*) en vertu duquel il a été « arraché miséricordieusement, par la grâce de Dieu, aux filets de la milice mondaine » (*benignissima gratia Dei de mundialis milicie laqueis misericorditer erutus*) et ainsi sauvé et guéri (*saluatus pariter et sanatus*). Par delà le possible effet de miroir construit dans la *Vie* entre les parcours de conversion d'Isarn et de Bernard, la rhétorique de la conversion du grand laïc qui se déploie dans la pagelle d'élection du second tout comme dans divers récits de la *Vie d'Isarn* témoigne de l'élaboration et du succès à Saint-Victor – au moment même où, à partir des années 1060, se formait l'image de l'abbaye comme lieu de refuge et d'asile – d'un nouveau paradigme social, caractéristique des réformateurs grégoriens, fondé sur une « éthique absolue » présupposant, dans certaines circonstances, la conversion du monde au monastère[52].

V. Saint Martin, Isarn et Odilon de Cluny : une affirmation de l'identité victorine face à l'*Ecclesia Cluniacensis*

La référence à Cluny et à son cinquième abbé, Odilon, dans la *Vie d'Isarn* (chap. XI et XII) manifeste la volonté de l'hagiographe de présenter sur un pied d'égalité l'abbé de Saint-Victor et celui de Cluny (mort en 1049, peu de temps après Isarn), tout en soulignant la personnalité singulière du saint victorin. Sans mener ici une comparaison détaillée entre la *Vie d'Isarn* et celle d'Odilon, on peut faire quelques remarques concernant ces deux textes hagiographiques

---

52. Sur ces questions, voir le volume *Guerriers et moines*, cité à la note précédente, en particulier les contributions de Rosa Maria Dessì, Dominique Iogna-Prat et Michel Lauwers.

contemporains[53]. Sur un plan général, la *Vie d'Odilon*, rédigée dans la première moitié de l'année 1052 par Jotsald, abbé de Saint-Claude et proche de l'abbé de Cluny, se conforme sans doute davantage aux canons des *Vies* de saint du XIe siècle que celle d'Isarn, caractérisée par un usage particulier des dialogues, des anecdotes merveilleuses et des *exempla* animaliers. Par ailleurs, si la *Vie d'Isarn* accorde une place appréciable à Odilon, dans la *Vie* de ce dernier, en revanche, l'abbé de Saint-Victor n'est jamais mentionné.

Les univers de Cluny et de Saint-Victor apparaissent bien distants dans les deux *Vies*. Le réseau d'Odilon est, en effet, celui des grands de cette terre et en particulier du *regnum Italicum*, et le seul abbé contemporain évoqué dans la *Vie* de l'abbé de Cluny est Guillaume de Volpiano, lui-même très lié aux souverains de son temps[54]. Quant aux puissants mis en scène dans la *Vie d'Isarn*, ils ne sont jamais des princes, à l'unique exception du comte de Barcelone, mais des seigneurs, qui déchaînent leur violence contre les paysans et les moines, et que l'abbé de Saint-Victor corrige à maintes reprises. Notons du reste qu'Odilon lui-même traite Isarn avec une certaine violence, certes dictée par l'amour, lorsque l'abbé de Cluny le reçoit dans son monastère et lui impose caleçons et chemise en laine qu'une fois rentré dans son monastère l'abbé marseillais ôte immédiatement (chap. XII). L'image que l'hagiographe entend donner d'Isarn est celle d'un abbé volontariste, seigneur en son monastère, qui ne se plie guère aux ordres et récuse toute forme de soumission.

---

53. Sur la *Vie d'Odilon* de Cluny par Jotsald, cf Johannes STAUB, *Studien zu Iotsalds Vita des Abtes Odilo von Cluny,* Hanovre, 1999 (*MGH, Studien und Texte*, 24), ainsi que l'édition, du même J. Staub, citée *infra* p. 133 n. 56.

54. Sur la *Vie de Guillaume de Volpiano*, cf. Véronique GAZEAU & Monique GOULLET, *Guillaume de Volpiano, un réformateur en son temps (962-1031). Vita domni Willelmi de Raoul Glaber. Texte, traduction et commentaire*, Caen, 2008 (*Publications du CRAHM*).

Avant de relater leur rencontre à Cluny, l'hagiographe évoque le lien très fort entre Isarn et Odilon[55] : les deux abbés étaient comme les « deux lumières de la terre » et formaient « un seul cœur et une seule âme » (Ac 4, 32 : *tamquam unum cor et anima una*) (chap. XI). Jotsald, qui avait fait d'un autre couple d'abbés, celui formé par Odilon et Guillaume de Volpiano, des *amici indissolubiles* et *pietatis amici*[56], utilise également l'expression tirée des *Actes de Apôtres*, mais c'est pour désigner le lien amical unissant l'abbé de Cluny aux puissants, empereur, rois et reines[57]. Or, ce type d'« amitié » était précisément mis en cause à Saint-Victor à partir des années 1060-1070[58].

---

55. Les noms des deux abbés se trouvent dans une charte datée de 1036, conservée sous forme originale, par laquelle l'archevêque Léger de Vienne donne à Saint-Victor le monastère Saint-Ferréol de Vienne auquel il venait de rendre ses possessions en y introduisant les moines marseillais. La charte évoque donc ce transfert à Saint-Victor ainsi qu'à son abbé Isarn, en mentionnant l'intermédiaire de l'abbé Odilon : « uiro uenerabili Isarno abbati per consilium et uoluntatem domni abbatis Odilonis Cluniacens[is et consensu]m fratrum sue congregationis » (CSV 1064 ; Arch. dép. Bouches-du-Rhône, 1 H 15 / 64).

56. Jotsald de Saint-Claude, *Vita Odilonis*, I, 17 (= Iotsald von Saint-Claude, *Vita des Abtes Odilo von Cluny*, éd. Johannes STAUB, Hanovre, 1999 [*MGH SRG*, 68], p. 180) : « Fuerunt enim inter se, dum uiuerent, amici indissolubiles, in sancta professione equales et in omni morum honestate non dispares. » Jotsald de Saint-Claude, *Planctus de transitu domni Odilonis abbatis, ibidem*, p. 258 : « Hi fuerant monachi Maioli denique sancti, / Uno florentes in tempore corpore mundo, / Unius et fidei, vere pietatis amici, / Iunxit quosque fides, similes habuere recessus. / Gloria non dispas, eadem sequiturque corona. » Sur le *Planctus,* cf. Monique GOULLET, « *Planctum describere* : les deux lamentations funèbres de Jotsaud en l'honneur d'Odilon de Cluny », *Cahiers de Civilisation Médiévale*, 39, 1996, p. 187-210.

57. Jotsald de Saint-Claude, *Vita Odilonis*, I, 6 (MGH SRG 68, p. 156) : « Concurrat in hunc amorem Rodbertus rex Francorum, accedat Adheleyda mater Ottonum, ueniat etiam Heinricus imperator Romanorum. Intersint Chuonradus et Heynricus, uidelicet pater et filius, cesares et ipsi nobiles, inuicti. Quorum omnium amicitiis, offitiis et imperialibus muneribus ita magnificatus est, ut sibi et illis "cor unum et anima" fuerit. »

58. F. MAZEL, « Amitié et rupture de l'amitié ». Voir la note complémentaire IV, p. 126-131.

Outre l'épisode des habits de laine qu'Isarn fut donc
contraint de revêtir à Cluny, un autre récit, miraculeux
cette fois, illustre le souci de l'auteur de prévenir la
concurrence que pouvait représenter pour la mémoire de
l'abbé de Saint-Victor la *fama* de sainteté de cet autre saint
« moderne » qu'était Odilon de Cluny. Le récit, qui relate
la pêche d'un dauphin, est suivi d'un long développement
théologique portant sur le dogme trinitaire (chap. XIX). Ce
n'est pas ici le lieu d'évoquer l'exégèse de la pêche et du
poisson, la référence évidente au Christ ou de souligner
que cet aliment agrémentait les repas des moines les jours
de fête[59]. La *significantia* du dauphin pêché la veille de
Noël par les moines de Saint-Victor est telle, comme l'écrit
l'hagiographe, que ce miracle dépasse un autre prodige
similaire qu'avait accompli saint Martin de Tours. Sulpice
Sévère avait, en effet, rapporté la pêche miraculeuse
d'un brochet ou d'un saumon, *Martino auctore Martini
usibus*[60] :

---

59. Sur ce dernier point, cf. Cécile CABY, « Abstinence, jeûnes et
pitances dans le monachisme médiéval », dans Jean LECLANT, André
VAUCHEZ & Maurice SARTRE (dir.), *Pratiques et discours alimentaires en
Méditerranée de l'Antiquité à la Renaissance*, Paris, 2008 (*Cahiers de la
Villa Kérylos, Beaulieu-sur-mer*, 19), p. 271-292.

60. Sulpice Sévère, *Gallus. Dialogue sur les « vertus » de saint Martin*,
introd., éd. Jacques FONTAINE & Nicole DUPRÉ, Paris, 2006, p. 324-327
(III, 10, 1-4). Le miracle est aussi relaté par Grégoire de Tours avec quelques variantes : grâce à l'intervention de saint Martin, un énorme brochet
est pêché lors des vigiles de sainte Vitalina pour un repas auquel un archi-
prêtre du lieu avait invité les clercs, tandis qu'un autre prêtre préparait à
manger pour les veuves et les pauvres (Grégoire de Tours, *Liber in gloria
confessorum*, c. 5, MGH SRM 1, 2, p. 302). Venance Fortunat relate le
miracle sous une forme qui se rapproche davantage de la version de Sulpice
Sévère (Venance Fortunat, *Vie de saint Martin*, IV, 284-304, dans Venance
Fortunat, *Œuvres*, t. 4 : *Vie de Saint Martin*, éd. Solange QUESNEL, Paris,
1996, p. 84-85). La littérature hagiographique abonde bien évidemment en
pêches miraculeuses.

Piscem Paschae diebus edere consuetus paulo ante horam refectionis interrogat, an haberetur in promptu. Tum Cato diaconus, ad quem monasterii administratio pertinebat, doctus ipse piscari, negat per totum diem sibi ullam cessisse capturam, sed neque alios piscatores, qui uendere solebant, quicquam agere quiuisse. Vade, inquit, mitte linum tuum, captura proueniet. Contiguum flumini, ut Sulpicius iste descripsit, habebamus habitaculum. Processimus cuncti, utpote feriatis diebus, uidere piscantem, omnium spebus intentis, non incassa futura temptamina, quibus piscis Martino auctore Martini usibus quaereretur. Ad primum iactum in rete permodico immanem esocem diaconus extraxit et ad monasterium laetus accurrens, nimirum ut dixit poeta nescio quis – utimur enim uersu scholastico, quia inter scholasticos fabulamur – captiuumque suem mirantibus intulit Argis.

Habitué à manger du poisson les jours de Pâques, Martin demande, un peu avant l'heure du repas, si l'on en disposait. Alors le diacre Caton, à qui incombait la gestion du monastère, étant lui-même expert en matière de pêche, assure que de tout le jour il n'a pas pris une seule pièce, et que les autres pêcheurs qui avaient l'habitude d'en vendre, n'avaient rien pu faire, eux non plus. – « Va, lui dit-il, lance ton filet, la prise viendra ensuite… » Nous avions notre demeure tout près du fleuve, ainsi que l'a décrite Sulpice ici présent. Nous nous sommes tous avancés – car c'étaient jours de fête – pour voir le pêcheur en action, en nous attendant tous avec espoir à ce que ne fussent point vaines les prochaines tentatives, destinées à attraper un poisson sur le conseil de Martin et à l'usage de Martin. Au premier lancer, le diacre tira de l'eau dans un minuscule filet un énorme saumon, et accourut tout joyeux au monastère, assurément comme l'a dit je ne sais quel poète – nous recourons en effet à un vers savant puisque nous parlons devant un auditoire de savants – : « Et il mit sous les yeux des Argiens stupéfaits un sanglier captif. »

En fait, derrière la comparaison entre l'abbé Isarn et saint Martin, se profile une autre pêche miraculeuse, racontée par Jotsald qui met en scène la capture d'un esturgeon dans les eaux de la Seine, obtenue au nom d'Odilon de Cluny. Alors que s'approchait la solennité de Pâques et que l'abbé de Cluny était attendu au monastère de Saint-Denis, le poisson manquait pour le repas[61] :

Près de Paris se trouve le monastère du saint martyr Denis […]. On était arrivé à la fin du Carême et le jour de la Cène mystique ainsi que celui de la Passion salvatrice du Christ étaient passés. Mais alors que la lumière de la joie due au triomphe de la Résurrection

---

61. Jotsald de Saint-Claude, *Vita Odilonis*, II, 9 (MGH SRG 68, p. 206-208) : « Lutetie Parisiorum proximum est monasterium sancti Dionisii martyris […]. Quadragesimale tempus effluxerat, et dies mistice cęne nec non et salutifere passionis Christi desierant, cum lux lętitiae , triumphus videlicet dominicae resurrectionis, mundo irradiaret, ęsus vero piscium in tanta diei sollempnitate patri fratribusque deerat. Gerebat tunc officium prepositure senior Yuo amicabilis homo, qui bene meritum patrem observare et colere studebat. Quique valde mestum gerens animum, quod sterilitas aquarum sibi non preberet affluentiam piscium, actitabat tamen, ut undecumque adquireret huiuscemodi edulium. Sed quęcumque agitabantur, minime ad profectum proficiebant. Divina enim providentia id agebatur, ut in nova festivitate novus hospes gurgitis novo etiam homini secundum apostolum spiritu mentis suae de die in diem renovato dei munere mitteretur. Sub ipso itaque magni diei crepusculo completo a fratribus celebriter matutinali offitio predictus Yuo fidem possidens in deo et meritis patris presumens, movit gressum ab aecclesia et ad famulorum tendit habitacula. Piscandi gnaros convocat, multa cum eis conqueritat, super capiendis piscibus multa inculcat. Nunc pium Odilonem venisse, nunc diem dominicę resurrectionis adesse, nunc fratres melodiarum cantu fatigatos fore. Imperat demum in Christi virtute, ut Sequanam fluvium retibus expetant. "Ite", inquit, "et meritum Odilonis interpellate nomenque Christi invocate, credo enim, quia non frustrabitur spes vestra". Id sine mora fidissima clientum turba, dant fluvio rete, fluvius ex inproviso reddit piscem magnitudine enormem vocabulo sturionem. In quo fluminis gurgite huius generis piscis vix umquam ferebatur a piscatoribus captus esse. » Il faut préciser que Pierre Damien se vit confier la rédaction d'une *Vie* abrégée d'Odilon, sans doute en 1063, à l'occasion de la translation des reliques de l'abbé de Cluny. Cette nouvelle version, qui connut une plus large diffusion que la *Vie* écrite par Jotsald, atteste d'importants remaniements. Sur ces deux *Vies*, cf. Dominique IOGNA-PRAT, « Panorama de l'hagiographie abbatiale clunisienne », dans Id., *Études clunisienne,* Paris, 2002 (*Les médiévistes français*, 2), p. 46-53.

du Seigneur illuminait le monde, il manquait de poisson, en ce jour d'une telle solennité, pour le père et les frères. À cette époque, la charge de prévôt incombait à un ancien, Yves, homme aimable qui veillait à juste titre à respecter et vénérer le père. Cet homme, bien affligé que la stérilité des eaux ne lui fournisse pas abondance de poissons, cherchait cependant un moyen pour obtenir une nourriture de ce genre. Il avait beau remuer ciel et terre, rien n'y faisait ! Toutefois, la divine Providence fit en sorte qu'en cette fête nouvelle, un nouvel hôte des eaux soit envoyé à un homme nouveau, suivant ce que dit l'Apôtre, *l'esprit de mon intelligence ayant été renouvelé par la grâce de Dieu de jour en jour* (cf. Ep 4, 23-24). Ainsi, à l'aube de ce grand jour, l'office des matines ayant été célébré par les frères, le dénommé Yves, ayant foi en Dieu et présumant des mérites du père, quitta l'église et se rendit vers le logement des serviteurs. Il convoque les pêcheurs et leur suggère plusieurs idées pour capturer des poissons, en se lamentant beaucoup devant eux : bientôt le pieux Odilon allait venir, bientôt le jour de la Résurrection du Seigneur se lèverait, bientôt les frères arriveraient fatigués d'avoir chanté. Il leur ordonne donc au nom de la puissance du Christ d'aller jeter leurs filets dans la Seine. « Allez, dit-il, et invoquez en interpellant le nom du Christ les mérites d'Odilon, et je crois que votre espoir ne sera pas déçu. » Sans retard la troupe des clients remplis de foi jette le filet dans le fleuve, et le fleuve aussitôt rendit un poisson d'une très grande taille, que l'on appelle esturgeon[62]. Or jamais on n'avait rapporté que dans les eaux de ce fleuve un poisson de cette espèce avait été capturé par des pêcheurs.

---

62. La pêche miraculeuse d'un esturgeon est évoquée dans l'*Epitaphium* d'Adelaïde de Bourgogne écrit par Odilon de Cluny vers 1002, qui a dû vraisemblement être inspiré Jotsald (cf. Monique GOULLET, « De Hrotsvita de Gandersheim à Odilon de Cluny : images d'Adélaïde autour de l'an Mil », dans Patrick CORBET, Monique GOULLET & Dominique IOGNA-PRAT [dir.], *Adélaïde de Bourgogne. Genèse et représentations d'une sainteté impériale. Acte du colloque international du CEM, Auxerre, 10-11 décembre 1999*, Dijon, 2002, p. 43-54, ici p. 52-53). Miraculeusement pêché dans le Pô, l'esturgeon nourrit Adélaïde au moment de sa fuite. Ce même poisson apparaît déjà dans la *Vie* carolingienne de Liudger, premier évêque de Münster (803-809). Altfrid, auteur de ce texte, relate la pêche miraculeuse accomplie par le saint, malgré le scepticisme des pêcheurs qui savaient qu'à l'entrée de l'hiver ce poisson ne pouvait être capturé : un oiseau à la forme d'esturgeon indique, en se jetant dans l'eau du fleuve, le lieu où le poisson est pris dans les filets (Altfrid, *Vita Sancti Liudgeri*, 5, MGH SS 2, p. 413).

Bien que le miracle du dauphin de la *Vie d'Isarn* soit mis explicitement en relation avec la prise du brochet racontée par Sulpice Sévère et non avec la pêche de l'esturgeon destinée à l'abbé de Cluny, il s'inscrit dans une trame narrative complexe qui n'est sans doute pas sans rapport avec le récit de Jotsald. L'auteur de la *Vie d'Isarn* met en scène deux hommes, appelés l'un et l'autre Martin, tout en évoquant un troisième Martin, le saint de Tours (chap. XIX). Venant d'un prieuré, le premier Martin arrive à Saint-Victor la veille de Noël et voit par hasard des poissons qui avaient été offerts à l'abbaye et que les moines avaient mis de côté pour le repas de Noël. Mais ce Martin réclame que les poissons soient préparés le soir même, sans attendre la fête[63] ; cette attitude de pusillanimité l'éloigne du grand Martin. Son démérite met toutefois en valeur le mérite d'Isarn, qui s'illustre, tel un nouveau saint Martin, par sa grande magnanimité. C'est alors que le deuxième Martin entre en scène : il s'agit d'un moine du monastère qui, envoyé par Isarn avec deux autres moines pour pêcher des poissons en vue du repas de Noël, affronte la tempête en mettant de la sorte en péril sa vie pour ses frères. Trois dauphins surgissent alors, mais un seul est miraculeusement pêché, à l'aide d'un trident, par ce frère Martin qui agit « comme quelqu'un qui honore un seul Dieu en la Trinité ». Après lui avoir tranché la tête, il le jette dans sa petite barque et le rapporte à l'abbaye. L'hagiographe reprend alors la comparaison entre l'abbé de Saint-Victor et saint Martin, en précisant que le poisson, un brochet, trouvé grâce à l'intervention du saint de Tours, pour l'usage de ce saint, appartient à une espèce fluviale, qui n'est guère comparable au dauphin capturé par le frère Martin de Saint-Victor.

---

63. Nombre d'*exempla* mettent en scène la gourmandise des moines. Voir notamment Odon de Cluny, *Collationes*, PL 133, 605 ; cf. Isabelle ROSÉ, « Les *Collationes* d'Odon de Cluny († 942). Un premier recueil d'*exempla* rédigé en milieu "clunisien" ? », dans Marie-Anne POLO DE BEAULIEU, Jacques BERLIOZ & Jean-Claude SCHMITT (dir.), *L'exemplum monastique est-il bon à prêcher ? Actes des journées d'études organisées par les historiens du GAHOM, 29-30 juin 2007*, à paraître.

On pourrait se limiter à mettre en évidence une simple contamination entre les textes, avec une fusion d'éléments narratifs, puisés tantôt dans le récit de Sulpice Sévère, tantôt dans celui de Jotsald. Il reste que l'architecture complexe du récit de la *Vie d'Isarn* semble sinon renvoyer à des intentions polémiques, du moins participer à une entreprise visant à dévaloriser quelque peu Odilon par rapport à Isarn. N'y a-t-il pas, en effet, une sorte de concurrence entre la pêche du dauphin en Méditerranée, grâce à l'intervention de l'abbé de Saint-Victor, et la capture de l'esturgeon dans la Seine, grâce à celle d'Odilon ? L'esturgeon fut, en effet, pêché à l'aide d'un filet, en eau douce, puis préparé pour le repas de Pâques, au monastère de Saint-Denis où l'abbé était invité, tandis que le dauphin du miracle d'Isarn fut pêché, sans filet, pour le repas de Noël de l'ensemble de la communauté monastique marseillaise. Chacun des deux moines appelés Martin qui interviennent dans l'*exemplum* de la *Vie d'Isarn* joue un rôle précis. Le premier, qui dirige un prieuré dont le nom n'est pas mentionné, est pusillanime, gourmand et, dirions-nous, pique-assiette. Le deuxième Martin, frère du monastère marseillais, est un pêcheur courageux, prêt à affronter le martyre pour sa communauté. Le premier ne fait donc que manger des poissons après avoir fait une requête allant à l'encontre de la décision des moines de Saint-Victor, tandis que le deuxième pêche un dauphin qui ne représente rien de moins que la Trinité et qui, en raison de cette très haute signification et des conditions difficiles de sa pêche, apparaît bien plus important que le brochet du grand Martin. La présence dans le récit de deux Martin, la comparaison entre l'indigne Martin et le très digne Martin, que son action rapprocherait du grand saint Martin s'il ne le plaçait même sur un plan supérieur, ne serait-elle due qu'au hasard d'une homonymie des moines, qui aurait suggéré à l'hagiographe l'association avec le troisième Martin ? Un autre passage de la *Vie d'Odilon* peut fournir une réponse à cette question.

Dans un chapitre de cette *Vie*, Jotsald raconte qu'Odilon trouva, un jour, sur son chemin, les cadavres nus de deux enfants ou jeunes gens, morts de froid et demeurés *insepulti*. L'abbé enleva alors son vêtement (en laine, comme celui qu'il impose à Isarn, dans le chap. XII de la *Vie* de ce dernier : *lanea veste, quam vulgo staminiam vocant*[64]) pour couvrir les deux corps, accomplissant ainsi le *debitum mortuis obsequium*. Le geste d'Odilon n'est pas sans rapport avec les soins apportés par les moines victorins et avec la messe célébrée par Isarn pour deux autres jeunes gens, injustement tués et également abandonnés sans sépulture (chap. XXVI). Mais pour notre propos, nous retiendrons de ce passage que, selon Jotsald, le geste d'Odilon est tout à la fois semblable et supérieur à celui de saint Martin : tandis que ce dernier avait donné la moitié de son manteau à un vivant, Odilon offre la totalité de sa tunique à deux défunts. L'assimilation d'un abbé à saint Martin, puis l'affirmation, par le biais d'une transposition numérique (la totalité pour deux morts *vs* une part pour un vivant), de la supériorité d'un saint « moderne » sur un saint « antique » ne sont pas inédites. Mais eu égard à la construction d'un récit qui se fonde sur la comparaison des actions méritoires ou non, accomplies par deux Martin, l'écriture du miracle du dauphin acquiert un sens tout à fait particulier. Plutôt qu'une simple contamination entre des textes hagiographiques mettant en scène des saints contemporains, nous serions en présence d'une stratégie discursive subtile, qui aboutit à l'appropriation du rôle de nouveau saint Martin par l'abbé Isarn d'une part, et à une dévalorisation du saint qui se targuait d'être le nouveau saint Martin, l'abbé Odilon de Cluny, d'autre part. Pusillanime, le premier Martin peut renvoyer à la conduite de l'abbé de Cluny à Saint-Denis, tandis que le frère Martin… pêcheur du dauphin trinitaire renvoie à la sainteté d'Isarn. En somme, la mise en relation de deux pêches miraculeuses présentes dans les *Vies* de ces deux saints abbés contemporains permet

---

64. Jotsald de Saint-Claude, *Vita Odilonis*, I, 8 (MGH SRG 68, p. 161).

de lire, entre les lignes, une tentative d'affirmer la sainteté victorine au moment où la sainteté clunisienne connaissait une diffusion très sûre.

Pour établir un miracle susceptible de manifester une certaine supériorité d'Isarn sur saint Martin et, par ce biais, sur Odilon, l'auteur a puisé à d'autres sources, ignorées par Jotsald, en particulier, semble-t-il, la *Vie de saint Cuthbert*, dans laquelle Bède avait rapporté le miracle d'un dauphin rassasiant des moines affamés[65]. Ce récit aurait fait l'objet d'une réécriture ou plutôt d'une transposition thématique de la part du biographe d'Isarn, qui en propose une amplification narrative à forte dimension dramatique, s'accompagnant en outre d'une explication théologique[66]. Dans la version en prose de la *Vie de Cuthbert*, Bède raconte qu'un lendemain de Noël, le saint évêque-abbé de Lindisfarne avait dû partir en mer, avec deux de ses frères, afin de se rendre dans la terre des Pictes[67] :

---

65. Il existe trois *Vies de saint Cuthbert*. La première a été rédigée entre 699 et 705 par un moine de Lindisfarne et a été utilisée par Bède pour l'écriture de deux nouvelles *Vies* de Cuthbert, l'une en prose et l'autre en vers. Voir Gerald BONNER, David ROLLASON & Clare STANCLIFFE (éd.), *Saint Cuthbert, his Cult and his Community to A.D. 1200*, Woodbridge, 1989.

66. Sur le travail de réécriture, cf. Monique GOULLET, *Écriture et réécriture hagiographiques. Essai sur les réécritures de Vies de saints dans l'Occident latin médiéval (VIIIe-XIIIe siècle)*, Turnhout, 2005 (*Hagiologia. Études sur la sainteté en Occident*, 4).

67. *Vita sancti Cuthberti auctore anonymo*, éd. Bertram COLGRAVE, *Two Lives of saint Cuthbert. Text, translation and notes*, 2e éd. Cambridge, 1985, p. 192-194 : « Quodam etenim tempore pergens de suo monasterio pro necessitate causae accidentis ad terram Pictorum qui Niduari uocantur, nauigando peruenit, comitantibus eum duobus e fratribus, quorum unus postea presbiterii functus officio, uirtutem miraculi quam ibidem uir Domini monstrauit, multorum noticiae patefecit. Uenerunt autem illo post natalis dominici diem, sperantes se quia undarum simul et aurarum arridebat temperies, citius esse redituros, ideoque nec cibaria secum tulere, tanquam otius reuersuri. Sed longe aliter quam putabant euenit. Nam mox ut terram tetigere tempestas fera suborta est, quae iter eis omne remeandi praecluderet. Cunque per dies aliquot ibidem inter famis et frigoris pericula taberent, quo tamen tempore uir Dei non marcida luxu otia gerere, nec somnis uacare uolebat inertibus, sed pernox in oratione perstare satagebat, aderat sacratissima dominicae apparitionis dies. Tum ille socios blando ut iocundus atque affabilis erat sermone alloquitur, "Quid rogo tanta ignauia

À cette époque, [Cuthbert] dut quitter son monastère et arriva, en navigant, à la terre des Pictes appelés *Niduari*, accompagné par deux frères. L'un d'eux, qui devint par la suite prêtre, fit connaître à beaucoup le miracle que l'homme de Dieu accomplit en ce lieu. Ils étaient arrivés après le jour de Noël, envisageant de rentrer aussitôt, vu que le temps et la mer étaient favorables. Comme ils imaginaient revenir chez eux rapidement, ils n'emportèrent donc aucune nourriture. Mais les choses se passèrent autrement qu'ils l'avaient pensé. En effet, à peine avaient-ils touché terre qu'une tempête se leva, les empêchant de rebrousser chemin. Et alors que, durant plusieurs jours, ils souffrirent à cet endroit de la faim et du froid, l'homme de Dieu, refusant de se laisser aller à l'oisiveté ou à la paresse, ou de s'abandonner à un sommeil indolent, s'évertuait à veiller dans la prière. Le jour très sacré de l'Épiphanie arriva et celui-ci, joyeux et affable, s'adressa de manière encourageante à

---

torpemus, et non quacunque iter salutis inquirimus ? En tellus niuibus, nebulis coelum horrescit, aer flatibus, aduersis furit fluctibus equor, ipsi inopia deficimus, nec adest homo qui reficiat. Pulsemus ergo Dominum precibus, qui suo quondam populo maris rubri uiam aperuit, eumque in deserto mirabiliter pauit, orantes ut nostri quoque misereatur in periculis. Credo si non nostra fides titubat non uult nos hodierna die ieiunos permanere, quam ipse per tot ac tanta suae miracula maiestatis illustrare curauit. Precorque eamus alicubi quaerentes, quid nobis epularum in gaudium suae festiuitatis prestare dignetur." Haec dicens, eduxit eos sub ripam quo ipse noctu peruigil orare consueuerat. Ubi aduenientes inuenerunt tria frusta delphininae carnis, quasi humano ministerio secta, et preparata ad cocturam, flexisque genibus gratias egerunt Domino. Dixit autem Cuthbertus : "Uidetis dilectissimi quae sit gratia confidendi et sperandi in Domino ? Ecce et cibaria famulis suis preparauit, et ternario quoque numero quot diebus hic residendum sit nobis ostendit. Sumite ergo munera quae misit nobis Christus et abeuntes reficiamus nos maneamusque intrepidi, certissima enim nobis post triduum serenitas coeli et maris adueniet." Factum est ut dixerat. Manente triduo tempestate perualida, quarto demum die tranquillitas promissa secuta est, quae illos secundis flatibus patriam referret. »
Sur cet épisode, cf. Andrew BREEZE, « St Cuthbert, Bede, and the *Niduari* of Pictland », *Northern History*, 40, 2003, p. 365-368. Le même récit se retrouve dans la version en vers de la *Vita Cuthberti*, sans que Bède précise l'espèce du poisson. Cf. également la version de l'anonyme : *Vita sancti Cuthberti auctore anonymo*, éd. B. COLGRAVE, *Two Lives of saint Cuthbert*, cité *supra*, p. 82-85. Sur le texte de Bède, voir Eric KNIBBS, « Exegetical hagiography : Bede's prose *Vita Sancti Cuthberti* », *Revue bénédictine*, 114, 2004, p. 233-252. Selon Isidore de Séville, repris par Bède, les dauphins sautent lorsqu'approche la tempête (Isidore de Séville, *Etymologiae*, XII, 6, 11 ; Bède, *De natura rerum*, c. 36 : CCSL 123A, p. 189-234).

ses compagnons : « Pourquoi, je vous le demande, devons-nous rester ici sans rien faire et sans chercher une voie de salut ? Le sol est couvert de neige, le ciel plein de nuages, les courants, les vents et les vagues ont raison contre nous, nous sommes tenaillés par les privations, et il n'y a personne pour nous soulager. Adressons donc des prières au Seigneur qui a ouvert à son peuple un chemin dans la mer Rouge et l'a miraculeusement nourri dans le désert, en le suppliant qu'il prenne pitié de chacun d'entre nous qui sommes en danger. Si notre foi ne vacille pas, je ne pense pas qu'il voudra nous laisser aujourd'hui jeûner, le jour même où il a pris soin de manifester sa majesté par de si nombreux et grands miracles. Je vous en prie : allons à la recherche de ce qu'il a daigné nous préparer comme festin dans la joie de sa fête. » En disant ces mots, il les amena vers la rive où il avait pris l'habitude de prier pendant la nuit. Arrivés à cet endroit, ils trouvèrent trois morceaux de chair de dauphin, comme si la main d'un homme les avait coupés et préparés pour être cuisinés. Ils tombèrent alors à genoux en rendant grâce à Dieu. « Vous voyez, mes très chers », déclara Cuthbert, « combien est grande la grâce de Dieu pour celui qui espère et veut croire en lui. Voici la nourriture qu'il a préparée pour ses serviteurs. Par le chiffre trois, il nous indique combien de temps nous devons rester ici. Prenez par conséquent les dons que le Christ nous a envoyés, allons nous rassasier et attendons ici sans crainte, car au bout de trois jours, le ciel et la mer seront assurément calmes ». Cela se passa comme il l'avait annoncé : la tempête dura encore trois jours et le quatrième jour, le calme promis arriva et un vent favorable les ramena chez eux.

La *Vie de Cuthbert* connut une certaine diffusion dans les bibliothèques monastiques[68] et il est donc possible que l'auteur de la *Vie d'Isarn* ait pu s'en inspirer pour élaborer son récit du dauphin trinitaire, après avoir apporté de profonds remaniements à l'épisode survenu en terre des Pictes. Malgré la distance géographique et l'écart temporel, certains éléments biographiques pouvaient lier, aux yeux de l'hagiographe, Isarn et Cuthbert. Ce dernier fut un abbé parcourant la mer du Nord, attiré par les îles monastiques (il se retira, à la fin de sa vie, sur l'île de Farne) ; quant au monde

---

68. B. COLGRAVE, *Two Lives of Saint Cuthbert*, cité *supra*, p. 141 n. 67, p. 17-42.

d'Isarn, c'est celui de la Méditerranée avec notamment sa tradition monastique insulaire. Plusieurs détails permettent de considérer le récit de Bède comme l'hypotexte du miracle raconté dans la *Vie d'Isarn*. En premier lieu, le chiffre trois avec l'évident renvoi à la Trinité : trois moines dans la mer du Nord pendant la tempête / trois moines partis à la pêche dans une Méditerranée agitée ; trois morceaux de chair de dauphin retrouvés sur la rive et nourrissant les trois hommes affamés, contraints par le mauvais temps à retarder leur retour de trois jours / un dauphin capturé avec un trident pour le repas de Noël des moines. Le littoral lointain de la mer du Nord aurait inspiré l'hagiographe d'Isarn pour faire le récit d'une pêche méditerranéenne au dauphin trinitaire, tout en lui permettant de délaisser les scènes de pêche au filet dans des eaux fluviales décrites par les hagiographes du temps présent ou du passé, ainsi que l'utilisation du modèle martinien choisi dans la *Vie d'Odilon* de Jotsald[69]. L'hagiographe dévalorise ainsi la sainteté de l'abbé clunisien de manière complexe, non explicite, et par personnages interposés, fictifs ou non, saints ou non. Il a donc fallu entreprendre un travail sophistiqué d'écriture d'un récit miraculeux afin d'affirmer que les deux abbés formant « un seul cœur et une seule âme » étaient unis, certes, mais aussi indépendants l'un par rapport à l'autre.

VI. Les Sarrasins, l'expédition d'Isarn en Espagne et la relève de Lérins

Après l'expulsion des Sarrasins du Freinet (972-973) et l'essor des marines chrétiennes, les incursions musulmanes prirent la forme de brèves expéditions de piraterie : c'est probablement une opération de ce type que subit le monastère de Lérins un an avant la mort d'Isarn, en 1046.

---

69. On peut du reste souligner que la *Vita Odilonis* de Pierre Damien est précisément amputée tant de la comparaison avec saint Martin dans l'épisode du vêtement que du miracle de l'esturgeon.

Ces incursions se poursuivirent en plein XIIᵉ siècle, comme l'atteste une lettre – sans date, mais du début du XIIᵉ siècle, peut-être de 1101 – adressée par Hildebert de Lavardin à l'abbé de Cluny dans laquelle il décrit son retour de Rome et évoque une incursion des barbares dans l'île Saint-Honorat, le jour de la Pentecôte, et les destructions qui s'ensuivirent[70], ou encore le privilège du pape Honorius II (1124-1130) dont le prologue souligne les *dampna et pericula que religiosi fratres Lyrinensis monasterii sancti Honorati longo tempore a Sarracenorum tirannide passi sunt*[71].

Ces incursions ont nourri, en Provence, dans les Alpes du nord et en Ligurie, nombre de récits monastiques qu'il convient d'examiner avec la prudence qu'impose la nature souvent hagiographique des documents[72]. En ce qui

---

70. PL 171, 287-288 : « [...] quod insidias mihi Roma redeunti dispositas intactus pertransii, quod urgentes et ingentes maris procellas illaesus evasi, quod non incidi in barbaros piratas larvali forma, ferina crudelitate hominem diffitentes, super omnia autem gaudentes nulla se cum christianis habere consortia. Hi catholicae religionis expertes et hostes, in insulam beati Honorati sacratissimo die Pentecostes in multis navibus delati sunt. Ibi a fundamento monasterio penitus everso, plurimi monachorum gladio percussi ceciderunt. Reliquis et latibulis et turre consultum. Eadem die de praefata insula, felix me ventus expulerat [...]. »

71. CL 293.

72. Pour la période antérieure à l'expulsion du Freinet, l'épisode le plus fameux est la capture de Maïeul : Paul AMARGIER, « La capture de saint Maïeul et l'expulsion des Sarrasins de Provence », *Revue bénédictine*, 73, 1963, p. 316-323 ; Dominique IOGNA-PRAT, Agni immaculati. *Recherches sur les sources hagiographiques relatives à saint Maïeul de Cluny (954-994)*, Paris, 1988 (*Thèses Cerf*, 23), p. 178-182 ; Noël COULET, « Saint Maïeul, les Sarrasins et la Provence, de l'hagiographie clunisienne à l'historiograhie provençale des XVIᵉ-XIXᵉ siècles », dans Ettore CAU et Aldo A. SETTIA (dir.), *San Maiolo e le influenze cluniacensi nell'Italia del nord*, Côme, 1998 (*Biblioteca della Società pavese di Storia patria*, 7), p. 217-232 ; Aldo A. SETTIA, « Monasteri subalpini e presenza saracena : una storia da riscrivere », dans *Dal Piemonte all'Europa : esperienze monastiche nella società medievale*, Turin, 1988, p. 293-310 ; Monique ZERNER, « La capture de Mayeul et la guerre de libération en Provence : le départ des Sarrasins vu à travers les cartulaires provençaux », dans *Millénaire de la mort de Saint Mayeul, 4ᵉ Abbé de Cluny, 994-1994. Actes du Congrès international Saint Mayeul et son temps*, Digne-Les-Bains, 1997, p. 199-210. Pour une comparaison avec les mises en discours hagiographiques de ces incursions en Ligurie aux XIᵉ-XIIᵉ siècles, voir

concerne la « destruction » de 1046, notre texte a longtemps été considéré, et est encore souvent mentionné[73], comme sa seule et unique attestation médiévale. C'est d'ailleurs de lui que s'inspire la majeure partie de l'historiographie lérinienne sur l'événement[74], à l'exception de Vincent Barralis qui ignore le récit et finit d'ailleurs par mettre en doute l'incursion sarrasine, qu'il ne connaît que par une source lérinienne manuscrite qui mérite l'attention[75].

---

les travaux d'Eugenio Susi, notamment : « Problemi di agiografia lunense : san Venerio e san Venanzio », dans Eliana M. Vecchi (dir.), *San Venanzio vescovo di Luni : la vita, la leggenda, la memoria. Atti della giornata di studi, Ceparana, Palazzo Giustiniani, 15 ottobre 2005*, La Spezia, 2008 (*Giornale storico della Lunigiana e del territorio lucense*, N.S., 56), p. 23-108 ; Amalia Galdi & Eugenio Susi, « Santi, navi e Saraceni. Immagini e pratiche del mare tra agiografia e storia dalle coste campane a quelle dell'Alto Tirreno (secoli VI-XI) », *Quaderni di storia religiosa*, 2008 (*Dio, il mare e gli uomini*), p. 53-101. Voir aussi Pascal Buresi, « Captifs et rachat de captifs. Du miracle à l'institution », *Cahiers de Civilisation Médiévale*, 50, 2007, p. 113-130.

73. J.-P. Poly, *La Provence et la société féodale*, p. 28, n. 115 (qui cite également le *Breve Chronicon*, cf. ci-dessous) et p. 258 ; E. Magnani, dans *Histoire de Lérins*, p. 206-207.

74. C'est ainsi le cas de Pietro Gioffredo, *Storia delle Alpi marittime*, éd. Costanzo Gazzera, t. 1, Turin, 1839 (*Historiae patriae Monumenta*, 4), p. 637-638 ; de l'abbé Louis Alliez, *Histoire du monastère de Lérins*, t. 2, Paris, 1862, p. 64-68 (qui oppose le récit de la Vie d'Isarn longuement paraphrasée aux doutes de Barralis et conclut, p. 68 : « Les religieux de Lérins durent pleurer longtemps la perte de cet admirable bienfaiteur et leur union avec le monastère Saint-Victor n'en devint que plus intime ») ; de Henri Moris, *L'abbaye de Lérins. Histoire et monuments*, Paris, 1909, p. 241-242 (renvoyant à l'édition de Mabillon de la *Vie d'Isarn*, qu'il glose très librement).

75. Vincent Barralis, *Chronologia sanctorum et aliorum illustrium virorum ac abbatum sacrae insulae Lerinensis*, Lyon, 1613, II, 152 : « Anno domini millesimo quadragesimo sexto (ut legitur in quodem cathalogo codicis perantiqui monasterii Lerinensis in quo omnes abbates recensentur ab isto anno usque ad annum millesimum quadringentesimum vigesimum) ordinatus fuit abbas Lerinensis Dominus Aldebertus primus huius nominis, quo abbatium ministrante legitur ibi destructum fuisse primo anno ordinationis illius monasterium Lerinense. Et non reædificatum neque erectum, ni post annos quadraginta duos ab illius successore Aldeberto secundo, cui ruinæ non de facile assentimur cum nullos exprimat invasores : codex ille antiquus imo e contra infra id tempus multi inveniantur benefactores et florentissimus appareat status monasterii Lerinensis. » L'auteur du *commentarius prævius* des AASS *Sept.*, 6, cite (p. 733-734) ce passage de Barralis et lui reproche d'ailleurs de ne pas avoir lu la *Vie*

En effet, le récit victorin et notamment la datation de
l'épisode, induite par son déroulement quelques mois avant
la mort d'Isarn en 1047, peuvent être complétés par deux
annotations transmises par Dom Estiennot sur la base d'un
unique manuscrit médiéval, dont tout porte à croire qu'il
s'agit de la source de Barralis. La première est tirée du *Breve
chronicon abbatum Lirinensum*[76], tandis que la seconde

---

d'Isarn, qui lui aurait permis de corriger le catalogue qui lui sert de source
et dont le Bollandiste souligne non sans ironie qu'il ne devait pas être aussi
antique que le dit Barralis s'il contenait la liste des abbés jusqu'en 1420...
Dans les *Annales Provinciae*, le moine lérinien Denis Faucher signale à
l'année 1046 : « MXLVI. Sub idem tempus Lerinense monasterium a Piratis
subversum fuit, nec nisi post quadraginta et duos annos restauratum et ut
ascetœ a Barbarorum invasionibus tuti essent, turris ab Adelberto abbate
œdificari cœpit » (Florence, Biblioteca Mediecea-Laurenziana, Ashb.
1833, f° 16v). De même Pereisc écrit : « De leur temps, Rodolfe troisiesme,
roy de Bourgoigne, fils de Conrad et petit-fils de Rodolfe second auquel le
roy Hugues avoit cédé le royaume, le donna à Conrad Salique empereur,
mary de sa niepce, et les Sarrasins ravagèrent l'Isle de lérins et abatirent le
monastère qui feust redressé quarante et deux ans après par l'abbé Adelbert
qui édifia la forte tour pour la seurté des moines » (Nicolas-Claude FABRI
DE PEIRESC, *Abrégé de l'histoire de Provence et autres textes inédits*, éd.
commentée et annotée par Jacques FERRIER et Michel FEUILLAS,Avignon,
1982 [*Archives du Sud*, 1], p. 101). En somme, bien qu'ils ne la citent à
aucun moment explicitement, Faucher et Pereisc semblent donc dépendre
d'une source concordante avec celle de Barralis qui, comme le souligne le
détail du délai de 42 ans pour la reconstruction de Lérins, est sans doute le
Breve Chronicon abbatum Lirinensum (voir les notes suivantes).
    76. Paris, BnF, ms latin 12774, p. 110 : « I° anno MXLVI : ordina-
tio domini Aldeberti primi et destructio Lirinensis monasterii », cité par
G. BUTAUD, « Listes abbatiales, chartes et cartulaire de Lérins », n. 143. Ce
texte avait déjà été cité comme tiré du *Breve Chronicon* par J.-P. POLY, *La
Provence et la société féodale*, dans une note (p. 28, n. 115) qui évoque une
lettre de l'abbé Audibert à Odilon sur cette affaire, en renvoyant aux AASS
Maii II, p. 668 : vérification faite, la référence correspond au premier chapitre du premier livre de la *Vita Maioli* du moine Syrus évoquant le martyre de
Porcaire et des cinq cents moines à Lérins. Plus loin, le même auteur (*ibid.*,
p. 190, n. 119) évoque à nouveau le « lettre de l'abbé Audibert à Odilon »
de 1046, renvoyant cette fois aux AASS OSB, *sec. V*, p. 810 : la référence
correspond encore au récit du martyre de Porcaire, traité par Mabillon
comme un ajout d'un certain moine *Aldebaldus* au texte de Syrus composé
de trois livres, comme il s'en explique dans une introduction à son édition
(*ibid.*, p. 761). J.-P. Poly attribue donc ce texte écrit à l'époque d'Odilon à
l'année 1046, date de la destruction attestée par le *Breve Chronicon* et par
la *Vita Isarni*, tout en confondant le clunisien *Aldebaldus* (à propos duquel,

consiste en une brève note annalistique peut-être inspirée par la chronique abbatiale[77] : or, toutes deux mentionnent pour l'année 1046 l'ordination de l'abbé de Lérins Aldebert Ier et la « destruction du monastère ».

Le récit circonstancié du sauvetage des moines lériniens dans la *Vie d'Isarn* constitue un témoignage exceptionnel à plus d'un titre et mérite donc d'être relu autrement que comme un simple compte rendu factuel. En premier lieu, il doit être mis en relation avec l'une des chartes les plus curieuses du cartulaire de Lérins qu'il permet d'ailleurs de mieux comprendre[78]. La charte en question est la transcription de la copie d'une ancienne donation faite à Lérins par le comte Leibulf, le 16 mars 828. La version du cartulaire est précédée d'un préambule narratif précisant les circonstances de sa réalisation, selon une forme solennelle qui lui conférait toute l'autorité nécessaire. L'acte de donation en question était inscrit

---

cf. D. Iogna Prat, *Agni Immaculati*, cité *supra* p. 145 n. 72, p. 102-103, 105-107) et le lérinien Aldebert. Cette confusion avait été préparée par Mabillon (AASS OSB, *sec. V*, p. 761), plus tard repris et extrapolé par E. Sackur : si le premier (finalement suivi par les Bollandistes en 1688 et la BHL en 1900) fait d'Aldebald l'auteur du premier chapitre du premier livre de la *Vita Maioli*, traité comme un ajout, le second n'hésite pas à en faire aussi un moine voire un abbé de Lérins (Ernst Sackur, *Die Cluniacenser in ihrer kirchlichen und allgemeingeschichtlichen Wirksamkeit bis zur Mitte des elften Jahrhunderts,* Halle, 1892-1894, t. 2, p. 339, n. 1 : « In Lérins gab es auch ein Prior Aldebrand, der vielleicht mit dem Verfasser identisch ist. Dass er am Anfange des elften Jahrhunderts schrieb darf man vielleicht daraus entnehmen, dass die Vita noch völlig der Reimprosa ermangelt »). Sur ces traditions, cf. D. Iogna Prat, *Agni Immaculati*, cité *supra* p. 145 n. 72, p. 67-68, 115-116. Une fois démêlé cet écheveau, il resterait à étudier avec précision la circulation et les éventuelles influences réciproques des divers récits concernant les différentes destructions de Lérins.

77. Paris, BnF, ms. latin 12774, p. 117: « Anno MXLVI fuit facta destructio monasterii Lirinensis sub Aldeberto 1° et eodem anno ordinatio eius. » Cité par G. Butaud, « Listes abbatiales, chartes et cartulaire de Lérins », n. 142. Cf. aussi E. Magnani, dans *Histoire de Lérins*, p. 207 n. 111. Cette note fait partie d'un ensemble de huit notes annalistiques transcrites par Dom Estiennot à la suite du texte du *Breve chronicon* qui en constitue peut-être la source principale.

78. G. Butaud, « Listes abbatiales, chartes et cartulaire de Lérins », en particulier p. 387-391.

dans un manuscrit du *Liber Dialogorum*, vraisemblablement l'œuvre de Grégoire le Grand, dans lequel avaient été insérés plusieurs écrits concernant les biens du monastère Saint-Honorat et Saint-Caprais de Lérins. Or, poursuit le préambule, à cause de la dévastation du monastère, ce manuscrit avait été emporté par les Sarrasins jusque dans la cité de Tortosa. C'est un certain *Gisliberto* dit évêque de Barcelone – que l'on peut identifier comme l'évêque Guislabert (1035-1062)[79] – qui en aurait alors fait faire une copie à Barcelone même, afin que le monastère conservât ses droits et ne fût pas privé de cet écrit[80]. La copie de l'acte, ensuite transcrite dans le cartulaire, complète donc le récit de la capture des moines de Lérins par les Sarrasins transmis par la *Vie d'Isarn*, en y ajoutant les vicissitudes d'un manuscrit qui, volé lors du pillage de Saint-Honorat, suivit le sort des moines à Tortosa et dont les écrits de nature patrimoniale qu'il recelait furent sans doute copiés, avant que le manuscrit et / ou certaines *facultates* dont il conservait l'histoire et la trace ne finissent peut-être entre les mains de quelque intermédiaire voire des Sarrasins eux-mêmes en vue du rachat des captifs[81]. Or, comme l'a démontré

---

79. Sur cet évêque à la fois très actif envers les royaumes musulmans et en faveur de la culture des clercs, cf. DHGE 22 (1988), col. 1127-1128 (R. Aubert), qui renvoie à la bibliographie antérieure, notamment Sebastián Puig y Puig, *Episcopologio de la sede barcinonense*, Barcelone, 1929 (*Biblioteca histórica de la Biblioteca Balmes, Ser. 1*, 1), p. 107-122 et 382-393 (édition de documents).

80. Arch. dép. Alpes-Maritimes, H 10, fol. 126r = CL 249, p. 261 : « Notum sit etiam tam presentibus quam posteris qualiter apud Ispaniam, Tortuose civitatis, inventus est liber dialogorum qui fuit juris sancti Honorati monasterii et, vastato eodem monasterio, a Sarracenis delatus est in jamdictam civitatem. In quo quidem libro erat scriptura facultatum sancti Honorati et sancti Caprasii monasterii Lyrinensis, et, ut facultates monasterii predictorum sanctorum Honorati et Caprasii que in predicta scriptura erant quandocumque ab eorum jure, propter hujus absentiam scripture, ne privarentur, translata est fideliter ipsa eadem scriptura apud Barchinonam civitatem, instante domno Gisliberto, predicte urbis presule, et omni clero sibi commisso, Raimundo scilicet archidiacono, et Ermemiro sacrista [...]. »

81. On soulignera au passage que la notion de *facultates* – employée de façon récurrente dans cette notice et qui renvoie aux possessions,

Germain Butaud sur la base d'une analyse précise de l'acte
et notamment des souscripteurs de la copie, l'hypothèse
traditionnellement admise selon laquelle cette charte est une
forgerie sur la base d'un événement historique attesté doit être
abandonnée[82] : le cartulariste n'a en réalité fait que transcrire
la copie authentifiée d'un acte carolingien, faite à Barcelone
après la libération des moines de Lérins, c'est-à-dire après
Pâques 1047 – date de leur libération par Isarn selon la *Vita
Isarni* –, et plus précisément le 22 juin de cette année.

En deuxième lieu, le récit de la *Vie d'Isarn* peut être
mis en relation avec les rapports attestés par ailleurs entre
Lérins et Saint-Victor et en particulier avec les modalités
de l'expansion patrimoniale de Lérins en Catalogne. Avant
les épisodes rapportés par la *Vie*, on conserve au moins une
attestation des liens entre Lérins et Saint-Victor à l'époque de
l'abbé Isarn, puisque l'abbé de Lérins, successeur d'Odilon,
apparaît dans une charte en faveur d'Isarn, abbé de Saint-
Victor, donc à partir de 1021[83]. Mais, à en croire le récit
de la *Vie*, si les moines de Lérins rescapés du raid sarrasin
de 1046 se tournèrent vers Saint-Victor, c'est surtout en
raison du fait que cette abbaye disposait de « possessions
limitrophes de l'Espagne » (*quoniam sancti Uictoris
possessiones Yspaniis coniunctę sunt*) c'est-à-dire proches
de la partie de la péninsule contrôlée par les Musulmans. À
cette date, en effet, Lérins ne disposait d'aucune possession

<hr>

trésor et bien-fonds, d'une institution – est celle qu'emploie la *Vie d'Isarn*,
chap. XXXI, pour décrire le désarroi des moines lériniens s'interrogeant sur
la façon de racheter leurs compagnons enlevés par les Sarrasins.

82. C'était l'hypothèse de Paul-Albert Février, « La donation faite
à Lérins par le Comte Leibulfe », *Provence Historique*, 6, 1956, p. 23-33,
reprise entre autres par E. Magnani, dans *Histoire de l'abbbaye de Lérins*,
p. 133, n. 14. Pour la réfutation critique de cette hypothèse et les propositions concernant la datation de la copie (entachée d'une erreur du cartulariste), voir G. Butaud, « Listes abbatiales, chartes et cartulaire de Lérins »,
p. 390-391.

83. Paul Amargier, *Chartes inédites du fonds de Saint-Victor de
Marseille*, thèse de doctorat inédite, Aix-en-Provence, Faculté des lettres,
1967, n° 5.

et donc d'aucune tête de pont possible dans ces régions. Il est intéressant de souligner qu'elle en acquit en revanche sous l'abbatiat d'Aldebert Ier, dans les années qui suivent l'épisode du rachat des moines par Isarn et précisément dans le sillage de Saint-Victor. Ainsi, en 1068, Saint-Paul del Mar (diocèse de Gérone), confié aux Victorins par la comtesse Ermessende en février 1048, est rattaché à Lérins par le comte Raimond Bérenger Ier de Barcelone (v. 1022-1076), avec lequel les Lériniens avaient peut-être tissé des liens lors de leur exil forcé dans la péninsule ibérique[84].

En dernier lieu, la richesse du récit de la *Vie d'Isarn* permet d'avancer une hypothèse concernant sa fonction, d'une part, dans le cadre des rapports entre Lérins, Cluny et Saint-Victor et, d'autre part, dans les modalités de la mise en discours lérinienne du thème de la destruction et de la restauration qui, bien que caractéristique de l'historiographie monastique en général, acquiert à Lérins une force identitaire exceptionnelle. Les recherches actuelles sur les discours hagiographiques lériniens soulignent la façon dont les moines du monastère insulaire ont construit la sainteté, voire la sacralité, de leur île autour du thème martyrial du sang des moines répandu par les barbares (alternativement Vandales et Sarrasins). Cette représentation de l'île de Lérins consacrée par le sang des moines martyrs n'apparaît de façon documentée dans les écrits lériniens qu'à partir des années 1110, période probable de l'insertion dans le « précartulaire » d'un étrange « décret » pontifical dressant en réalité un panégyrique de l'île, « dédiée » (ou « consacrée ») « par le sang des martyrs », à savoir les « cinq cents martyrs » tombés sous la fureur des Sarrasins, du « saint abbé Porcaire », leur chef, et du « vénérable Aygulf »[85]. En réalité, et indépendamment de l'existence qui reste à prouver de récits lériniens antérieurs à cette première

---

84. CL 274 ; E. Magnani Soares-Christen, *Monastères et aristocratie*, p. 253-276 et 486-491, et Eadem, dans *Histoire de Lérins*, p. 206-208.

85. M. Lauwers, « Porcaire, Aygulf ».

attestation, ce qu'il faut souligner ici est la façon dont les épisodes lériniens de ce motif martyrial ont été connus et relayés hors de Lérins dès le tout début du XIᵉ siècle, par le truchement de textes élaborés à Cluny et peut-être aussi à Saint-Victor, deux des principaux pôles monastiques réformateurs alors actifs en Provence. Le premier récit attesté du martyre de Porcaire, l'un des martyrs mentionnés dans le panégyrique du « précartulaire », se trouve dans le premier chapitre du premier livre de la *Vie de Maïeul* rédigée par le moine Syrus autour de l'an Mil (après 999 et avant 1031/33), sous l'abbatiat d'Odilon, en guise de prologue savamment agencé au récit de l'enfance de Maïeul dans une Provence dévastée par les païens, puis de sa capture par ces mêmes païens[86]. On peut faire l'hypothèse qu'en insérant dans la *Vie d'Isarn* le récit de la *destructio* du monastère de Lérins et de la dispersion des frères, les Victorins aient mis en œuvre une stratégie proche sinon similaire, consistant à développer les thématiques de la destruction et de l'abandon de l'île de Lérins, tout en se les appropriant au moyen d'un transfert du motif martyrial des moines de Lérins au profit de leur sauveur, l'abbé Isarn. Un tel processus, replacé dans le cadre de la concurrence entre Odilon et Isarn, mise en discours à plusieurs reprises dans notre *Vie*[87], et de l'émulation entre leurs deux abbayes comme relais de la réforme pontificale dans le Midi peut sans doute justifier qu'on voie plus qu'une simple coïncidence dans ces phénomènes de transferts hagiographiques et dans le récit très construit qui associe le sort de Lérins à l'abbé de Saint-Victor, en ouverture du long dernier chapitre de sa *Vie*[88].

---

86. D. Iogna-Prat, *Agni Immaculati, cité supra*, p. 145 n. 72, et E. Magnani, dans *Histoire de Lérins*, p. 136-142.

87. Voir la note complémentaire V, p. 131-144.

88. On pourrait verser au même dossier des relations entre Saint-Victor et Lérins le fait que l'église des Alyscamps, conservant le corps du fondateur de Lérins, Honorat, change précisément de vocable (Geniès s'effaçant au profit d'Honorat) entre le moment où elle entre en possession

VII. Usages de l'Écriture Sainte
et modèles scripturaires dans la *Vie d'Isarn*

« *Sermones sui* » et inscription du texte sacré

Sur son lit de mort (chap. xxxi), Isarn exhorte ses disciples *sacris monitis*, c'est-à-dire avec des citations bibliques, ainsi que *illis suis sermonibus igneis*, par une prise de parole plus personnelle, que qualifie l'adjectif *igneis*, qui n'est pas sans rappeler les « prières de feu » de Cassien. La thématique du discours tenu par l'abbé mourant est précisée : le premier thème développé est celui du *contemptus mundi*, ou mépris du monde, qui remonte au moins à la lettre adressée par Eucher à Valérien ; le deuxième est celui de l'amour des biens célestes (*amorem caelestium*), qui n'est pas moins traditionnel.

En d'autres passages, l'auteur évoque la façon dont Isarn exhortait les puissants à la pénitence. Lorsqu'il mentionne, de manière assez détaillée, le discours adressé à Raimond Bérenger Ier, à son épouse Élisabeth et à Gombaud de Besora, notre hagiographe précise que l'abbé eut recours aux paroles de l'Écriture : *Quos ille multum sermonibus diuinis ędificans* (chap. xxxi). Après avoir rendu compte du discours de l'abbé, l'auteur ajoute que ces puissants aristocrates s'étaient ralliés au vœu d'Isarn sous l'inspiration de Dieu (*illo aspirante*). Les images du rhinocéros, figure des grands laïcs, et des « verrous » qui ferment la mer, sur lesquelles nous reviendrons, indiquent bien que l'abbé truffait ses discours de citations bibliques. À plusieurs reprises, l'auteur explique qu'il était réellement habité par l'Écriture Sainte : … *tamquam descriptum illud Sapientis in pectore gerens* (« …comme s'il portait inscrite en son cœur cette sentence du Sage ») ; *et primum quidem illud Samuelis prae oculis habens* (« et gardant en premier lieu

---

des moines marseillais à partir de 1038-1043 et la date de son transfert à la cathédrale d'Arles (1161), cf. F. Mazel, *La noblesse et l'Église*, p. 74.

devant les yeux cette parole de Samuel » (chap. IV) ; *non enim eius mente excesserat Scriptura dicens...* (« en effet, ce passage de l'Écriture n'était pas sorti de son esprit ») (chap. VII). La parole de Dieu est ainsi inscrite (*descriptum*) dans le cœur d'Isarn, elle ne sort pas (*excesserat*) de son esprit ; il la voit donc (*prae oculis habens*) avec les yeux de l'esprit. Aussi arrive-t-il qu'Isarn emprunte ses paroles directement à l'Écriture Sainte : *tunc ille a Spiritu sancto uerba mutuatus... inquit* (« alors Isarn, empruntant ces mots à l'Esprit Saint, dit... » (chap. XXXI).

Isarn s'identifie à saint Paul lorsqu'au chap. XXXI, reprenant les *Actes des Apôtres* (Ac 21, 13), il demande : « Pourquoi affligez-vous mon esprit ? » Son entourage veut empêcher Paul de monter à Jérusalem où l'attendent des périls, tandis que celui d'Isarn veut dissuader l'abbé de se rendre en Espagne pour libérer des captifs. Citations ou allusions bibliques anticipent la passion d'Isarn, qui est imitation de la passion du Christ. L'expédition d'Isarn en Espagne se fait en partie sur un lit de malade, qui n'est pas sans rappeler le lit de douleur (*lectulus meus*) de Job (Jb 7, 13).

Isarn, le *Livre de Job* et le modèle christique

Le *Livre de Job*, qui contient pour Jérôme toutes les lois de la dialectique, est aussi l'un des livres de la *Bible* où la rhétorique tient la plus grande place. Dieu, l'Adversaire, Job et ses amis s'y parlent. Les mêmes interlocuteurs paraissent intervenir dans la *Vie d'Isarn*. La vision du dragon par Isarn, dans les cryptes de Saint-Victor (chap. X), n'est pas sans similitude avec une vision nocturne de Job : « Une parole, furtivement, m'est venue, mon oreille en a saisi le murmure. Lorsque divaguent les visions de la nuit, quand une torpeur écrase les humains, un frisson d'épouvante me surprit et fit cliqueter tous mes os : un souffle passait sur ma face, hérissait le poil de ma chair. Il se tenait debout, je ne le reconnus pas. Le spectre restait devant mes yeux » (Jb 4, 12-16). Dans les deux cas, il s'agit d'une vision de l'Adversaire, qui prend dans le texte médiéval la forme d'un dragon. Celui-ci semble par ailleurs emprunter au Léviathan du *Livre de Job* (Jb 7, 20).

Lorsqu'Isarn prend conscience de ses péchés, il s'en prend à lui-même et dit avec Job : *...o custos hominum quare posuisti me contrarium tibi et factus sum mihimet ipsi grauis ? Cur non tollis peccatum meum et quare non aufers iniquitatem meam ?* (chap. ix). À vrai dire, le début de la citation ne convient guère au contexte de la *Vie d'Isarn*. Seule la proposition suivante est ici pertinente : Isarn a conscience d'avoir péché et d'être devenu ainsi « accablant pour lui-même ». L'auteur est du reste amené à modifier le texte scripturaire pour atténuer ce que le *Livre de Job* contient de révolte, en remplaçant les futurs (« Pourquoi n'enlèveras-tu (*auferes*) pas et pourquoi n'emporteras-tu (*tolles*) pas mon iniquité ? ») par des présents qui transforment la révolte en supplication d'enlever le péché. Tout en illustrant le repentir d'Isarn, ce passage anticipe le thème du juste souffrant. En effet, comme Job, Isarn est ensuite accablé par la maladie, mis à l'épreuve.

Quant aux puissants susceptibles de se mettre au service de l'Église, ils se font rhinocéros (cf. Jb 39, 9-10) pour dompter l'esprit des barbares, et « verrous » (cf. Jb 38, 10), pour contenir la mer amère que constituent ces barbares (chap. xxxi) : ils agissent alors sous l'influence de Celui qui sait domestiquer les bêtes sauvages et qui, en tant que Créateur, a donné ses limites à la mer – ce qui explique la métaphore des verrous qui suppose une porte d'ailleurs présente dans le texte source (Jb 38, 10 : *uectem et ostia*). Rhinocéros et verrous sont donc empruntés au discours adressé par Dieu à Job dans les chapitres 38 à 40.

Dieu a envoyé à Job d'innombrables épreuves : il l'a en particulier accablé d'une maladie théoriquement mortelle. Isarn est éprouvé à son tour par la maladie. Or les deux personnages font face avec succès aux épreuves. D'Isarn, il est dit qu'il a été « mis très fortement à l'épreuve à la fin de sa vie » (*in fine maxime probatus* : chap. XXXI), ce qui doit être rapproché de Jb 23, 10 : *probauit me quasi aurum quod per ignem transit* (« il m'a éprouvé comme l'or qui passe par le feu »). L'expression *maxime probatus* ne signifie pas seulement qu'Isarn a subi de très grandes épreuves, mais qu'il les a subies avec succès. Dans le récit biblique, Job retrouve ses biens matériels ; dans la *Vie*, Isarn voit son salut éternel assuré.

À la mort d'Isarn, l'auteur insiste sur le fait qu'« aucune once d'hypocrisie » (*nulla hypocriseos admixtura*) n'entravait son esprit. C'est encore une fois un rapprochement avec le *Livre de Job* qui donne le sens de ce passage. En fait, c'est à trois reprises que la *Vie* souligne qu'Isarn est exempt d'hypocrisie (chap. VIII, XII, XXXI). L'hypocrisie est également évoquée trois fois dans le *Livre de Job*. Deux de ces occurrences (Jb 13, 6 et 17, 8) permettent d'éclairer notre texte. Faisant l'éloge des vertus d'Isarn, Odilon semble, d'une façon plaisante, l'accuser d'hypocrisie. Ce procédé fait partie du genre littéraire de l'éloge : un zeste de blâme, de *vituperatio*, doit pimenter la louange. L'abbé de Cluny met en pratique une prédiction ironique de Job : *et innocens contra hypocritam suscitabitur* (« et l'homme intègre s'indignera contre l'hypocrite », Jb 17, 8). Dans la petite joute oratoire (*contentio*) entre Odilon et Isarn, le premier joue le rôle de l'*innocens* et le second celui de l'*hypocrita*. Le fait que l'auteur de la *Vie* éprouve le besoin de préciser qu'Isarn est dépourvu d'hypocrisie au moment où il meurt se comprend mieux si l'on rapproche cette réflexion de Jb 13, 16 : « car nul hypocrite n'accède en sa présence » – où il s'agit bien sûr de la présence de Dieu. C'est donc en homme intègre (*innocens*) qu'Isarn se présente devant la face de Dieu, conformément à la clé de lecture fournie par le *Livre de Job*.

L'épisode du juste souffrant est précédé d'une délibération des moines de l'entourage d'Isarn qui, dans un contexte différent, sont comme les amis de Job de mauvais conseillers.

Rapporté par l'auteur au style indirect, le débat a pour résultat que les moines déconseillent à Isarn de partir en Espagne. Mais Isarn, s'appuyant sur une citation biblique et s'exprimant au style direct, écoute la voix de Dieu et décide de partir, en disant à ses disciples : *Quid facitis affligentes spiritum meum ?* (chap. XXXI). Le texte des *Actes des Apôtres* (Ac 21, 13 : *Quid facitis flentes et affligentes spiritum meum ?*) est certes la source principale, mais comment ne pas voir une source complémentaire dans les paroles que Job adresse à des amis qui le tracassent au lieu de le conseiller : *usquequo adfligitis animam meam ?* (Jb 19, 2) Le rapprochement s'impose d'autant plus que dans sa citation d'Ac 21, 13, l'auteur de la *Vie* fait l'économie de *flentes*. En outre, Isarn fait suivre la citation des *Actes* de la phrase suivante : *Non facio animam meam pretiosiorem quam me.* Nous retrouvons ainsi, dans ce passage, à la fois le mot *spiritum* des *Actes* et le terme *animam* du *Livre de Job*.

Dans les passages en relation avec le *Livre de Job*, l'auteur de la *Vie* transforme en quelque sorte Isarn en un Job qui aurait omis de se révolter contre Dieu. Le fait qu'Isarn subit la mort du juste souffrant le rapproche dès lors aussi du Christ, tandis que la date à laquelle se déroule la libération des moines captifs à la suite de laquelle l'abbé entre en agonie renvoie à la Résurrection. Des allusions sont également faites à l'histoire de Jonas, symbole de la Résurrection d'après la parole même du Christ (Mt 12, 40). Libération des captifs, aventure de Jonas avalé par un monstre marin et descente aux enfers sont étroitement liées. Quand une première fois les rois barbares lâchent leurs prisonniers, l'auteur de la *Vie d'Isarn* écrit : *prędam innocuam reuomunt* (chap. XXXI), ce qui est une réminiscence de Jon 2, 11 : *euomuit Ionam in aridam*. Lorsque les païens reprennent les captifs, une tempête se déclenche, thème épique par excellence. L'auteur de la *Vie* fait ici allusion à deux événements bibliques : la tempête et le naufrage vécus par Paul (Ac 27, 9-44) et la tempête subie par Jonas (Jon 1).

Dans les deux cas, il y a sur le navire un homme porte-parole de Dieu (il est, dans la *Vie*, appelé *orator*, tout à la fois porte-parole et orant). Le rôle des deux hommes de Dieu, Paul et Jonas, n'est cependant pas le même. Paul donne des conseils avisés que Dieu lui inspire, Jonas est la cause de la tempête puisqu'il n'a pas rempli la mission que Dieu lui a confiée. Jonas joue toutefois un rôle positif puisque, tout en se sacrifiant, il fait découvrir à ses compagnons d'infortune que c'est Dieu qui est la source des tracas. Dans un contexte analogue, les païens de la *Vie d'Isarn* reconnaissent qu'il y a sur leur bateau un porte-parole du *summus Deus*, du Dieu des chrétiens, qui cause leur tempête.

La libération des moines de Lérins a donc lieu à Pâques. Mais le thème développé par l'hagiographe est surtout celui de la descente du Christ aux enfers : comme Jésus, après sa Résurrection, est allé libérer aux enfers Adam et les saints de l'Ancien Testament, de même Isarn a libéré les religieux captifs du joug des Sarrasins.

VIII. LE PAPE URBAIN V
ET LES AVATARS DU CULTE DE L'ABBÉ ISARN

Les diverses *Vies* du pape Urbain V, mais surtout les témoignages enregistrés dans le cadre de l'information ordonnée en 1381 par Clément VII sur sa vie et ses miracles[89],

---

89. Ces documents sont publiés par Joseph Hyacinthe ALBANÈS (éd. Ulysse CHEVALIER), *Actes anciens et documents concernant le bienheureux Urbain V pape*, Paris-Marseille, 1897, p. 375-430 (pour l'information *de vita et gestis ejusdem*). Pour une vue d'ensemble de l'enquête, André VAUCHEZ, *La sainteté en Occident aux derniers siècles du Moyen Âge d'après les procès de canonisation et les documents hagiographiques*, Rome, 1988 (*Bibliothèque des Écoles françaises d'Athènes et de Rome*, 241), p. 367-372, 468. À propos d'Urbain V, on se reportera au volume de Ludwig VONES, *Urban V. (1362-1370) : Kirchenreform zwischen Kardinalkollegium, Kurie und Klientel*, Stuttgart, 1998 (*Päpste und Papsttum*, 28), et à l'article de Michel HAYEZ, « Urbano V » dans Manlio SIMONETTI (dir.), *Enciclopedia dei papi*, t. 2, Rome, 2000, p. 542-550.

ainsi que les lettres pontificales[90], mentionnent de façon récurrente l'attention du pontife pour la construction et la restauration des espaces cultuels en général, et pour la promotion et la mise en scène des reliques dans ces espaces en particulier. Les plus célèbres de ces opérations sont évidemment celles qui se déroulèrent à Rome notamment autour du transfert des reliques des chefs de Pierre et Paul au maître-autel du Latran, recouvert pour l'occasion d'un nouveau *ciborium*[91]. Mais elles eurent également une importance notable à Saint-Victor de Marseille, l'abbaye où le futur pape avait fait profession[92] et où il avait été nommé abbé (le 2 août 1361) peu de temps avant son élection pontificale[93]. Outre d'importants travaux édilitaires, désormais mieux connus,

90. De ce point de vue, l'interrogation de la base *Ut per litteras apostolicas* (*reliqui** avec élimination des dérivés du verbe *relinquere*) est tout à fait éloquente, mettant en évidence l'attention du pape pour la dotation des églises en reliques et pour leur aménagement. L. VONES, *Urban V.*, cité à la note précédente, p. 483 souligne très brièvement cet intérêt.

91. Cette translation figure dans la plupart des *Vies* et dans les articles pour l'enquête de canonisation, cf. J. H. ALBANÈS, *Actes anciens*, cité *supra* p. 158 n. 89, n° 92-98, p. 404-406. Elle influence considérablement l'iconographie du pape, représenté avec les portraits des deux apôtres, cf. John OSBORNE, « Lost Roman Images of Pope Urban V (1362-1370) », *Zeitschrift für Kunstgeschichte*, 54, 1991, p. 20-32 (avec bibliographie récapitulative).

92. Sur la profession à Saint-Victor, parfois débattue dans l'historiographie ancienne, voir la lettre de confirmation de l'exemption de Saint-Victor le 2 janvier 1363 : Urbain V, *Lettres communes*, n° 5957 (*Reg. Avin.* 155, f. 328´ ; *Reg . Vat.* 261, f. 8) qui rappelle : « cum autem papa in ipso monasterio olim expressam professionem fecerit ejusque presederit regimini... » (cit. Joseph Hyacinthe ALBANÈS, *Entrée solennelle du Pape Urbain V à Marseille en 1365*, Marseille, 1865, p. 8 et 71).

93. Sur Urbain V et Saint-Victor, voir Jean-Claude DEVOS, « L'abbaye de Saint-Victor au temps d'Urbain V », *Provence historique*, 16, 1966, p. 453-460 ; Paul AMARGIER, *Urbain V. Un homme, une vie (1310-1370)*, Aix-en-Provence, 1987 ; D. NEBBIAI, *La Bibliothèque de l'abbaye de Saint-Victor de Marseille*, en part. p. 60-69 ; Anke NAPP, « Urbain V et Marseille, une relation spirituelle profitable », dans Thierry PÉCOUT (dir.), *Marseille au Moyen Âge, entre Provence et Méditerranée : les horizons d'une ville portuaire*, Méolans-Revel, 2009, p. 407-410.

visant à mettre en défense le monastère[94], Urbain V y promut un grand réaménagement cultuel et liturgique qui concerna la plupart des saints traditionnellement honorés dans le monastère, quitte à en modifier à l'occasion la hiérarchie.

Selon les articles rassemblés pour l'enquête en vue de sa canonisation, que confirme une lettre pontificale du 1ᵉʳ août 1363[95], c'est saint Victor *primi eiusdem monasterii fundatoris* qui reçut les principaux honneurs puisque son crâne fut alors séparé du reste de ses reliques et placé dans un reliquaire d'or et d'argent orné de pierres précieuses, en forme de tête, encadré de deux anges, d'une valeur estimée de 4000 florins[96]. À l'occasion de l'entrée solennelle du pape à Marseille à l'automne 1365, ce reliquaire du chef de Victor fut solennellement transporté lors de la procession organisée par le conseil de la ville[97]. Quant à Cassien *cuius corpus in eodem monasterio requiescit*, sa tête fut

---

94. J. H. ALBANÈS, *Actes anciens*, cité *supra* p. 158 n. 89, p. 16-17 ; n° 99 et 102, p. 406-407. Voir désormais, Ph. BERNARDI, « Les travaux d'Urbain V à Saint-Victor de Marseille » ; nous remercions l'auteur pour ses conseils à ce sujet.

95. Urbain V, *Lettres communes analysées d'après les registres dits d'Avignon et du Vatican*, par Michel & Anne-Marie HAYEZ, JANINE MATHIEU & Marie-France YVAN, 12 vol., Rome, 1954-1989 (*Bibliothèque des Écoles d'Athènes et de Rome*), n° 6450 : interdiction d'aliéner les *paramenta, ornamenta, libri, calices, cruces, ymagines, lamine, vasa, reliquiaria seu alia jocalia, lapides preciosi affixi capiti sancti Victoris sed aliorum sanctorum reliquiis vel aliis quibuslibet ornamentis seu rebus, aut alias prestantes aurum vel argentum dictum caput sancti Victoris circumdans seu exornans, necnon alias reliquias monasterio sancti Victoris Massiliensi, O.S.B., tegens, per papam eidem monasterio data et donanda et alia queque jocalia seu ornamenta monasterii prelibati...* J. H. ALBANÈS, *Entrée solennelle*, cité *supra* p. 159 n. 92, p. 20 et 22 date du samedi 14 juin 1365 l'arrivée de la châsse de saint Victor.

96. J. H. ALBANÈS, *Actes anciens*, cité *supra* p. 158 n. 89, n° 100, p. 406. Cette somme correspond de très près aux 4625 florins versés en 1365 par le pape pour le reliquaire de la tête de saint Victor : ASV, *Cam. Ap. Introitus et Exitus* 317, fol. 110v, dépense faite auprès de l'orfèvre Marco di Lando de Sienne *pro factura capitis sancti Victoris Massiliensis et pro perlis, lapidibus preciosis ac certis aliis positis in dicto capite*, cité par Ph. BERNARDI, « Les travaux d'Urbain V », p. 141 n. 26.

97. H. ALBANÈS, *Entrée solennelle*, cité *supra* p. 159 n. 92, p. 50 qui cite une délibération du conseil de la ville de Marseille de l'été 1365 : « Item super XIVᵉ capitulo, ad portandum capud beati Victoris... »

de la même façon placée dans un reliquaire d'or et d'argent[98]. La générosité pontificale embrassa enfin d'autres objets et ornements liturgiques et s'appliqua à d'autres reliquaires dans le monastère marseillais[99].

Ces interventions peuvent être reliées aux importants travaux ayant affecté, dans les années 1360, les divers lieux de culte du monastère marseillais. Elles sont d'ailleurs bien attestées dans le compte des dépenses du chantier de Saint-Victor enregistrées du 9 janvier au 27 octobre 1363 par l'*armararius* du monastère également *operarius* du chantier[100]. Les travaux de démolition puis de réaménagement

---

98. J. H. ALBANÈS, *Actes anciens*, cité *supra* p. 158 n. 89, n° 101, p. 406-407 ; J. H. ALBANÈS, *Entrée solennelle*, cité *supra* p. 159 n. 92, p. 21 et 44-45 suppose que le pape donna également une châsse pour la tête de saint Cassien, mais les documents cités sont moins explicites que pour la tête de Victor, à l'exception des articles pour l'enquête *in partibus* et du rapport de Guillaume de Montolieu pour la réception d'Urbain V, en date du 18 août 1365, qui signale : « xiv. Item que sian elegitz portadors als caps e als palis de sant Loys, de sant Laizer, de sant Victor, de sant Cassian, e aquels caps sian portatz en las processions » (éd. J. H. ALBANÈS, *Entrée solennelle*, cité *supra* p. 159 n. 92, p. 28). Voir également le paiement cité par Karl Heinrich SCHÄFER, *Die Ausgaben der apostolischen Kammer unter den Päpsten Urban V. und Gregor XI. (1362-1378)*, Paderborn, 1937 (*Vatikanische Quellen zur Geschichte der päpstlichen Hof- und Finanzverwaltung, 1316-1378*, 6), t. 1, p. 62-63, d'après ASV, *Cam. Ap. Introitus et Exitus* 305, fol. 132 : « Aug. 21 facto computo cum Iohanne Baroncelli, serviente armorum pape, de expensis solutis de mandato pape pro capite s. Cassiani tam argento, mitra, perlis, lapidibus preciosis et brachio argenti dicti sancti et tabernaculo argenti factis fieri pro papa, qua omnia ponderant 128 marcas 7 uncias ad pondus curie Romane... 1420 fl. cam. 23 s. »

99. Voir par ex. les paiements relevés dans K. H. SCHÄFER, *Die Ausgaben*, cité à la note précédente, p. 45-47, 125-126.

100. Ces comptes conservés au Vatican, ASV, *Regesta Avinionensia*, 158, fol. 239-313v, ont été publiés et commentés par Marius CHAILLAN, *La vieille église de Saint-Victor de Marseille et le pape Urbain V*, Marseille, 1929. Leur étude a récemment été reprise par Ph. BERNARDI, « Les travaux d'Urbain V ». Ce compte est évidemment partiel et n'évoque pas la poursuite des travaux dans les années 1360 documentés par certains comptes de la chambre apostolique (voir *ibid.*, p. 146) ou par des lettres pontificales attestant de l'adjudication de bénéfices pour qu'ils soient convertis *in diversis operibus aedificiorum quae papa facit fabricari in monasterio S. Victoris Massiliensis* (5 juin 1368 ; Urbain V, *Lettres secrètes et curiales... 1362-1370, se rapportant à la France, extraites des registres*

des lieux de culte commencent par l'église supérieure (dite *ecclesia nova*) et atteignent début mai l'église inférieure (dite *ecclesia antiqua* ou *veteris*)[101]. Le 12 mai 1363, parmi des dépenses ayant trait au démontage du maître-autel de l'église supérieure, le registre mentionne l'invention des corps de saint Victor et de ses compagnons (*Item dicta die fuerunt inventa corpora sanctorum Victoris et sociorum eius*)[102]. Le nouvel autel majeur fut consacré par le pape lui-même lors de sa visite solennelle à Marseille en octobre 1365[103]. Le 15 mai 1363, dans l'église inférieure cette fois, on commence les travaux dans la chapelle de Saint-Antoine et Saint-Victor[104]. Puis, le 20 mai de la même année, divers paiements sont enregistrés en faveur de cinq maîtres travaillant dans l'église inférieure au déplacement de corps de saints (*ad mutandum multa et diversa corpora sanctorum*) et de deux menuisiers pour la confection de reliquaires provisoires (*ad faciendum caxas ad tenendum corpora sanctorum*)[105]. Au total, et sans pouvoir être plus

---

d'Avignon et du Vatican, par Paul LE CACHEUX et Guillaume MOLLAT, 4 vol., Paris, 1902-1955 (*Bibliothèque des Écoles françaises d'Athènes et de Rome*), n° 2768) ; *pro opere monasterii Sancti Victoris Massiliensis* (le 4 août 1369 : Urbain V, *Lettres communes*, n° 24757) ou *convertendos in opera edificiorum que in monasterio sancti Victoris Massiliensis, O.S.B., papa faciebat fabricari* (6 avril 1370 ; Urbain V, *Lettres communes*, n° 27054)

101. Le 8 mai est enregistré le paiement du salaire de six hommes *ad decargandum barcas de lapidibus et ad fondendum ecclesiam antiquam* (M. CHAILLAN, *La vieille église*, cité *supra* p. 161 n. 100, p. 79) ; cf. Ph. BERNARDI, « Les travaux d'Urbain V », p. 144.

102. *Ibid.*, p. 81.

103. Le plus précis sur ce point est Werner de Liège, auteur de la deuxième *Vie* du pape à la fin du XIVe siècle, éd. J. H. ALBANÈS, *Actes anciens*, cité *supra* p. 158 n. 89, p. 42 : « Eodem anno et mense [octobre 1365], dominus Papa existens in Massilia consecravit majus altare Sancti Victoris in monasterio Massiliensi. »

104. M. CHAILLAN, *La vieille église*, cité *supra* p. 161 n. 100, p. 83 : « pro removendo cledas ferreas de capella sancti Anthonii et sancti Victoris. » À nouveau le 26 mai (*ibidem*, p. 88) : « ad dirruendum capellas sancti Victoris et sancti Anthonii. »

105. *Ibidem*, p. 85-86; cité par Ph. BERNARDI, « Les travaux d'Urbain V », p. 145-146. J. ALBANÈS, *Entrée solennelle*, cité *supra* p. 159 n. 92, p. 17,

précis, il est certain que les travaux promus par Urbain V ont impliqué divers déplacements d'autels ou de sépultures dans les deux principales parties du sanctuaire. Paraphrasant et glosant un acte notarié de 1444, qui nous renseigne sur une ouverture de reliquaires contemporaine du chantier de l'église des années 1360, Joseph Hyacinthe Albanès souligne l'ampleur des réaménagements concernant les corps de saints[106]. Selon l'interprétation qu'il donne de ce document, les reliques évoquées furent « presque toutes tirées de l'église inférieure » – une affirmation que le chanoine ne justifie pas, mais qui semble confirmée par les découvertes de corps saints dans l'église inférieure, attestées par les comptes de la fabrique – et leur disposition renverraient à un état consécutif aux réaménagements voulus par le pape : une ancienne châsse en bois, richement décorée, contenait les reliques majeures (notamment celles de Victor, de ses

---

date (sans renvoyer à ses sources) l'ouverture du 22 mai, jour du lundi de Pentecôte.

106. L. J. H. ALBANÈS, *Entrée solennelle*, cité *supra* p. 159 n. 92, p. 42-45 s'appuie sur un « vieux acte de 1444 » trouvé dans les « Archives de Saint-Victor, Reg. 23 quater. T. 3 » : il s'agit vraisemblablement de l'acte copié dans la liasse Arch. dép. Bouches-du-Rhône, 1H 635, col. 129rv, qui renvoie lui-même au registre du notaire Jean Duranti, actuellement Arch. dép. Bouches-du-Rhône, 351 E 203, fol. 219v-221r. Nous n'aurions sans doute pas identifié ces documents sans l'aide précieuse de C. Herrera et de ses collègues des Archives départementales des Bouches-du-Rhône : la richesse mais aussi la difficulté d'interprétation de ces documents découverts *in extremis*, alors que cet ouvrage était déjà sous presse, nous obligent à renvoyer à une autre publication leur traitement exhaustif, et notamment leur confrontation avec d'autres documents éclairant la question, comme le « livre noir » de Saint-Victor (Arch. dép. Bouches-du-Rhône, 1H235, fol. 129). Il est entre autres extrêmement difficile de relier cette description aux bâtiments médiévaux connus, ainsi qu'aux maigres informations disponibles sur la chronologie du chantier des années 1360, mais aussi à l'emplacement des reliques à l'époque moderne tels que les décrivent Jean-Baptiste GUESNAY (*S. Joannes Cassianus illustratus. Siue Chronologia vitae S. Ioannis*, Lyon, 1652, p. 475-476) ou Antoine de RUFFI (*Histoire de la ville de Marseille*, Marseille, 1696). Il semble bien qu'Urbain V ait procédé à la division des corps saints et à leur dispersion dans les différents lieux de culte du sanctuaire marseillais. C'est ainsi que le bras d'Isarn pourrait avoir été placé dès l'époque d'Urbain V dans le reliquaire encore signalé dans l'église haute par Guesnay.

compagnons et de Jean Cassien) et surmontait l'autel majeur désormais placé au fond de la nouvelle abside dite chapelle Saint-Pierre ; à droite de l'autel, une structure à trois arcs soutenait trois sarcophages conservant les corps de l'abbé Bernard de Millau, de l'abbé et évêque Mauron et de l'abbé Guifred, prédécesseur d'Isarn ; à gauche, une structure identique soutenait trois autres sarcophages. Enfin, dans le chevet, se trouvaient les corps d'Isarn et de deux autres.

Bien que son nom n'apparaisse explicitement ni dans les comptes de 1363, par définition synthétiques, partiels et très insuffisants, surtout pour ce qui est de la phase de reconstruction, ni dans les textes hagiographiques consacrés au pape Urbain V (*Vies*, miracles et articles en vue de l'enquête *in partibus*), il est vraisemblable – comme tendraient d'ailleurs à le confirmer l'acte de 1444 exhumé par Albanès, ainsi que les inventaires modernes des reliques – que les restes d'Isarn aient figuré parmi les corps saints déplacés à l'occasion des travaux promus par Urbain V. Le pontife s'était, on l'a vu, intéressé au texte de sa *Vie* au point d'en faire emporter le manuscrit le plus ancien – l'actuel ms. BnF latin 5672 – jusqu'en Avignon où il fut vraisemblablement lu avec attention comme en témoignent les notes, ajoutées dans les marges d'une écriture du xive siècle et qui fournissent des sortes de titres aux différents chapitres de la *Vie*[107].

Pourtant, si l'existence d'un culte d'Isarn est attestée dans la liturgie, y compris à la fin du Moyen Âge, force est de constater qu'il resta limité au monastère marseillais ou à sa mouvance[108]. Même dans le monastère marseillais,

---

107. Dès 1369, le manuscrit est enregistré dans la bibliothèque pontificale, il y figure encore en 1375 et se trouve en 1407 dans la bibliothèque de la tour, cf. Introduction, p. LIV.

108. Le culte liturgique d'Isarn n'est attesté que par un hymne figurant au fol. 33r du manuscrit *P*, dont Mabillon affirme qu'il a sans doute été écrit peu après la mort du saint mais surtout que c'est encore l'hymne de l'office d'Isarn à l'époque où il écrit (*Acta sanctorum ordinis sancti Benedicti*, VI/1, p. 608 : « At paulo post ipsius mortem festivitatem ejus fuisse institutam colligi potest ex hymno, qui pro ea celebritate compositus in codice regio, quem non multo post ejus mortem scriptum fuisse diximus, habetur. Is idem

si l'on en croit l'absence de toute mention dans les statuts promulgués aux xiiie et xive siècles, ce culte ne semble pas avoir fait l'objet de révision à cette époque[109], et on ne peut dire s'il connut un regain à la suite des réaménagements voulus par le pape Urbain V. En somme, en l'absence de toute source nouvelle permettant de préciser la nature des interventions d'Urbain V à l'égard d'Isarn et de son culte, il semble hasardeux d'affirmer, conformément à une tradition aux origines et aux fondements mal établis, que le pape procéda à la reconnaissance et à la translation des reliques d'Isarn[110] : s'il le fit, c'est dans le contexte d'un déplacement massif des corps saints de Saint-Victor. En effet, si, comme il est vraisemblable, la figure d'Isarn sut éveiller l'intérêt de l'abbé Guillaume Grimoard, futur pape Urbain V, c'est sans doute grâce à la présence d'un manuscrit de sa *Vie* dans la bibliothèque monastique, mais aussi en raison de sa place dans la succession des abbés et surtout dans le panthéon de l'abbaye marseillaise précisément réorganisé et remis en scène par le pape dans une vaste entreprise de réaménagement liturgique de Saint-Victor, qui culmina lors de la cérémonie de consécration d'octobre 1365.

Cette hypothèse mérite d'être explorée à la lumière d'une charte peu connue, récemment tirée de l'oubli, qui consiste en une copie illustrée du pseudo-privilège de 1040, rappelant la « sanctification » de l'église abbatiale par le

---

est ipse qui etiamnunc in ejus officio canitur ») et par son *Office* dans un bréviaire tardif (1496-1497) étudié par Victor LEROQUAIS, « Un bréviaire manuscrit de Saint-Victor de Marseille », *Mémoires de l'Institut historique de Provence*, 8, 1931, p. 1-34, ainsi que dans le bréviaire imprimé de 1508 ; voir aussi V. SAXER, « Les calendriers liturgiques de Saint-Victor ».

109. Cf. l'édition de ces statuts par Dom Léon GUILLOREAU, « Statuts de réformation de Saint-Victor de Marseille », *Revue Mabillon*, 6, 1910-1911, p. 65-96 et 300-328 ; 7, 1911-1912, p. 224-243 et 381-400 ; 9, 1913-1914, p. 1-18.

110. Le Jésuite Silvestro Pietrasanta évoque même une canonisation dont on ne sait rien : voir ses échanges avec J. Bolland édités dans Bernard JOASSART, « Jean Bolland et la recherche des documents. Le 'Memoriale pro R. P. Silestro Pietrasancta' », *Analecta Bollandiana*, 120, 2002, p. 141-150, en part. 149.

Fig. 8 : Copie illustrée, réalisée au XIVᵉ siècle, du pseudo-privilège de
1040 du pape Benoît IX (Arch. dép. Bouches-du-Rhône, 1 H 19/81)

pape Benoît IX venu à Marseille le 15 octobre 1040[111] (cf. fig. 8). Réalisée sur un parchemin de grand format (630 x 750 mm), elle a pour spécificité de comporter des illustrations dans ses marges supérieures et inférieures. Si les personnages représentés au registre supérieur sont bien ceux de l'acte de 1040 (le pape et neuf évêques identifiés un à un par une légende à l'encre rouge), le registre inférieur reprend la scène d'un autre point de vue en figurant d'une part l'abbé Isarn agenouillé devant le pape, représenté une deuxième fois, et d'autre part, derrière l'abbé ainsi posé en intercesseur, une foule de laïcs figurant le peuple marseillais. Il est difficile de dater cette copie sur des bases exclusivement paléographiques ou stylistiques[112], mais certains indices et surtout le message qu'elle transmet laissent penser qu'elle pourrait bien avoir été réalisée en lien avec la consécration de 1365. En premier lieu, si l'on suit la reconstruction chronologique d'Albanès[113], la consécration du nouvel autel

---

111. Arch. dép. Bouches-du-Rhône, 1 H 19/81 – cf. fig. 8. Sur cette copie, cf. M. LAUWERS, « Consécration d'églises, réforme et ecclésiologie monastique », en part. p. 130 et fig. 5 à 7 ; M. LAUWERS & F. MAZEL, « L'abbaye Saint-Victor », p. 144 et fig. 59, p. 157 ; l'Annexe, *infra* p. 173-189.

112. Dans l'état actuel des recherches, nous ne connaissons qu'un seul autre exemple de charte de consécration illustrée, beaucoup plus tardive puisqu'il s'agit d'une notice de la fondation et consécration du Dôme de Pise réalisée sur parchemin au XVe siècle et actuellement conservée au Museo dell'Opera de Pise, cf. Giuseppe SCALIA, « La consacrazione della cattedrale pisana », dans *Storia ed arte nella piazza del Duomo. Conferenze 1991*, Pise, 1993, p. 53-70, reproduction fig. 3.

113. Selon la deuxième *Vie* du pape rédigé par le chanoine Werner de Liège, la consécration eut lieu *eodem anno et mense* c'est-à-dire en 1365 et au mois d'octobre puisque l'événement précédent est la prise d'Alexandrie le 11 octobre 1365 ; le pape serait reparti de Marseille le 24 octobre (*die xxiv dicti mensis reversus est Avenionem*) : éd. J. H. ALBANÈS, *Actes anciens*, cité *supra* p. 158 n. 89, p. 41-42. J. H. ALBANÈS, *Entrée solennelle*, cité *supra* p. 159 n. 92, p. 34, signale sur la base de « l'examen attentif des deux volumes du Regeste de l'an 3 [actuel ASV, Reg. Av. 159 et Reg. Vat. 254] qu'il n'y a absolument aucune bulle datée d'Avignon entre le 7 et le 25 octobre ce qui démontre l'absence du Pape » ; plus loin (*ibidem*, p. 42), il renvoie à la *Vie* de Werner pour supposer que le pape « avait choisi pour cela [la consécration] le 15 octobre, jour où Benoît IX avait consacré en l'an 1040 l'ancienne église et son autel ». Cet examen attentif est confirmé

majeur par le pape Urbain V aurait eu lieu précisément le 15 octobre 1365, jour choisi parce qu'il coïncidait avec la date anniversaire de la consécration par Benoît IX le 15 octobre 1040. Par ailleurs, l'insistance remarquable dans les illustrations de la copie sur la présence du corps civique et sur le rôle d'intercesseur accordé à l'abbé Isarn pourrait relever d'un processus d'actualisation par l'image de la cérémonie de consécration de Benoît IX, au gré d'un renvoi assez explicite au rôle actif des pouvoirs publics de Marseille dans l'organisation de l'entrée pontificale d'octobre 1365.

Ainsi, tout semble indiquer que l'intérêt du pape Urbain V pour la *Vie d'Isarn* s'inscrit dans un vaste programme de redécouverte et de reconstruction de l'histoire de Saint-Victor et notamment de ses relations avec la papauté, visant à ancrer, le plus loin dans le temps et de la façon la plus prestigieuse, la visite pontificale d'Urbain V, son action en faveur de la liberté du monastère marseillais[114] et enfin la consécration de son autel dans un espace cultuel réaménagé.

IX. Un légendaire moderne
à propos des miracles de l'abbé Isarn

En 1775, Joseph Laurensi, curé de Castellane et auteur d'une *Histoire de Castellane*, fait le récit de plusieurs miracles racontés dans la *Vie d'Isarn*, notamment celui du chap. xxi (le village de Demandolx est épargné par la foudre après avoir été aspergé par l'eau consacrée par Isarn, que le

---

par l'interrogation de la base *Ut per litteras apostolicas* qui ne signale aucune l'enregistrement d'aucune lettre pontificale entre ces deux dates qui correspondent à Urbain V, *Lettres secrètes et curiales*, n° 2003 et 2004.

114. Sur ce point on consultera les lettres du 2 janvier 1363 (Urbain V, *Lettres communes*, n° 5957 ; ASV, Reg. Avin. 155, fol. 328´; Reg. Vatic. 261, fol. 8) et 3 avril 1367 (Urbain V, *Lettres communes*, n° 19740; ASV, Reg. Avin. 165, fol. 393´; Reg. Vatic. 256, fol. 34) qui renouvellent l'exemption pour la première et définissent tout autour du monastère une sorte de ban sacré pour la seconde.

seigneur Isnard était parvenu à obtenir). Le récit du curé de
Castellane n'est cependant pas identique à celui de la *Vie*. En
outre, l'ecclésiastique érudit fait état d'une tradition locale
qui paraît vivante à la fin du XVIIIe siècle : « L'historien de
sa vie raconte que le seigneur du lieu de Demandolx, appelé
Isnard, vint se jeter à ses pieds, et le conjura avec instance
d'aller bénir son château et son village, extrêmement exposés
à la foudre qui y faisait tous les ans de terribles ravages. Le
saint refusa d'abord, par humilité, mais voyant la foi de ce
seigneur et de ses vassaux, il se rendit sur le lieu, fit de l'eau
bénite, en jeta sur le château et sur les autres maisons, et
c'est un fait que depuis la foudre n'y est plus tombée : j'ai
demandé moi-même à M. le marquis de Demandolx, un des
illustres descendants de cet Isnard, ce qu'il en pensait, et il
m'a répondu que c'était une tradition dans sa famille et que
de mémoire d'homme le tonnerre n'avait fait aucun mal à
son château, qui est pourtant bâti sur un lieu fort élevé »[115].
Laurensi rapporte ensuite une autre tradition qui ne repose,
quant à elle, sur aucun passage de la *Vie* : « Les habitants de
Peyroules reconnaissent un autre miracle opéré en leur faveur
par le saint abbé, et dont on voit encore aujourd'hui les effets.
Les fourmis s'étaient tellement multipliées et faisaient tant
de dégâts à leurs blés qu'ils en souffraient des dommages
considérables. Ils mirent leur confiance aux prières de saint
Isarne qui voulut bien aller donner sa bénédiction à leur
terroir, et il est constat qu'encore aujourd'hui les fourmis
ne touchent point aux blés de toute la communauté de
Peyroules, quoique on y en voit de toutes les espèces »[116].
Enfin, notre historien local prend ses distances par rapport à
un épisode rapporté dans la *Vie* (chap. XV) qu'il n'a de toute
évidence pas bien compris : « Je ne saurais admettre ici un
miracle de rigueur qu'on attribue à saint Isarne contre le

---

115. Joseph Laurensi, *Histoire de Castellane*, Castellane, 1775, réé-
dit. Castellane, 1898, ici p. 103-104. Nous devons la connaissance de cet
ouvrage à Germain Butaud, que nous remercions vivement.

116. *Ibidem*, p. 104.

bourg de Barrême ; je ne puis me persuader qu'un homme aussi rempli d'esprit ait laissé faire à l'évêque Amélius, pour le venger, un miracle que le fils de Dieu ne voulut point permettre à deux de ses disciples contre une ville de Samarie qui refusait de le loger. Il n'est pas croyable, d'ailleurs, que dans un bourg assez considérable il n'y ait eu qu'une femme bien disposée en faveur d'un personnage aussi distingué par sa sainteté et par sa dignité éminente et reconnue dans toute la province. Je crois que l'auteur de sa vie l'a avancé sans avoir trop approfondi ce prétendu miracle, qui ne subsiste pas, d'ailleurs, comme les deux précédents »[117].

Autre témoignage d'un culte rendu à l'abbé Isarn dans un village qui fut le théâtre de l'un des plus célèbres épisodes rapportés dans la *Vie* (chap. XXVI) : dans l'église de Tourtour, un tableau, peint à la fin du XIXe siècle par le curé de Villecroze, représente Isarn célébrant la messe à l'intention des deux jeunes gens assassinés par le mauvais Pandulf (cf. fig. 9). Une légende explique : « L'an du Seigneur 1038, saint Ysarne, abbé de St Victor, célébra le divin sacrifice pour deux jeunes gens que le cruel Pandulfe avait mis à mort en ce lieu appelé St Domnin et depuis lors Tourtour. » Sous la scène principale, deux autres images, de petit format, représentent, pour la première, les deux revenants réclamant à la veuve du récit l'intervention de l'abbé Isarn (« Apparaissant à une pieuse dame, les deux défunts lui disent qu'ils resteront exclus du ciel tant que le B. Père Ysarne n'aura pas célébré une messe pour eux ») et, pour la seconde, les deux jeunes gens, libérés après la célébration, montant au ciel (« Soyez bénie de Dieu, car vous avez obtenu miséricorde à ses serviteurs, disent-ils une seconde fois à la pieuse dame, voici notre départ pour le ciel »).

---

117. *Ibidem*, p. 104-105.

Fig. 9 : Tableau peint à la fin du XIXᵉ siècle par le curé de Villecroze
(Tourtour, église Saint-Denis)

ANNEXE
LE « PSEUDO-PRIVILÈGE » DU PAPE BENOÎT IX
(Texte et traduction)

Le « pseudo-privilège » de Benoît IX, daté du monastère de Marseille le 15 octobre 1040, déjà évoqué à plusieurs reprises, dans l'Introduction de ce volume et dans les notes complémentaires, est connu par deux copies réalisées entre la fin du xie et le début du xiie siècle. La première se trouve au début du grand cartulaire de Saint-Victor (commencé probablement en 1080) : elle fait suite à deux bulles pontificales de Jean XVIII et de Léon IX et à six diplômes impériaux[1]. La seconde, qui se présente comme un original, est une copie isolée de la fin du xie ou du début du xiie siècle[2]. Au xive siècle, le texte est retranscrit une nouvelle fois sur un parchemin et illustré dans ses marges supérieure et inférieure[3].

Le copiste du cartulaire donne à ce texte, dans la marge, le titre de *Privilegium Benedicti pape et omnium episcoporum Galliarum*. Plusieurs éléments mettent cependant en doute cette attribution au « pape Benoît », ainsi que l'authenticité du document : celui-ci n'a pas la forme d'un acte de la chancellerie pontificale, le « pape Benoît » n'y est mentionné qu'une fois – en tête de très nombreuses

---

1. Arch. dép. Bouches-du-Rhône, 1 H 629, fol. 3v-4. Cf. fig. 10, *infra*, p. 174.
2. Arch. dép. Bouches-du-Rhône, 1 H 18/80.
3. Arch. dép. Bouches-du-Rhône, 1 H 19/81 – cf. fig. 8, *supra* p. 166.

suscriptions et après un préambule particulièrement long –
et, enfin, il est parfaitement invraisemblable que ce pape soit
venu à Marseille. Aussi le texte est-il en général considéré
comme suspect et désigné comme « pseudo-privilège », ce
qui ne règle pas l'ensemble des questions qu'il pose.

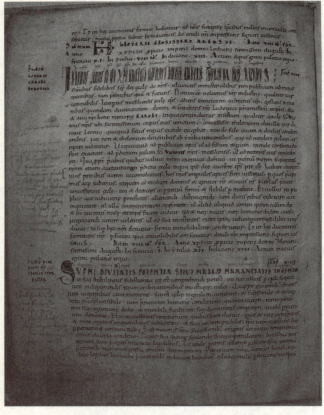

Fig. 10 : Transcription dans le cartulaire de Saint-Victor
du début du pseudo-privilège de 1040 du pape Benoît IX
(Arch. dép. Bouches-du-Rhône, 1 H 629, fol. 3v)

Eugène Duprat, puis Harald Zimmermann avaient fait l'hypothèse de passages interpolés qu'il resterait à dater[4]. Le débat demeure aujourd'hui ouvert et porte sur la totalité de l'acte, notamment son très long préambule rédigé dans une langue peu fluide et son double dispositif étrange : bénédiction « trifide » d'une église qui n'est pas clairement désignée dans le texte et protection des pèlerins pénitents qui ont foulé son seuil. Deux hypothèses ont été récemment émises. Selon la première, l'acte a bien été rédigé dans les années 1040, peut-être du vivant d'Isarn[5]. En ce cas, la mention du pape aurait une fonction symbolique, répondant au préambule qui met en avant le rôle de Léon le Grand dans la fondation du monastère. Quant à l'originalité du préambule et du dispositif, elle renverrait à une mise en valeur nouvelle du rite de consécration et à l'élaboration sur ce thème de discours qui ne devaient prendre leur forme définitive et se diffuser que plus tard ; elle s'expliquerait surtout par l'essor du pèlerinage sur un site qui aurait été en pleine reconstruction dans les années 1040[6]. Selon la seconde hypothèse, l'acte a été fabriqué (ou fortement interpolé) au moment de la confection du cartulaire, en 1079-1080, peut-être un peu avant, quand la *Vie d'Isarn* est rédigée[7]. En ce cas, le récit de consécration du « pseudo-privilège » s'inscrit dans une série de chartes de consécration dont le type a été mis au point par les moines de Saint-Victor à partir de la fin des années 1050

---

4. E. DUPRAT, « Étude de la charte de 1040 » ; *Papsturkunden, 896-1046*, éd. Harald ZIMMERMANN, t. 2 : *996-1046*, 2e éd. Vienne, 1989 (*Österreichische Akademie der Wissenschaften. Veröffentlichungen der Historischen Kommission*, 4, *Denkschriften. Österreichische Akademie der Wissenschaften. Phil.-hist. Klasse*, 177), p. 1154-1155, n° 613.

5. M. ZERNER, « L'abbaye de Saint-Victor de Marseille et ses cartulaires » ; Ead., « Le grand cartulaire de Saint-Victor ».

6. Sur les questions que pose la restructuration du site de Saint-Victor au XIe siècle, voir la note complémentaire II, p. 110-116.

7. Analyse de M. Lauwers, E. Magnani et F. Mazel. Sur les rapports entre le récit des origines de Saint-Victor présenté dans la *Vie* et celui que donne le « pseudo-privilège », voir l'Introduction, p. XXXVIII-XXXIX.

et des années 1060[8]. La mention des figures tutélaires de l'histoire recomposée du monastère (les papes anciens mais aussi récents, incarnés par la référence à Benoît IX ; les fondateurs Victor et Cassien ; les abbés restaurateurs Guifred et Isarn), mises en scène dans un cadre englobant la totalité de l'histoire du salut, servirait une stratégie monastique d'auto-légitimation, renvoyant à des origines aussi prestigieuses qu'anciennes et se prolongeant jusque dans le passé récent de l'abbatiat d'Isarn[9]. La mise en œuvre d'une telle entreprise mémorielle, dans le « pseudo-privilège » comme dans d'autres textes, notamment la *Vie d'Isarn*, élaborés à Saint-Victor au cours de la seconde moitié du XIe siècle, se rattacherait alors au processus contemporain de construction à la fois matérielle, administrative et identitaire de l'Église monastique victorine, sur fond de réforme pontificale, ainsi que l'atteste l'obtention de Grégoire VII, en 1081, d'un privilège d'exemption dans les mêmes termes que celui accordé à Cluny quelques années plus tôt. L'élaboration d'un acte comme le « pseudo-privilège » n'eut certes pas pour fonction immédiate d'appuyer la demande de ce privilège, ce pour quoi elle aurait d'ailleurs été superflue, d'autant que les abbés de Saint-Victor, Bernard, puis son frère Richard, furent légats du pape et chargés d'importantes missions, et que, dès le début de 1079, le pape avait expressément présenté le monastère de Saint-Victor de Marseille à l'égal de Cluny[10]. Elle constitue plutôt un maillon important au sein d'une stratégie discursive plurielle, visant à doter un réseau monastique de plus en plus puissant et diffus d'une forte cohérence idéologique : lorsqu'il fallut mettre sur

---

8. Sur ce type de charte : M. LAUWERS, « Consécrations d'église, réforme et ecclésiologie monastique ».

9. F. MAZEL, « L'invention d'une tradition » ; M. LAUWERS, « Consécrations d'église, réforme et ecclésiologie monastique », en particulier p. 121-127 ; « Cassien, le bienheureux Isarn et l'abbé Bernard », p. 236-238.

10. M. ZERNER, « Le grand cartulaire de Saint-Victor ».

pied une réforme du monastère à la fin du Moyen Âge, les
moines de Saint-Victor ne s'y trompèrent d'ailleurs pas en
faisant réaliser une copie richement illustrée du « pseudo-
privilège », où se trouvent notamment représentés le pape
Benoît IX et l'abbé Isarn[11].

---

11. Voir *supra*, n. 3.

Superne diuinitatis potencia sicut nullo humanitatis ingenio in sua stabilitatis substantia ut est comprehendi potest, ita nec ullius perexili sagacitate in disponendis rerum ordinationibus inuestigari ualet. Quippe qui omnibus creatis uita uigentibus cum motione, suum quodque ingenium attribuit, et si dissimile et ex cogitatu incomprehensibile, tamen preminenti humanę conditioni, quanto cariori tanto potiorem sui cognitionem dedit, et mirabili facilitate suę diuinitatis compotem quadam perpetuitate donauit. Hoc in auspiciis creationum quibusdam claruit, quos et uitę integritas et morum ęquitas immaculatos reddiderant, et si carne corruptibiles, spiritu tamen uicturus suę perpetuitate coniunxit. Sed in uariis temporum successionibus, omnipotentis Dei nutu continentię creuit diuersa conditio. Et quę sua sponte seruando sincera pretulerant, hęc illorum posteritati sunt preceptis iniuncta legalibus. Et unde parens assumit uicturo spiritui premium preoptatum, inde transgressor emeritum detrimentum. Precipuum namque actenus bonum necdum legibus humana precurrentibus indicium habebatur, quod ad cumulum perfectionis quispiam duceretur. Hoc mira prouidentia, mirus opifex per suum uerbum monstrandum ut speciale bonum elegit, quod quanto attentius artiusque constringitur, tanto suę perfectionis priuilegio prepollens sublimatur. Hoc uero nominari quod Deus est karitas promeretur, in qua legum omnium extat supplementum, si summa mentis auiditate seruetur. Hanc dominus noster Ihesus Christus creator et

La puissance de la divinité supérieure, aucun entendement humain ne peut l'appréhender dans la stabilité de sa substance, aucune pauvre sagacité n'est capable d'en déchiffrer la capacité à ordonner l'univers. En effet, celui qui attribua à chacune des créatures qui vivent et se meuvent son caractère – caractère dissemblable et insaisissable par le raisonnement – donna à la condition humaine la capacité de se connaître soi-même, don d'autant plus précieux qu'il est puissant, et lui accorda dans sa bonté admirable de partager sa divinité pour toujours. Cela, il le manifesta au commencement de la Création à quelques-uns qu'une vie intègre et des mœurs justes avaient rendus immaculés, car bien qu'ils fussent corruptibles dans leur chair, il les unit à son éternité en les faisant vivre seulement en esprit. Mais dans la succession variée des temps, des conditions différentes de continence se sont développées par la volonté de Dieu tout-puissant. Et ce que les premiers avaient préféré garder pur de leur propre gré, a été enjoint à leur postérité par les préceptes des lois. Aussi le transgresseur a-t-il reçu le dommage qu'il méritait de là où le père a reçu la récompense choisie pour l'esprit vainqueur. Jusque là, en effet, le bien supérieur, que ne précédaient pas encore des lois humaines, était tenu comme le signe qui pouvait conduire chacun au sommet de la perfection. Ce bien, la merveilleuse Providence, le merveilleux Créateur l'a choisi comme bien spécial destiné à être montré à travers son Verbe, d'autant plus étroitement et solidement enchaîné qu'il est en haut, très puissant, par le privilège de sa perfection. Cela lui vaut d'être appelé « Dieu est Charité », charité en laquelle se trouve ce qui s'ajoute à toutes les lois, à condition qu'elle soit servie avec la plus grande ardeur de l'esprit. Cette charité, notre seigneur Jésus-Christ créateur et rédempteur

redemptor, effici in dilectione inimicorum et orando pro persequentibus docuit, cum pendens in cruce dixit : Pater, ignosce illis. Hanc Stephanus primus post Christum, post quem chorus apostolorum seruandam omni seculo intimauit. Hanc uniuersalis ęcclesia, per totum orbem diffusa, debere seruarum predicat. Hac uidelicet karitate, inicio suę ostensionis, ęclesię inicium sumpserunt. Sicque apostolicalis electio, et discipulorum plena karitate successio, singulas per mundum muniunt ciuitates ęcclesiarum presidio sue benedictionis firmatarum subsidio, in quibus fidei augmentum posteritas capiat, et ab renunciatio stabilitatem, continuata communione uiuendi. Sed quę diuersis Dei beneficiis prelecta, nullam habendo maculam, filios adoptatos Spiritus sancti gratia cohoperante, in largum benignitatis sinum innumeros colligit. Haec in diuersis mundi partibus, diuersis infestationibus inimici aliquando iacturam incurrit, et nisi Dei suffragetur auxilio, non eruitur a precipicio.

Hac de causa permoti, summi antistites ęcclesiarum et abbates cęnobiorum, diligenti cura solliciti, preuenire damna, impulsu precum ac instanti orationum, debemus, ut quibus iure custodia comissa debetur, Domino iuuante, seruetur. Denique sanccitum esse a sanctis ęcclesię rectoribus perhibetur quo statu quaue institutione sancta martiris aecclesia Uictoris permanere consueuit, quę sine ruga, immaculato thoro, huc usque immaculata uiguit, et sponsum Christum uia immaculata castoque uestigio est secuta. Hęc est denique illa aeterni sponsi aula, quę ita claruit apostolica benedictione atque omnium peccaminum labis absolutione, ceu uniuersalis Romana aecclesia clauigeri Petri, et ideo secunda Roma legitur esse ;

enseigna de l'accomplir en aimant ses ennemis et en priant pour ses persécuteurs, quand il dit, pendu sur la croix : *Père, pardonne-leur*[1]. Et cette charité, Étienne, le premier après le Christ, et, après lui, le chœur des apôtres intimèrent l'ordre de la conserver dans tous les siècles. L'Église universelle, répandue dans le monde entier, prêche qu'il faut la servir. Et c'est bien sûr dans les premières manifestations de cette charité que les églises firent leurs premiers pas. Et ainsi l'élection d'apôtres et la succession de disciples emplis de charité fortifient toutes les cités à travers le monde, sous la domination d'églises affermies par leur bénédiction, où la postérité puise le renforcement de la foi et la stabilité par le renoncement en ayant continué à vivre en commun. Mais celle-ci [l'Église universelle], choisie d'avance par différents privilèges de Dieu, comme elle est sans tache, rassemble avec la collaboration de la grâce du Saint-Esprit d'innombrables fils adoptifs dans le large sein de sa bonté. Dans les différentes parties du monde, elle affronte parfois les flèches de l'ennemi en ses différentes attaques, et, à moins de demander l'aide de Dieu, elle ne peut éviter le précipice.

Mus pour cette cause, nous, dirigeants des églises et abbés des monastères, soucieux de faire diligence, de prévenir les dommages, pressés de prières et demandes instantes, nous devons faire en sorte que ceux à qui la garde doit être commise l'assurent avec l'aide de Dieu. Après quoi, on rapporte que les recteurs de l'Église ont ratifié les statuts ou la règle sous laquelle la sainte église du martyr Victor a demeuré, vivant jusqu'à aujourd'hui immaculée, elle qui, sans ride, a gardé la couche nuptiale immaculée et a suivi la chaste trace de son époux, le Christ, sur la voie immaculée. C'est elle enfin qui est la cour de l'époux éternel, qui brilla ainsi de la bénédiction apostolique et de l'absolution de tous les péchés de la chute, comme l'Église romaine universelle de Pierre, le porteur des clefs, et qui, à cause de cela, est considérée comme une seconde

---

1. Cf. Lc 23, 34.

quod, ne obliuioni daretur futuris temporibus, actenus
impressum antiquis continetur marmoribus.

Hac diligentia muniendum censuimus predicti
martiris monasterium, apud Massiliensem urbem tempore
Antonini fundatum, quod postea a beato Cassiano abbate
constructum, eodem rogante, ut fertur a maioribus natu, a
beatissimo Leone, Romane sedis antistite, consecratum et
eius apostolica benedictione atque auctoritate confirmatum
atque sublimatum ; in quo maiorem constituentes ęcclesiam
in honore sanctorum apostolorum Petri et Pauli et omnium
apostolorum, aliamque in honore sanctę Dei genitricis
Marię sanctique Iohannis Babtistę, multorum sanctorum
collatis pignoribus, consecrarunt. Quod multis dilatatum
honoribus et preceptis decoratum imperialibus, uidelicet
Pipini, Caroli, Carlomanni, Ludouici et Hlotarii, regum
Francorum, necnon passionibus sanctorum martirum
Victoris et sociorum eius, sed et aliorum specialiter
duorum, Hermetis et Adriani, seu et sancti Lazari, a
Christo Ihesu resuscitati, ac sanctorum Innocentum, quin
himmo innumerabilium aliorum sanctorum martirum
et confessorum sanctarumque uirginum, plurimorum
sacrorum uoluminum testimonia produnt. Nam et in
his occiduis partibus, ad monachorum profectum ac
regularem tramitem, Cassianus hinc primus emicuit,
ad promulgandam circumquaque monachorum legem.
Quodque monasterium ita in amore Christi sponsi ambiens
perdurauit, ut in omnem terram eius sonus exiret, et in fines
orbis terrę eius doctrina, ut lucerna fulgens, luceret ; cunque
diutius in tanti amoris matrimonio perdurasset, omissa
prole tante nobilitatis, de uagina Wandalorum callidus
exactor educitur, quod necare antiqui serpentis framea
corrupto uelle disponit. Hoc extincto sobolumque flore
omisso, uiduitatis lacrima, flexibilis et infelix, nimioque

Rome ; ceci est aujourd'hui imprimé sur les marbres antiques afin de ne pas tomber dans l'oubli aux temps futurs.

Faisant diligence, nous avons enjoint de renforcer le monastère du susdit martyr fondé dans la ville de Marseille au temps d'Antonin, construit plus tard par Cassien le bienheureux abbé, à sa prière comme le rapportent les anciens, consacré par le bienheureux Léon placé à la tête du siège romain, confirmé et glorifié par la bénédiction et l'autorité apostolique. Là, ils installèrent une église plus grande en l'honneur des saints apôtres Pierre et Paul et de tous les apôtres, et une autre église en l'honneur de sainte Marie mère de Dieu et de saint Jean-Baptiste, et les consacrèrent après avoir apporté les reliques de nombreux saints. Les témoignages de très nombreux livres sacrés attestent que le monastère s'est accru de nombreux honneurs et s'est paré de préceptes impériaux, à savoir de Pépin, de Charles, de Carloman, de Louis et de Lothaire, rois des Francs, et aussi des passions des saints martyrs Victor et de ses compagnons, mais aussi d'autres et spécialement deux, à savoir Hermès et Adrien, et aussi des passions de saint Lazare ressuscité par Jésus Christ et des saints Innocents, et non moins des hauts faits d'autres innombrables saints martyrs, confesseurs et vierges saintes. C'est d'ici, en effet, dans ces régions occidentales, que Cassien, le premier, prit son départ sur le sentier de la règle pour diffuser la coutume monastique aux alentours. Ainsi, ce monastère perdura dans l'amour du Christ, l'époux, si bien que le bruit se répandit par toute la terre et que sa doctrine éclaira jusqu'aux confins de l'univers comme une lumière fulgurante. Et alors que le monastère avait longtemps duré dans un tel mariage d'amour, une fois la descendance d'une telle noblesse oubliée, un bouillant exacteur sortit du sein des Vandales ; une fois le monastère corrompu, la lance de l'antique serpent se disposa au massacre. Ainsi resta le monastère, courbé et malheureux dans les pleurs du veuvage, la fleur de ses pousses disparue

senio consumptum permansit. Post nempe annorum curricula, temporibus sanctę Romanę sedis antistitis Iohannis, claruit sacris uirtutibus Wifredus abbas, loci huius rector, qui se mundo crucifixit et mundus sibi. Hic ergo has edes condens miris doctrinis dilatauit, uelle necne posse uicecomitum, seu egregii presulis Massiliensis. Post cuius uero obitum, Isarnus sumspsit ad regendum cęnobium, ut eius merito floreret in seculum ; per quod cenobiale studium nostris in partibus accepit inicium.

Hoc igitur a predecessoribus nostris statutum, ego Benedictus, sanctę sedis Romanę ecclesie apostolicus, et Raiamballus Arelatensis apostolatus Trophymi uicarius ceterique presules Galliarum : Pontius uidelicet Massiliensis, cuius tuitione ac patrimonio predicta consistit ęcclesia, et Leodegarius archiepiscopus Viennensis, Pontius Valentinensis, et Ulduricus Tricastrensis, Franco Carpentoracensis, et Benedictus Auenionensis, Petrus Aquensis, et Clemens Cauellicensis, Stephanus Aptensis, et Petrus Vasionensis, Hismodo archiepiscopus Embredunensis, et Feraldus Guapicencis, Petrus Sistericensis, et Ugo Dignensis, Bertrannus Regensis, et Gaucelmus Foroiuliensis, Deodatus Tholonensis, et Heldebertus Antipolensis, Durandus Vinciensis, et Nectardus Niciensis, Amelius Senecensis, et Pontius Glanicensis, cum omni clero nobis comisso, necne abbatum ac monachorum chaterua, qui in uinea patris familie denario beatę remunerationis laboraturi intrauimus, tulto pondere diei et estus, ac clericorum plurimorum, diuersorum graduum, fideliumque christianorum utriusque sexus fere decem milium ad eius thalamum reparandum uenimus, et impenetrabili municione firmamus, et sanccitum testamur, precibus iam dicti pastoris Ysarni, nec non uicecomitum Guillelmi et Fulconis, idipsum assensum prebentibus principibus Gauzfredo et Bertranno,

et oubliée, consumé par trop de vieillesse. Mais c'est un fait qu'après le cours des années, au temps de Jean à la tête du siège romain, rayonna de vertus sacrées l'abbé Guifred, recteur de ce lieu, qui s'est crucifié au monde et le monde à lui. Celui-ci donc, en fondant ce sanctuaire, étendit par d'admirables enseignements ce qui était du vouloir et du pouvoir des vicomtes et de l'évêque de Marseille. Après sa mort, Isarn assuma la direction du monastère afin qu'il brillât à jamais, de par son mérite. Par ces moyens, le zèle cénobitique prit son départ dans nos régions.

Donc, ceci établi par nos prédécesseurs, moi, Benoît, <vicaire> apostolique du Saint Siège de l'Église romaine et Raimbaud d'Arles, vicaire de l'apostolat de Trophime, et les autres prélats des Gaules, à savoir Pons de Marseille, sous la garde et dans le patrimoine duquel se tient la susdite église, et Leodegard, archevêque de Vienne, Pons de Valence et Udalric de Trois-Châteaux, Francon de Carpentras et Benoît d'Avignon, Pierre d'Aix et Clément de Cavaillon, Étienne d'Apt et Pierre de Vaison, Hismodon archevêque d'Embrun et Féraud de Gap, Pierre de Sisteron et Hugues de Digne, Bertrand de Riez et Gaucelm de Fréjus, Déodat de Toulon et Aldebert d'Antibes, Durand de Vence et Nectard de Nice, Amiel de Senez et Pons de Glandèves, avec tout le clergé envoyé à nous et la chaîne des abbés et des moines, nous qui entrâmes travailler dans la vigne du père de famille pour le denier de la bienheureuse rémunération, une fois parti le fardeau du jour et de la chaleur, ainsi que beaucoup de clercs de grades variés et presque dix mille fidèles chrétiens des deux sexes, croyant ce que dit le Sauveur : *Où deux ou trois se sont réunis en mon nom, je suis au milieu d'eux*[2], et *Tout ce que vous aurez demandé au Père en mon nom*[3], *il vous le donnera*[4], nous venons pour restaurer la couche nuptiale, nous la

---

2. Mt 18, 20.
3. Jn 14, 13.
4. Jn 14, 16.

cum totius Prouintię nobilibus, credentes Saluatoris dictum
dicentis : Ubi duo uel tres congregati fuerint in nomine meo,
in medio eorum sum et : Quodcunque petieritis Patrem in
nomine meo, dabit uobis.

Igitur in unum congregati, trifida benedictione,
apostolico priuilegio predictam ęcclesiam sanctificamus,
atque in pristino absolutionis decore ponimus. Quo omnis
pęnitens, qui ad eius limina tritis passibus uenerit, ęcclesię
fores sibi pateant et indulta facinora peccaminum, absolutus
omnium criminum squaloribus, libere ad propria redeat
lętus, eo scilicet tenore, ut transacta peccata sacerdotibus
confiteatur, et de relico emendetur.

De aduenientibus uero ad hoc monasterium, ob
honorem sanctorum et reuerentiam loci, precipimus ut
quicunque quempiam aduenientium, uel ibi comorantium,
uel ad propria remeantium, leserit aut dampnauerit, in
corpore uel in aliqua substantia, iram et maledictionem
Dei et omnium sanctorum incurrat, sitque anathema,
maranatha, nisi ad emendationem congruam uenerit infra
XL dies. Si quis ergo imperator, rex, dux, marchio, comes,
uicecomes, archiepiscopus aut episcopus uel cuiuscunque
qualitatis uel quantitatis persona, utriusque sexus,
undecunque euenerit, uolens sibi uindicare aut inquietare
uel confiscare res supradicti cęnobii, in ęcclesiis aut
in locis, uel in agris seu reliquis possessionibus, quas
moderno tempore iuste et rationabiliter possidere uidetur
in quibuslibet pagis ac territoriis, uel quicquid etiam
deincebs propter diuinum amorem ibidem collatum fuerit,
ullo unquam tempore inuadere prohibemus, uethamus et
excommunicamus siue maledicimus et in omnia secula
anathematizamus. Et qui presumpserit careat regno Dei,
sitque cibus ęterne combustionis, et deleatur de libro

confirmons par une fortification impénétrable et nous
témoignons qu'elle est sainte, à la prière du pasteur Isarn
susdit et des vicomtes Guillaume et Foulques, après que
les princes Geoffroy et Bertrand aient donné leur accord
avec les nobles de toute la Provence.

Donc, rassemblés pour ne faire qu'un, par une bénédiction trifide, nous sanctifions l'église susdite par privilège
apostolique et nous la revêtons de l'antique parure de
l'absolution. Ainsi, que les portes de l'église soient ouvertes
et les péchés pardonnés à tout pénitent qui viendrait à son
seuil en le foulant de ses pas, et que, absous des aspérités
de tous ses crimes, joyeux, il revienne librement chez lui,
compte tenu qu'il ait confessé ses péchés passés aux prêtres
et qu'il se soit amendé pour le reste.

Mais au sujet de ceux qui arrivent à ce monastère
pour l'honneur des saints et la révérence due au lieu,
nous ordonnons que quiconque porterait quelque tort
ou dommage, corporel ou matériel, qu'il fasse partie des
arrivants, de ceux qui restent, ou de ceux qui repartent
chez eux, encoure la colère et la malédiction de Dieu et
de tous les saints, qu'il soit anathème – *maranatha !* –,
sauf s'il vient faire réparation comme il convient dans
les quarante jours. Si donc quelqu'un, empereur, roi, duc,
marquis, comte, vicomte, archevêque ou évêque ou toute
personne, quelle que soit la qualité ou le nombre, des deux
sexes, d'où qu'il vienne, voulant réclamer ou troubler ou
confisquer des biens du susdit monastère, dans les églises
ou les lieux, dans les terres ou les autres possessions qu'il
semble posséder à juste titre au temps d'aujourd'hui, dans
tout pays et territoire, aussi dans tout ce qui lui a été ensuite
donné en vertu de l'amour divin, nous lui interdisons de
jamais en aucun temps l'envahir, nous lui mettons notre
veto, nous l'excommunions ou le maudissons, et nous lui
lançons l'anathème dans tous les siècles. Et que celui qui
aura passé outre craigne le règne de Dieu, qu'il alimente le
feu éternel, qu'il disparaisse du livre des vivants et que son

uiuentium et cum iustis non scribatur ! Maledictus sit
uelle et posse et etiam cogitatu ! Bibat de phyala irę
Dei, et ardeat igniuoma flamma Iude et Pilati, in secula
seculorum, amen, nisi pęnitentia ductus emendare
dampnum studuerit cum satisfactione ! Quin potius hoc
monasterium prelibatum, omni ex parte tutum, inuiolabile
perseueret, et saluum maneat per omne aeuum, amen ! Et
ut hoc uerius credatur, multorum nomina testium subter
iussimus conscribi.

Acta publice apud Massiliam, in eodem monasterio,
idibus octobris, die ejusdem loci consecrationis, anno
millesimo xL^{mo} dominicę incarnationis, indicione VIII, IIII
feria. Domnus Raiamballus, archiepiscopus Arelatensis,
firmauit. Petrus, archiepiscopus Aquensis, firmauit.
Hismodo archiepiscopus Embredunensis, firmauit.
Stephanus, Aptensis episcopus, firmauit. Pontius,
Massiliensis episcopus, firmauit. Deodatus episcopus
Tholonensis. Desiderius notarius scripsit.

nom ne soit pas écrit avec les justes ! Maudit soit-il dans son vouloir, son pouvoir et aussi sa pensée ! Qu'il boive le fiel de la colère de Dieu et brûle de la flamme ignominieuse de Judas et Pilate au siècle des siècles, amen ! Sauf si, conduit par la pénitence, il se sera appliqué à réparer le dommage jusqu'à satisfaction. Bien plus, que ce monastère privilégié, protégé de toute part, persévère inviolé et reste sauf à travers les âges, amen ! Et pour qu'on croie plus à la sincérité de tout ceci, nous avons ordonné que soient écrits ci-dessous les noms de nombreux témoins.

Fait publiquement à Marseille, dans ce même monastère, aux ides d'octobre, le jour de la consécration du même lieu, l'an de l'Incarnation du Seigneur 1040, indiction 8, 4e jour. Le seigneur Raimbaud, archevêque d'Arles, a confirmé. Pierre, archevêque d'Aix, a confirmé. Hismodon, archevêque d'Embrun, a confirmé. Étienne, évêque d'Apt, a confirmé. Pons, évêque de Marseille, a confirmé. Déodat, évêque de Toulon. Didier notaire a écrit.

LISTE DES ILLUSTRATIONS

INDEX DES NOMS DE PERSONNES ET DE LIEUX

TABLE DES MATIÈRES

Ce volume,
le quarante-huitième de la collection
« Les Classiques de l'Histoire au Moyen Âge »,
publié aux Éditions Les Belles Lettres,
a été achevé d'imprimer
en janvier 2010
sur les presses
de la Nouvelle Imprimerie Laballery
58500 Clamecy, France

N° d'édition : 7002
N° d'impression : 001160
Dépôt légal : février 2010

Imprimé en France